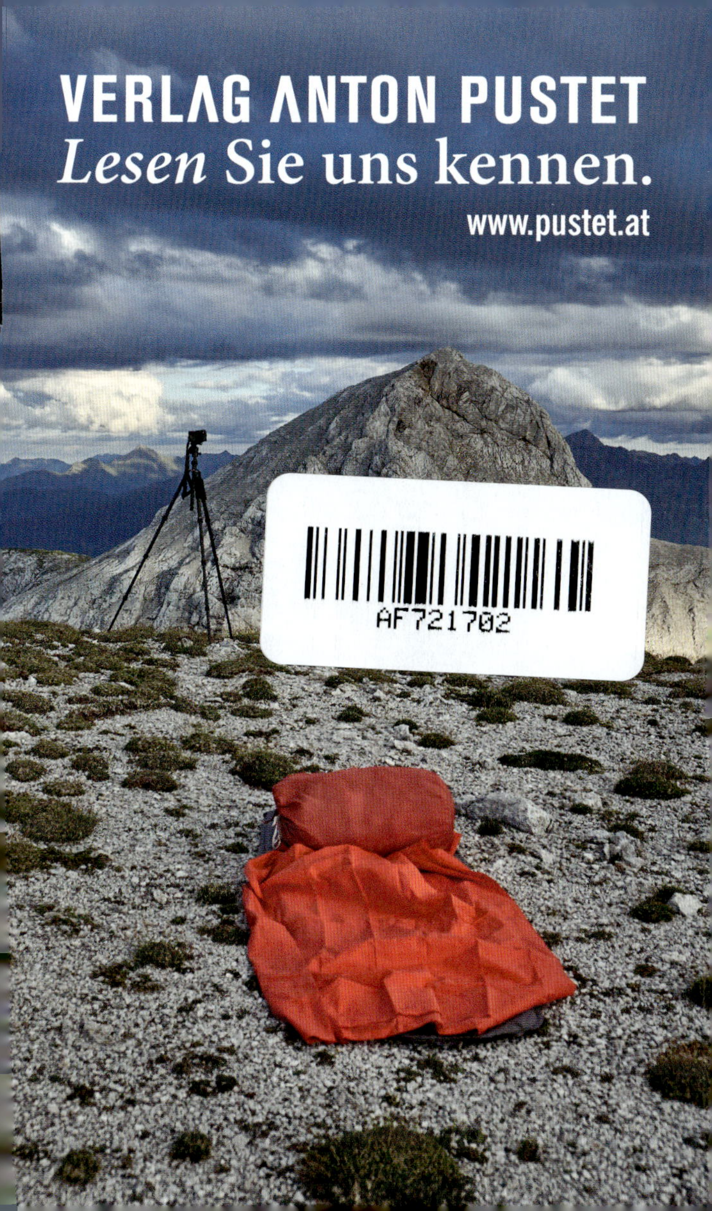
VERLAG ANTON PUSTET
Lesen Sie uns kennen.
www.pustet.at

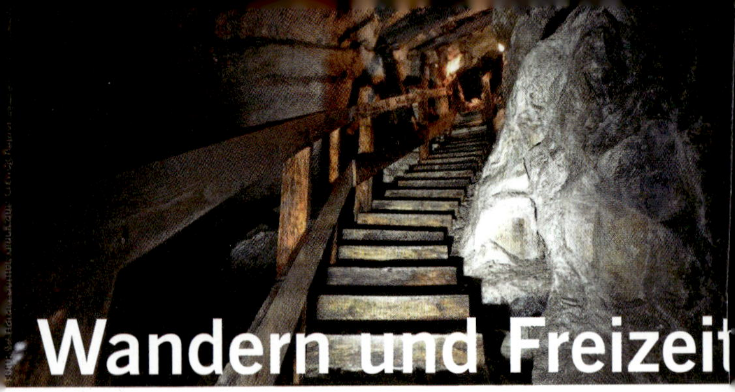

Wandern und Freizeit

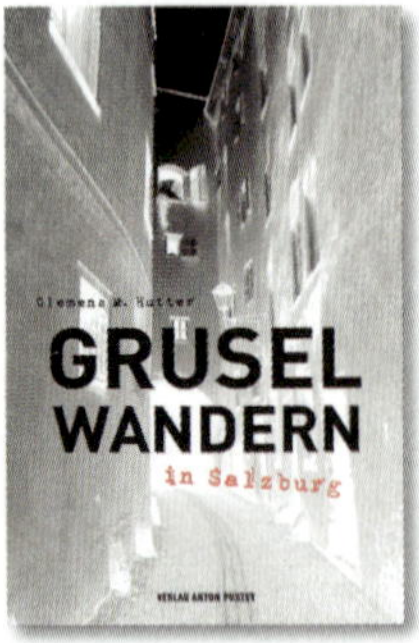

Hutter, Gruselwandern in Salzburg
Schaurig, teils belustigend, teils beklemmend wandert es sich entlang von 59 Routen auf den Spuren von Hexenjagden, verzauberten Prinzessinnen, zu Geistern im Wasserfall, aber auch zu Hitlers Gruselkabinett und zu einem Glasteufel im Mikroskop.

272 S., französische Broschur,
durchgehend farbig bebildert,
11,5 x 18 cm, 978-3-7025-0905-7, € 22,–
eBook: 978-3-7025-8052-0

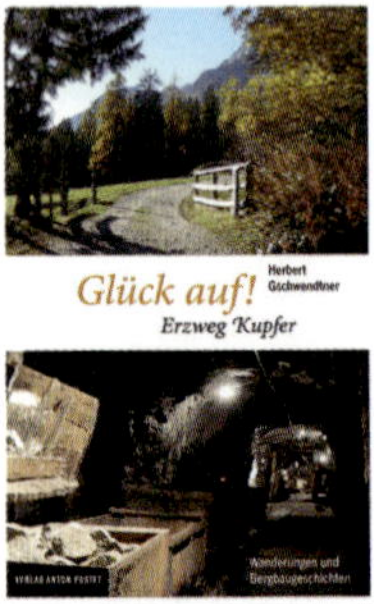

Gschwendtner, Glück auf! Erzweg Kupfer
Der „Erzweg Kupfer" führt von Hüttau bis St. Veit. Historisch Interessantes, erzählte Geschichten und Legenden sowie Wegbeschreibungen und Fotos bringen die beeindruckende Natur- und Berglandschaft am Hochkönigmassiv mit ihrer wechselvollen Bergbaugeschichte näher.

144 S., französische Broschur,
durchgehend farbig bebildert,
11,5 x 18 cm, 978-3-7025-0901-9, € 22,–

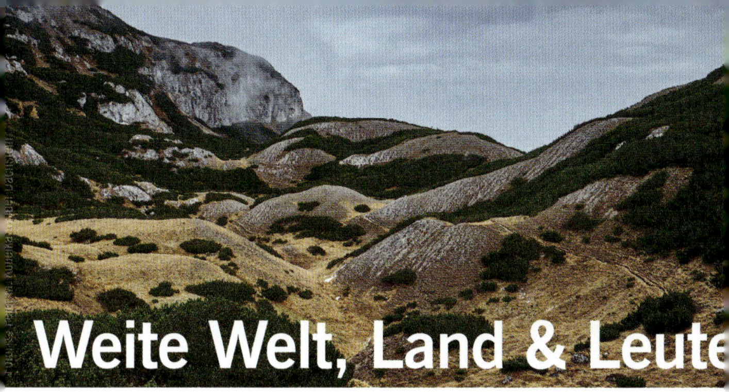

Weite Welt, Land & Leute

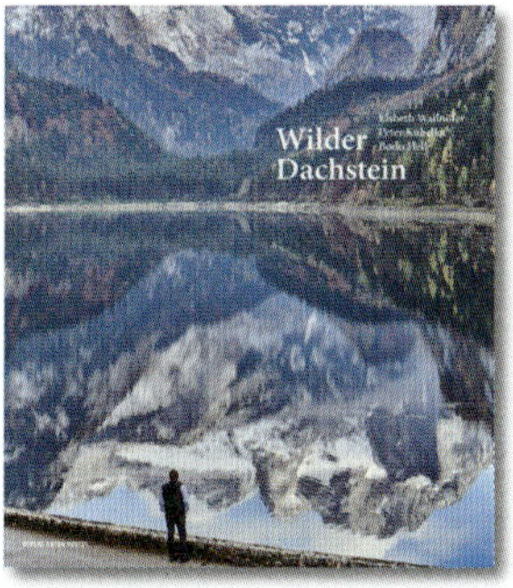

Wallnöfer/Kubelka/Hell,
Wilder Dachstein

Der wohl prominenteste Gebirgsstock der nördlichen Kalkalpen, der Dachstein, mit seiner beispielhaften Erschließungs- und Entwicklungsgeschichte birgt nach wie vor Geheimnisse, die es zu entdecken gilt.

194 S., Hardcover,
durchgehend farbig bebildert,
21 x 24 cm, 978-3-7025-0889-0, € 29,–

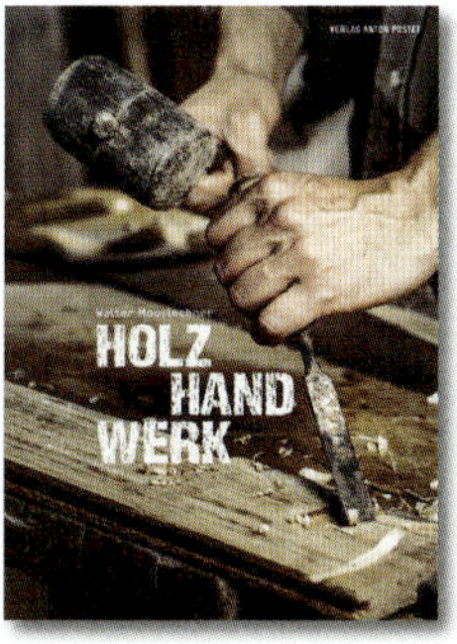

Mooslechner, Holz Hand Werk

Walter Mooslechner begibt sich auf die Spur des kostbaren Rohstoffs und eröffnet interessante Einblicke in traditionell und modern geprägtes (Kunst-)Handwerk, Brauchtum, Lebenswelt und Kunst – immer rund um das Thema Holz.

152 S., Hardcover,
durchgehend farbig bebildert,
17 x 24 cm, 978-3-7025-0862-3, € 25,–

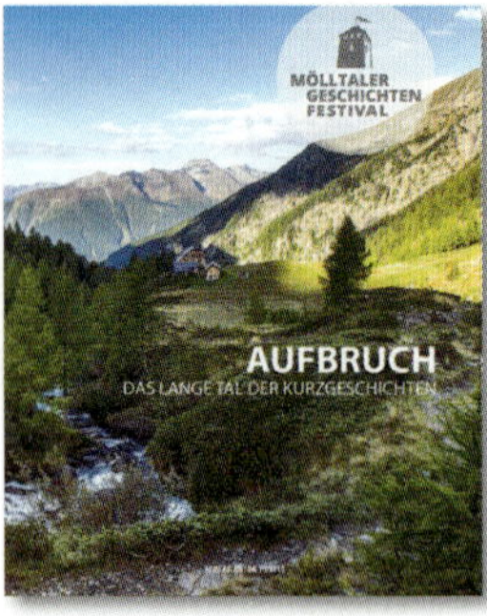

ProMÖLLTAL, Aufbruch
Das Buch zum zweiten Jahr des Mölltaler Geschichten Festivals. Dem Motto „Aufbruch“ folgend haben die Beiträge dieses Jahres die Grenzen des Mölltales in alle Richtungen überschritten. Alltägliches, Skurriles, Bedrückendes, Humorvolles – unterhaltsam zu Papier gebracht.

192 S., französische Broschur,
s/w-Abbildungen, 17 x 21 cm,
978-3-7025-0896-8, € 19,–

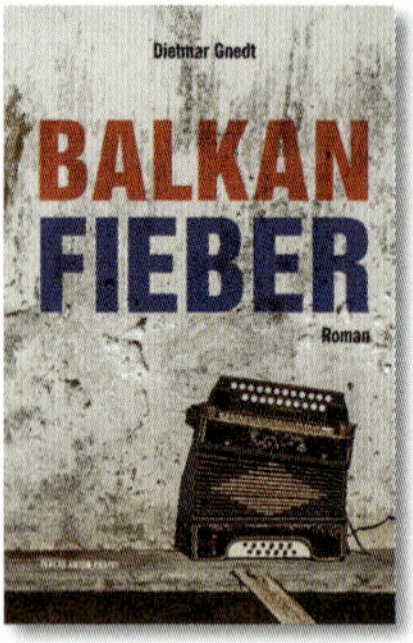

Gnedt, Balkanfieber
Wenn du davon überzeugt bist, dass eine Person, die du kennst, am Tod der von dir geliebten Frau schuld ist, was würdest du tun? Wien, Venedig, Belgrad sind die Schauplätze der Geschichte um Liebe und Rache. Und Vergebung?

272 S., Hardcover, 13,5 x 21,5 cm,
978-3-7025-0888-3, € 24,–
eBook: 978-3-7025-8047-6

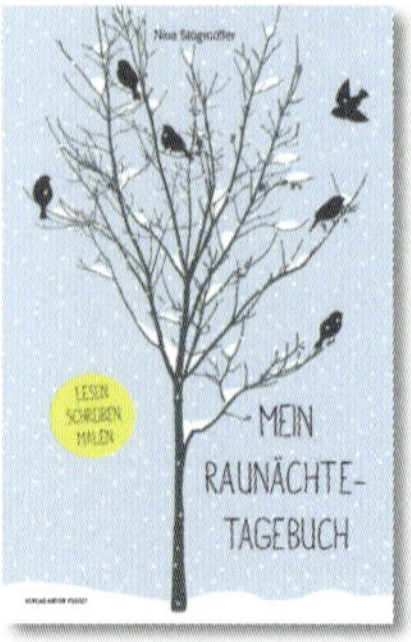

Stögmüller, Mein Raunächtetagebuch
Mein Raunächtetagebuch lädt als feinfühliger kreativer Begleiter durch die „zwölf heiligen Nächte“ im Jahr dazu ein, bewusst in sich zu gehen und persönliche Eindrücke, Gedanken und Träume schriftlich festzuhalten, um die so gewonnenen Erkenntnisse im neuen Jahr positiv nutzen zu können.

160 S., Hardcover, mit s/w-Illustrationen
von Nicoletta Edwards, 13,5 x 21,5 cm,
978-3-7025-0843-2, € 19,95

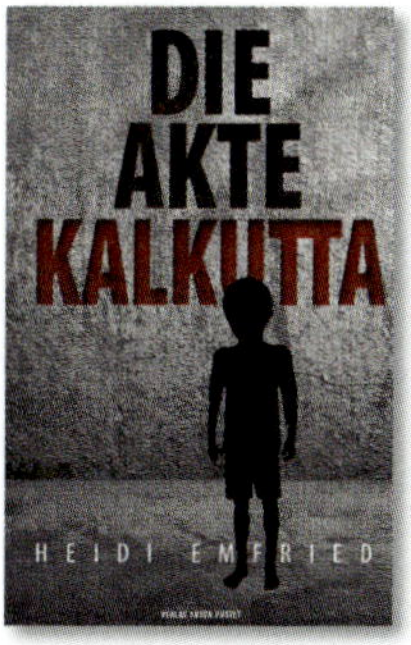

Emfried, Die Akte Kalkutta
Die ungeheuerliche Wahrheit, die hier ans Licht kommt, als die Leiche eines Jungen gefunden wird, bringt die Wiener Polizei an ihre Grenzen und auch dem erfahrenen Chefinspektor Lang geht dieser Fall besonders unter die Haut – hat er doch selbst vor wenigen Jahren sein Kind verloren ...

360 S., Hardcover, 13,5 x 21,5 cm,
978-3-7025-0839-7, € 24,–
eBook: 978-3-7025-8046-9

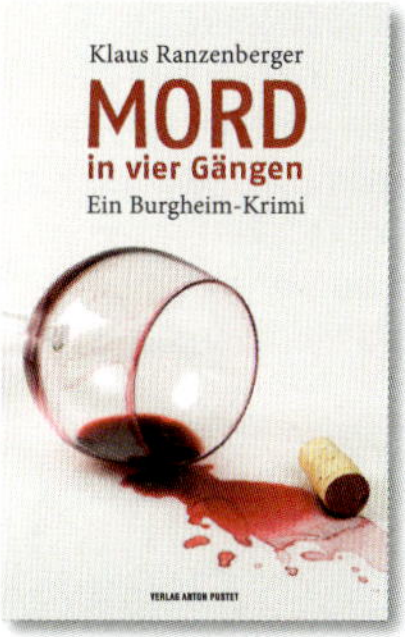

Ranzenberger, Mord in vier Gängen
In einer ehemaligen Apotheke betreibt Matthias Krantz ein Bistro – Treffpunkt der Bedeutenden und Schönen von Burgheim und jener, die sich dafür halten. Wen wundert es da, dass die Fäden des Kriminalromans in der Apotheke zusammenlaufen?

192 S., Hardcover, 13,5 x 21,5 cm,
978-3-7025-0822-7, € 22,–
eBook: 978-3-7025-8027-8

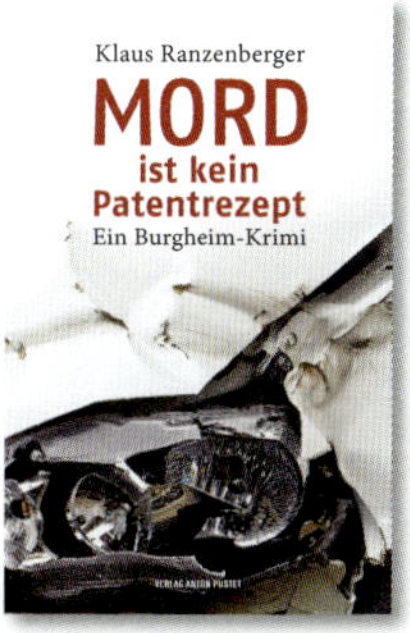

Ranzenberger, Mord ist kein Patentrezept
Nach den erschreckenden Ereignissen vor drei Jahren ist der Alltag wieder eingekehrt, Matthias Krantz ist zufrieden und die Dinge nehmen ihren Lauf – bis einer seiner Gäste bei einem Autounfall ums Leben kommt ...

192 S., Hardcover, 13,5 x 21,5 cm,
978-3-7025-0869-2, € 22,–
eBook: 978-3-7025-8040-7

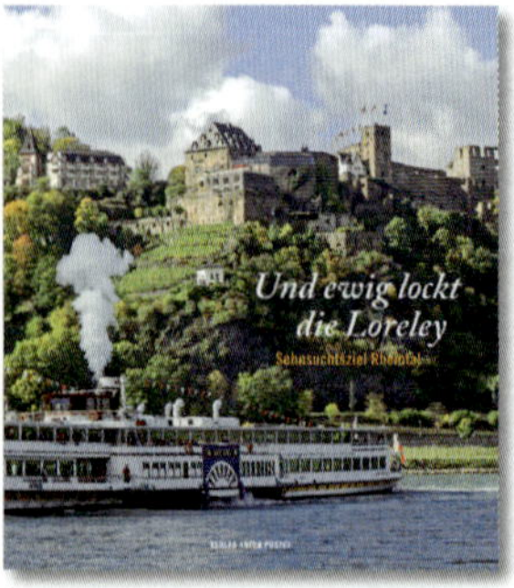

Metzner/Schmidt,
Und ewig lockt die Loreley

Ein Juwel der Natur, eine atemberaubende Fluss- und Berglandschaft, die sich über eine Länge von 67 Kilometern erstreckt. Die 30 Burgen und Schlösser, die pittoresken Städtchen und Dörfer an den Ufern des mächtigen Stroms lassen das Mittelalter wiederauferstehen.

160 S., Hardcover, durchgehend farbig bebildert,
17 x 24 cm, 978-3-7025-0885-2, € 25,–

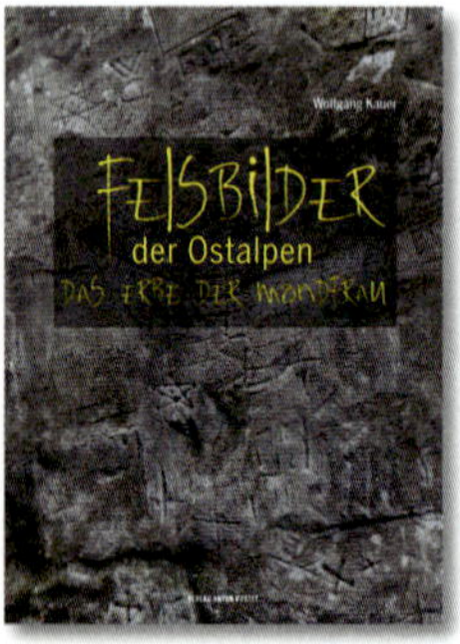

Kauer, Felsbilder der Ostalpen

In einer Mischung aus Roman und Sachbuch werden mehr als 150 der aussagekräftigsten Felsbilder in Niederösterreich, Oberösterreich, Salzburg, der Steiermark, in Kärnten und Tirol sowie in den bayerischen Voralpen detailliert vorgestellt.

320 S., Hardcover, ca. 150 Abbildungen,
17 x 24 cm, 978-3-7025-0880-7, € 28,–
eBook: 978-3-7025-8045-2

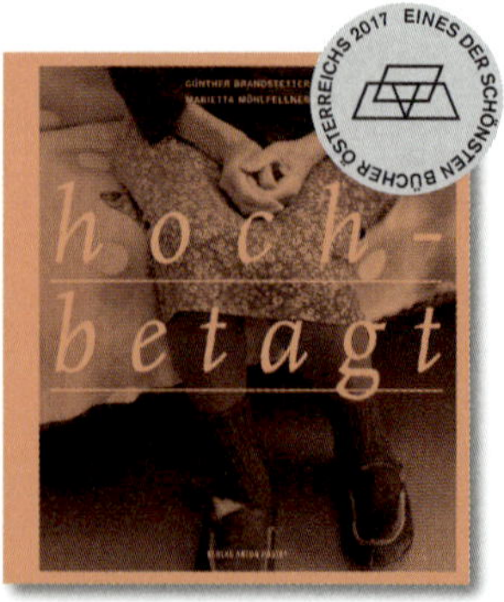

Brandstätter/Mühlfellner, hochbetagt

Wie fühlt es sich an, 80, 90 oder sogar 100 Jahre alt zu sein? 15 Journalistinnen/Journalisten und Fotografinnen/Fotografen aus Österreich und Deutschland, haben berührende, gefühlvolle und unterhaltsame Porträts von 17 hochbetagten Frauen und Männern gezeichnet. Ausgezeichnet als eines der schönsten Bücher Österreichs!

240 S., Hardcover, durchgehend bebildert,
21 x 24 cm, 978-3-7025-0879-1, € 29,–

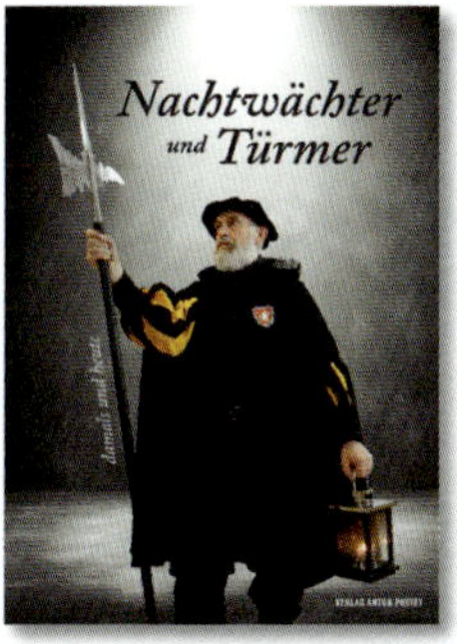

Metzner, Nachtwächter und Türmer
Es gibt ihn wieder, den Nachtwächter und auch den Türmer. Die in Jahrhunderten gewachsene Tradition, die landauf, landab zum viel gefragten Brauch in Deutschland und Österreich geworden ist, erwacht zu neuem Leben.

168 S., Hardcover, durchgehend bebildert, 17 x 24 cm, 978-3-7025-0877-7, € 24,–

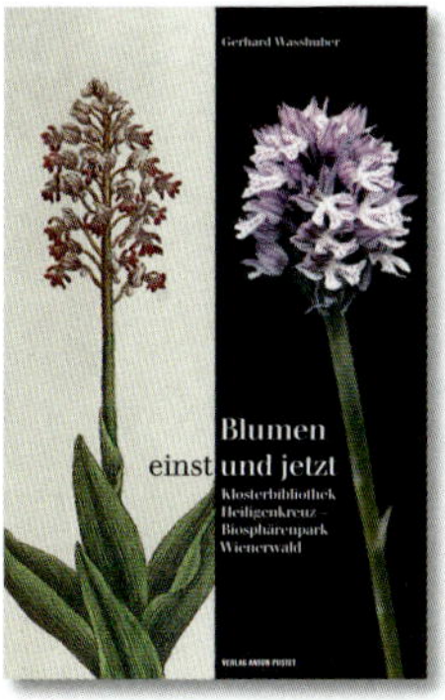

Wasshuber, Blumen einst und jetzt
Dieses Werk schlägt eine Brücke zwischen dem bibliophilen Kulturschatz aus der Klosterbibliothek Heiligenkreuz und den Pflanzen des Biosphärenparks Wienerwald. In dem Bild-Text-Band werden Originalaufnahmen und botanische Erläuterungen den Kupferstichabbildungen und Auszügen aus den barockzeitlichen Texten gegenübergestellt.

20 x 32 cm, Hardcover/SU, durchgehend farbig bebildert, 208 S., 978-3-7025-0778-7, € 36,–

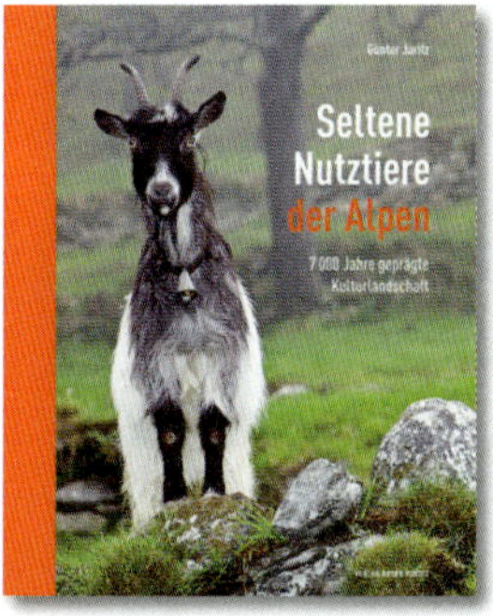

Jaritz, Seltene Nutztiere der Alpen
Günter Jaritz widmete seinem Herzensprojekt viele Jahre, reiste in verschiedene Regionen, suchte andere Züchter auf, rekonstruierte Vergessenes. Herausgekommen ist ein Standardwerk über sämtliche Nutztierarten im Alpenraum, eine Gesamtschau, die altes und neues Wissen vereint.

24,5 x 30,5 cm, Hardcover/Leinenrücken, durchgehend farbig bebildert, 336 S., 978-3-7025-0744-2, € 39,–

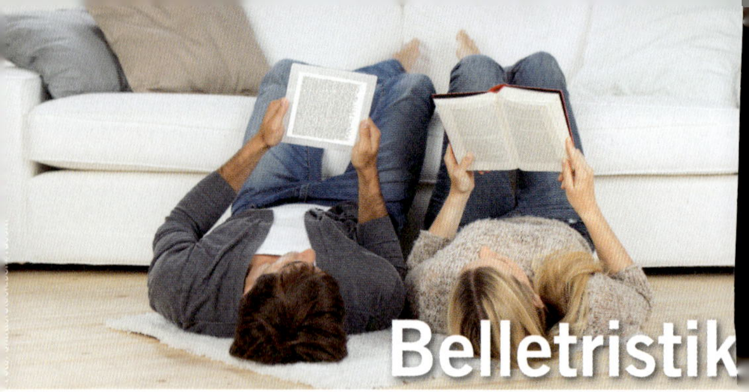

Belletristik

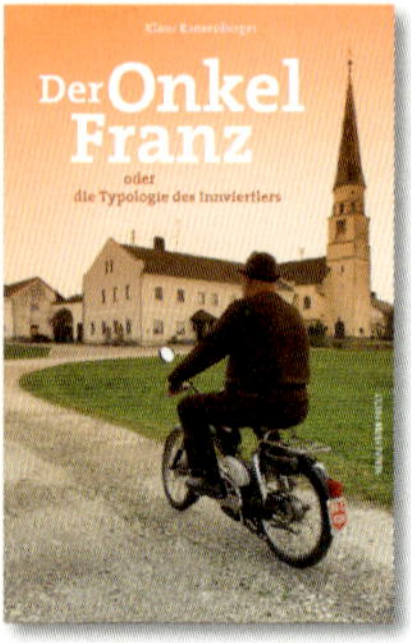

Ranzenberger, Der Onkel Franz
Bestseller in 3. Auflage: Der Onkel Franz nimmt Sie mit auf eine Reise, die Land und Leute mit viel Humor und Herz beschreibt. Schauplätze wie der Stammtisch oder der Markt geben Einblick in Anekdoten und den Innviertler Sprachgebrauch – ein höchst vergnügliches Sittenbild.

160 S., Hardcover, 13,5 x 21,5 cm,
978-3-7025-0767-1, € 22,–
eBook: 978-3-7025-8001-8

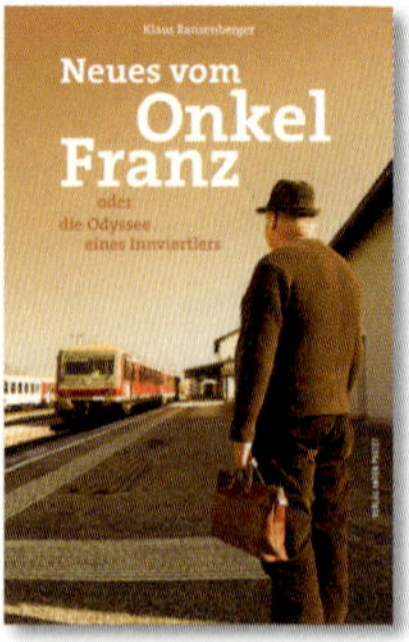

Ranzenberger, Neues vom Onkel Franz
Er ist wieder da, der Onkel Franz, und muss auch schon wieder weg. „Auf" Wien geht seine Reise in einer Erbschaftsangelegenheit. Eine Reise, die ihm so gar keine rechte Freude machen will. Denn nur ungern entfernt er sich allzu weit von seinem geliebten Innviertel, seinem gewohnten Biotop.

160 S., Hardcover, 13,5 x 21,5 cm,
978-3-7025-0900-2, € 22,–
eBook: 978-3-7025-8054-4

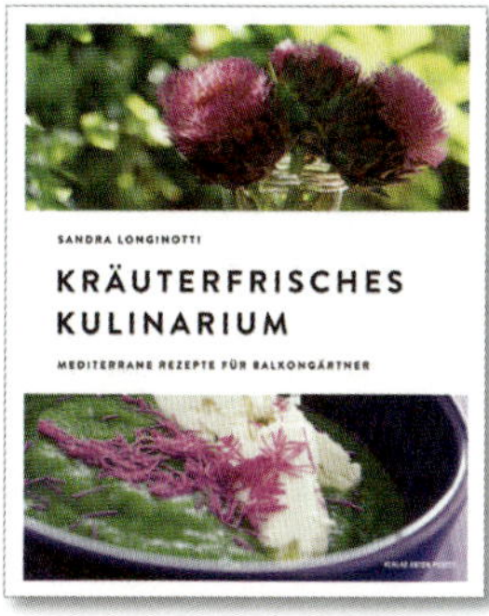

Longinotti, Kräuterfrisches Kulinarium
Machen Sie Ihren Balkon zum Nutzgarten. Die Blumen, die ansonsten nur wegen ihrer Schönheit gepflanzt werden, verschönern nun Ihre Tischdekoration und verleihen Ihren Gerichten einen besonderen Geschmack.

19,5 x 24 cm, Hardcover,
durchgehend farbig bebildert,
240 S., 978-3-7025-0837-1, € 29,90

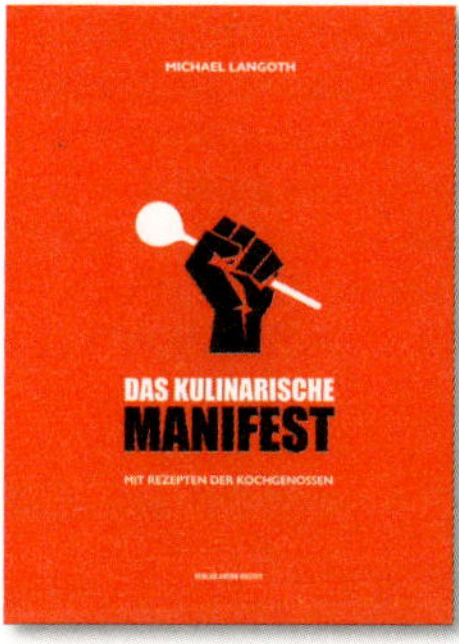

Langoth, Das kulinarische Manifest
Feinschmecker aller Länder, vereinigt euch! Der Autor plädiert für alltagstaugliches Kochen, das auf den authentischen Regionalküchen aufbaut, und für das Sichtbarmachen der Details, die gutes Kochen ausmachen und nicht in Rezepten stehen.

240 S., Hardcover,
durchgehend farbig bebildert,
19,5 x 27 cm, 978-3-7025-0868-5, € 35,–

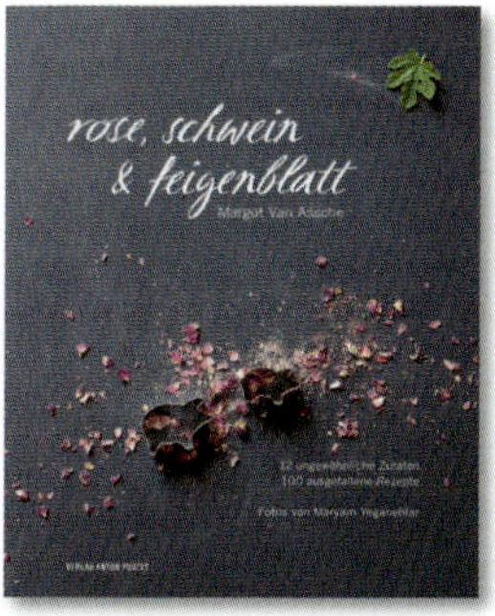

Van Assche/Yeganehfar,
Rose, Schwein & Feigenblatt
Margot Van Assche ist begeisterte Köchin, Ärztin und Expertin für gesunde Ernährung, Allergien und Nahrungsunverträglichkeiten – immer auf der Suche nach neuen und spannenden Aromen.

272 S., Hardcover, durchgehend farbig bebildert,
24 x 29,5 cm, 978-3-7025-0841-8, € 39,–
eBook mit 25 Bonusrezepten: 978-3-7025-8032-2

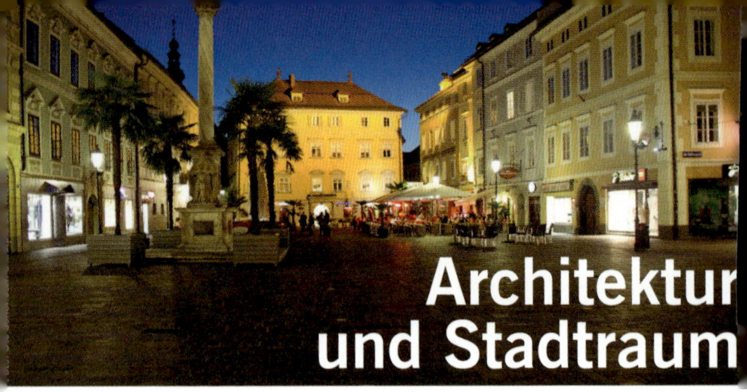

Architektur und Stadtraum

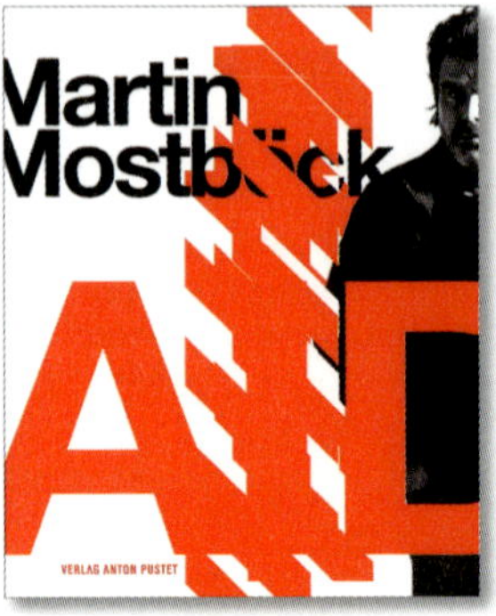

Mostböck, AID
Der Architekt und Designer Martin Mostböck entwirft Möbel, Häuser, Geschäftseinrichtungen, Interieurs und Objekte des Alltags. An seinen Werken arbeitet er, bis diese eine Seele haben und bis die Ideen dahinter fühlbar werden. Ein hochwertiger Band über Kunst und Design im Alltag.

20 x 25 cm, Schweizer Broschur, durchgehend farbig bebildert, 128 S., deutsch/englisch, 978-3-7025-0807-4, € 35,–

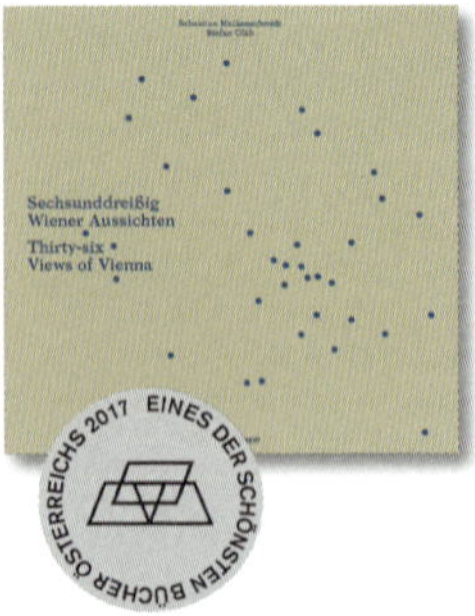

Hackenschmidt/Oláh, Sechsunddreißig Wiener Aussichten
Das Buch basiert auf der Idee von Schuss und Gegenschuss: Gezeigt werden jeweils das Bauwerk, das einen Aussichtspunkt markiert, sowie die sich von dort bietende Perspektive auf die Stadtlandschaft Wiens. Mit Textbeiträgen von Sebastian Hackenschmidt, Sabine Lata, Friedrich Liechtenstein, Friederike Mayröcker, Walter Seitter und Harald Stühlinger. Ausgezeichnet als eines der schönsten Bücher Österreichs!

192 S., Hardcover, durchgehend farbig bebildert, 29 x 29 cm, 978-3-7025-0866-1, € 29,–

Winkler, Die schönsten Stadtplätze Österreichs Das Herz einer Stadt schlägt seit jeher auf ihrem Hauptplatz, dem „Wohnzimmer" der Stadtbewohner. Bereits im Mittelalter waren die darauf abgehaltenen Märkte Keimzelle für die urbane Entwicklung. Dass Österreich den internationalen Vergleich nicht scheuen muss, veranschaulicht dieser beeindruckende Bildband.

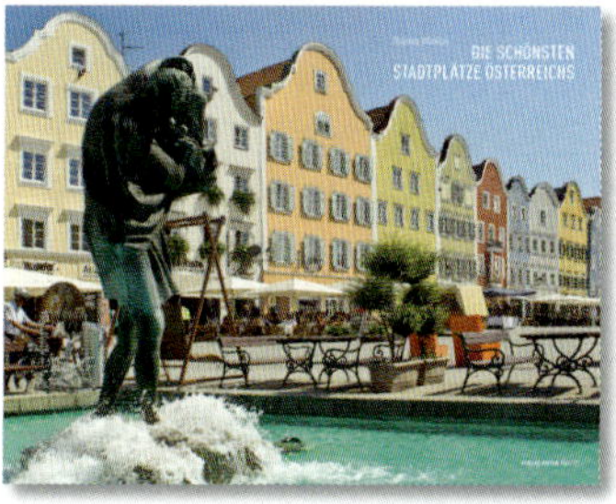

29,7 x 24 cm, Hardcover, durchgehend farbig bebildert, 176 S., 978-3-7025-0783-1, € 34,–
Englischsprachige Ausgabe: 978-3-7025-0800-5

Oláh, Österreichische Architektur der fünfziger Jahre Lange Zeit wurde die Architektur der fünfziger Jahre unterschätzt. Mit professionellem Blick, nicht nostalgieverliebt im Retrofieber, zeigt Fotograf Stefan Oláh ausgewählte Bauten aus Österreich und erweckt die symbolreiche Geschichte längst vergangener Zeiten wieder zum Leben.

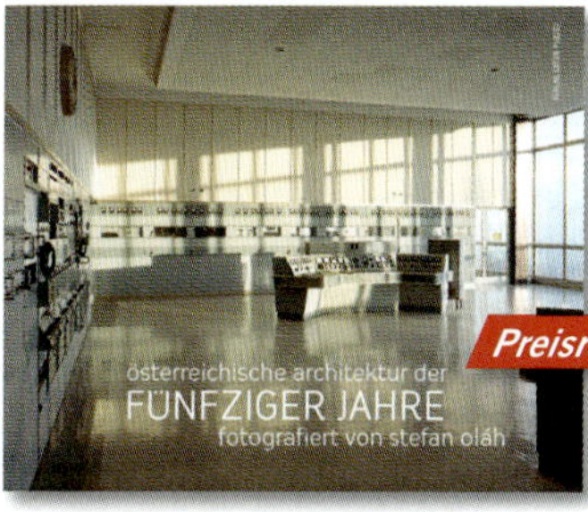

Preisreduziert!

28 x 23,5 cm, Hardcover m. SU, durchgehend farbig bebildert, 176 S., 978-3-7025-0649-0, € 19,95

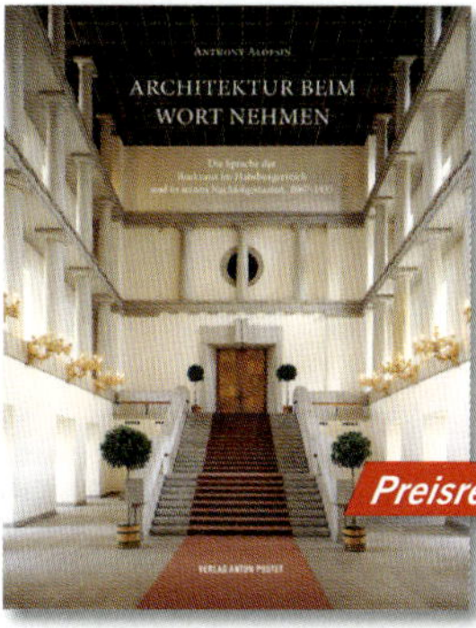

Alofsin, Architektur beim Wort nehmen Thema dieses Prachtbandes ist die Sprache der Baukunst im Habsburgerreich und in seinen Nachfolgestaaten zwischen 1867 und 1933.
„Man muss kein Architekturfachmann sein, um von dem Inhalt des Buches in Bild und Wort begeistert zu sein." (OÖ Nachrichten)

Preisreduziert!

22 x 28 cm, Hardcover m. SU, durchgehend farbig bebildert, 320 S., 978-3-7025-0630-8, € 29,95

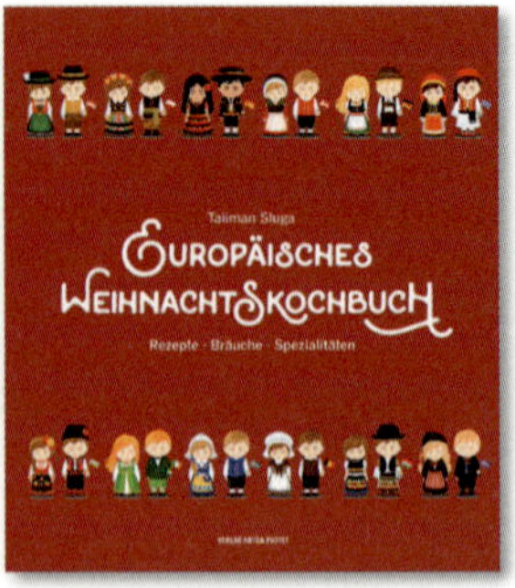

Sluga, Europäisches Weihnachtskochbuch
Von Albanien bis Zypern: Erfahren Sie mehr über die Bräuche und Speisen der Länder Europas zur Weihnachtszeit. Lust auf *Cordero en chilindrón* (maurischen Lammeintopf mit Tomaten und Paprika), dalmatinische Karamellcreme und *Nic Nac Giumauve* (belgische Weihnachtskekse)?

224 S., Hardcover, durchgehend farbig bebildert, 21 x 24 cm, 978-3-7025-0906-4, € 29,–

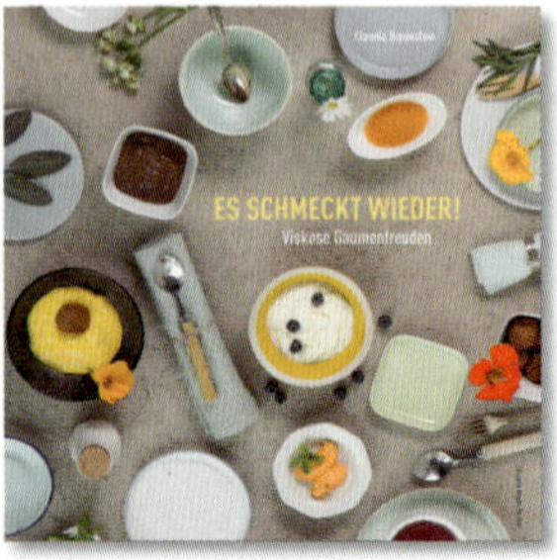

Braunstein, Es schmeckt wieder
Es gibt Zeiten, in denen man lieber weiche Speisen zu sich nimmt – ob es mit dem Besuch beim Zahnarzt zu tun hat oder schlimmer, mit schweren Erkrankungen im Mund- und Halsbereich … Dickflüssige oder breiige Nahrung kann attraktiv aussehen und wirklich gut schmecken.

156 S., Hardcover, durchgehend farbig bebildert, 21 x 21 cm, 978-3-7025-0883-8, € 24,–

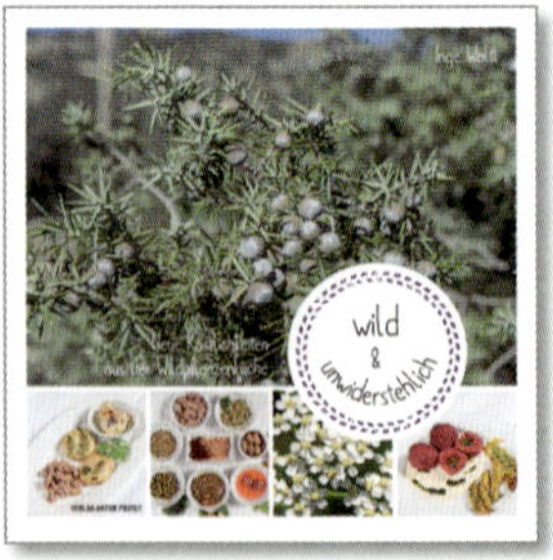

Waltl, wild & unwiderstehlich
Ob Walnuss-Eichel-Pralinen, ein Duett aus wilder und zahmer Karotte oder eine Zitronen-Quiche aus den jungen Trieben des Waldgeißbarts – Wildpflanzen bringen frischen Wind in die Küche, sind gesund und leicht zu finden. Rezepte, Tipps zum Sammeln und interessante Fakten … ein perfekter Begleiter für den nächsten Spaziergang ins Grüne.

240 S., Hardcover, durchgehend farbig bebildert, 21 x 21 cm, 978-3-7025-0863-0, € 22,–

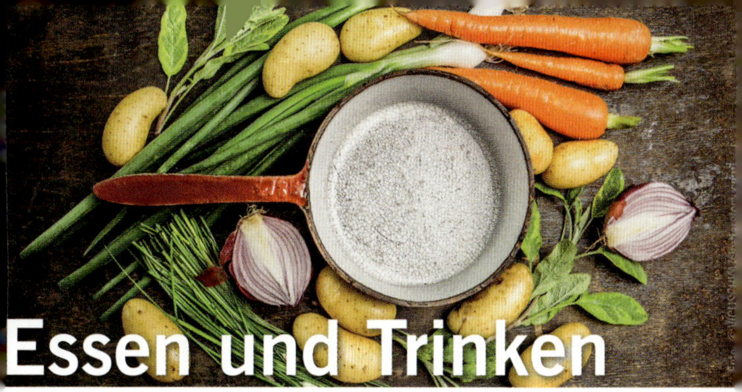

Essen und Trinken

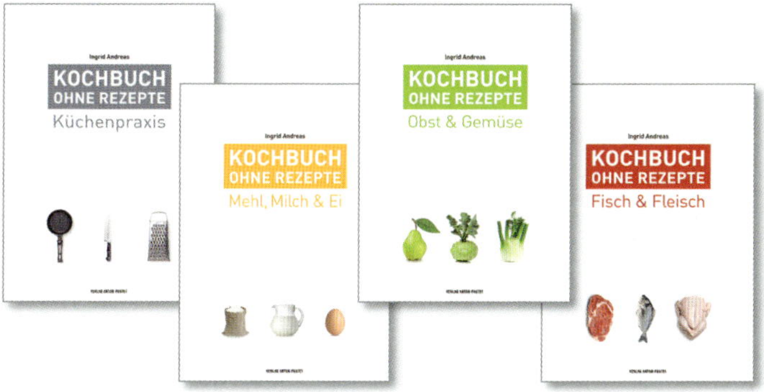

Andreas, Kochbuch ohne Rezepte Band 1–4

Das Kochbuch (fast) ohne Rezepte soll mit vielen guten Tipps dazu beitragen, sich bei der Umsetzung von Rezepten besser zurechtzufinden. Im Fokus steht all das, worauf man beim Kochen achten sollte, was aber in herkömmlichen Kochbüchern so nicht zu finden ist – für Kochmuffel und Gernekocher zugleich.

17 x 24 cm, je 256 S., durchgehend farbig bebildert, Hardcover
Februar 2019: Band 1: Küchenpraxis, 978-3-7025-0913-2, € 27,–
April 2019: Band 2: Mehl, Milch & Ei, 978-3-7025-0914-9, € 27,–
Juni 2019: Band 3: Obst & Gemüse, 978-3-7025-0915-6, € 27,–
August 2019: Band 4: Fisch & Fleisch, 978-3-7025-0916-3, € 27,–
Band 1-4: 978-3-7025-0917-0, € 99,–

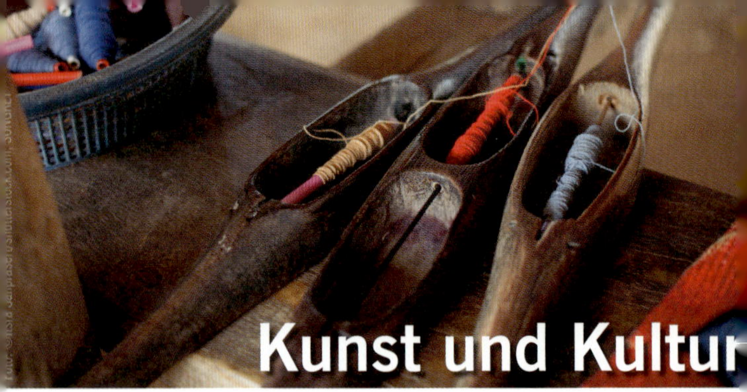

Kunst und Kultur

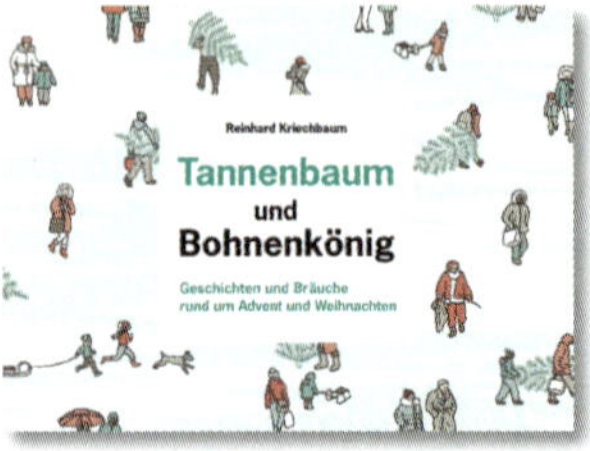

Kriechbaum,
Tannenbaum und Bohnenkönig
Eine vergnügliche Erkundungstour zu den Advent- und Weihnachtsbräuchen im deutschsprachigen Raum. Vom Berchtesgadener Buttenmandl bis zu den Küssnachter Klausjägern und vom Allgäuer Bärbele bis zum Frankenberger „Platzen".

256 S., Hardcover mit Stanzung, durchgehend farbig bebildert, 15,7 x 12 cm, 978-3-7025-0908-8, € 19,95, eBook: 978-3-7025-8050-6

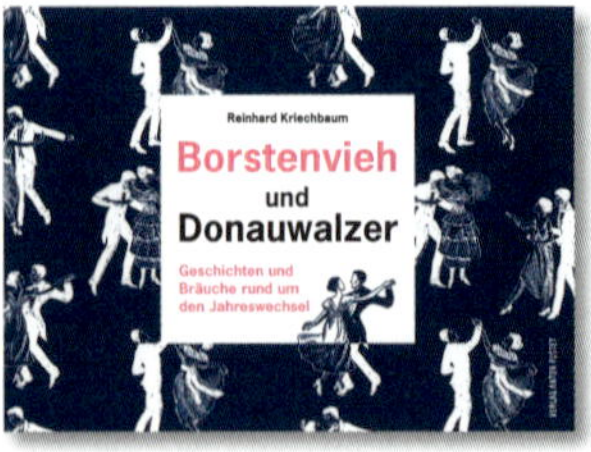

Kriechbaum,
Borstenvieh und Donauwalzer
Eine Vielzahl unterschiedlicher Rituale und Gepflogenheiten, Umzüge und Maskeraden werden in diesem Buch auf interessante und amüsante Weise vorgestellt. Ein bunter Mix und ein Bild unserer Zeit. Sodann, „prosit" – und auf den Butler mit Gebrüll!

240 S., Hardcover mit Stanzung, durchgehend farbig bebildert, 15,7 x 12 cm, 978-3-7025-0875-3, € 19,95, eBook: 978-3-7025-8049-0

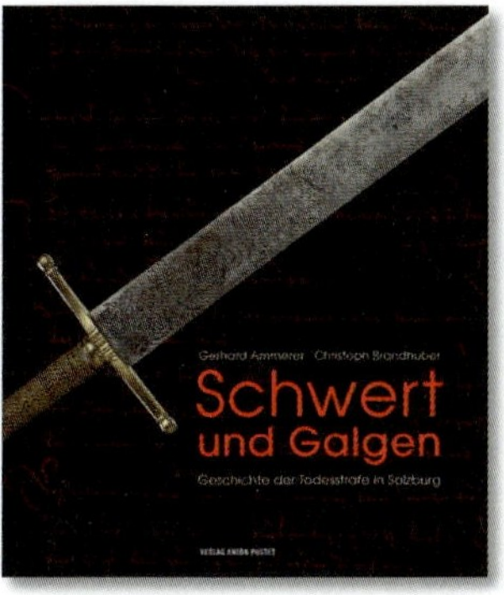

Ammerer/Brandhuber, Schwert und Galgen
In Akten, Briefen und Tagebüchern verfolgen die Autoren die blutige Spur, die sich durch die vergangenen Jahrhunderte zieht, vom Mittelalter bis zur letzten Hinrichtung am 22. November 1949. Das Ergebnis ist ein Manifest gegen die Todesstrafe.

224 S., Hardcover, durchgehend farbig bebildert, 21 x 24 cm, 978-3-7025-0887-6, € 29,–

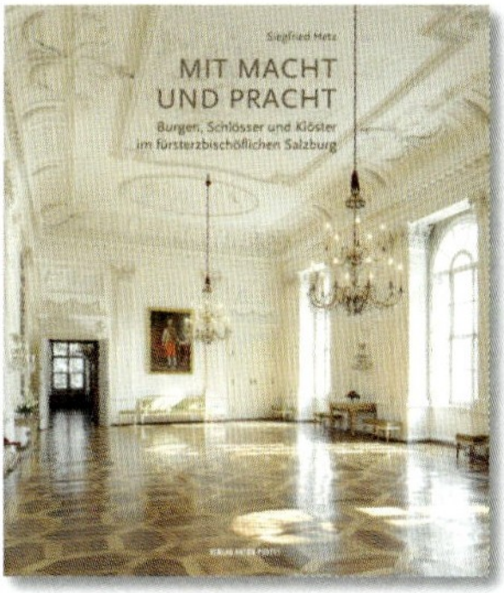

Hetz, Mit Macht und Pracht
Burgen, Schlösser und Klöster im fürsterzbischöflichen Salzburg: Der Prachtband führt zu 100 Burgen, Schlösser und Klöster auf den Gebieten des ehemaligen Erzstiftes Salzburg. Dazu zählten neben dem heutigen Bundesland auch Teile Ost- und Nordtirols sowie der Rupertiwinkel.

304 S., Hardcover mit Schutzumschlag und Lesebändchen, durchgehend farbig bebildert, 24,5 x 30,5 cm, 978-3-7025-0797-8, € 45,–

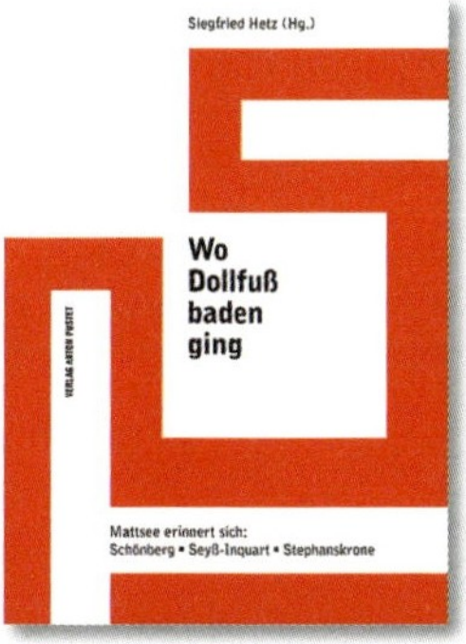

Hetz, Wo Dollfuß baden ging
1934 kam Bundeskanzler Engelbert Dollfuß inkognito nach Mattsee, um Geheimgespräche mit Seyß-Inquart über die Einbindung der Nationalsozialisten in die Regierung des Austrofaschismus zu führen. Außerdem wollte er schwimmen lernen, um in Riccione, wohin ihn Mussolini zum Strandurlaub eingeladen hatte, eine gute Figur zu machen.

184 S., Hardcover, durchgehend s/w bebildert, 17 x 24 cm, 978-3-7025-0890-6, € 24,–

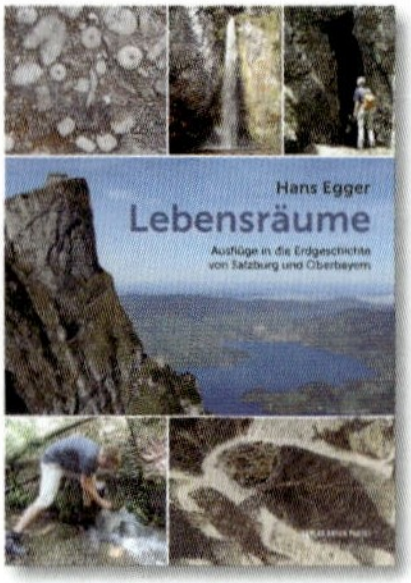

Egger, Lebensräume

Dieses Buch lädt zum Stöbern in den Gesteinsarchiven rund um Salzburg ein: 38 Exkursionen führen durch 260 Millionen Jahre Erdgeschichte von Salzburg und Oberbayern. Zahlreiche Farbfotos und topografische Karten helfen, die markantesten geologischen Zeugnisse mühelos zu finden.

144 S., Hardcover, durchgehend farbig bebildert,
18,5 x 26 cm, 978-3-7025-0870-8,
(Englische Ausgabe, Softcover 978-3-7025-0881-4), € 25,–

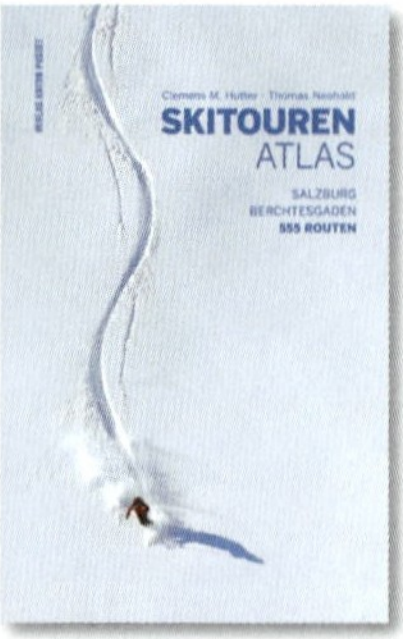

Hutter/Neuhold,
Skitourenatlas Salzburg – Berchtesgaden

Das Angebot von 555 Touren (mit 113 Karten) deckt den möglichen Bedarf von weniger Geübten ebenso wie den von anspruchsvollen Hochalpinisten. Die Kenntnis alpiner Gefahren wird durch eine Einführung in die Lawinenkunde gefördert.

288 S., französische Broschur,
zahlreiche Abbildungen,
11,5 x 18 cm, 978-3-7025-0636-0, € 22,–

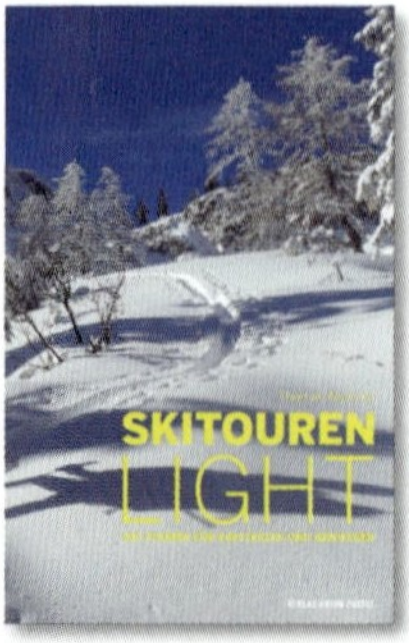

Neuhold, Skitouren light

Im Mittelpunkt des dritten Skitourenführers von Thomas Neuhold stehen Skitouren, bei denen der Genuss-Effekt überwiegt: technisch einfacher, ohne schwindelerregende Gratpassagen oder furchteinflößende Steilrinnen. Der Band richtet sich an Neu- und Wiedereinsteiger in den Skitourensport ebenso wie an die Routiniers.

11,5 x 18 cm, französische Broschur,
durchgehend farbig bebildert,
224 S., 978-3-7025-0794-7, € 22,–

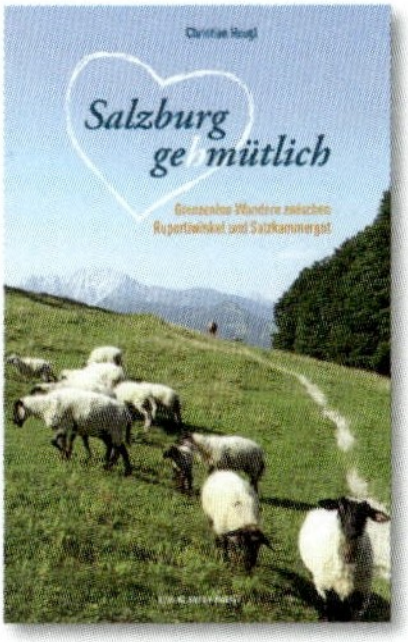

Heugl, Salzburg gehmütlich
Christian Heugl stellt 40 Genuss-Wanderungen im Zentralraum Salzburg, zwischen Rupertiwinkel und Salzkammergut vor, gibt Tipps für die Anfahrt mit öffentlichen Verkehrsmitteln und besondere Einkehrmöglichkeiten.

256 S., französische Broschur, durchgehend farbig bebildert, 11,5 x 18 cm, 978-3-7025-0891-3, € 22,–

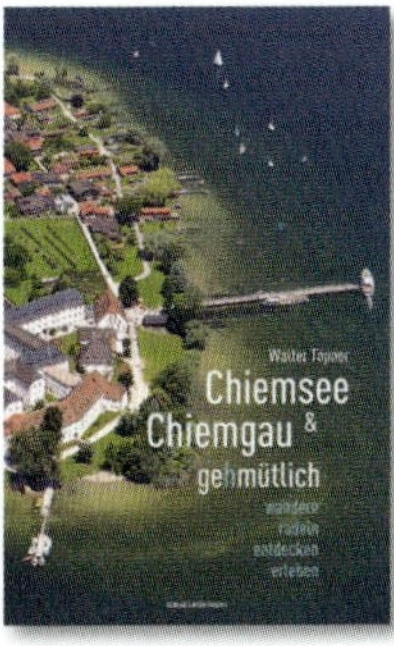

Töpner, Chiemsee und Chiemgau gehmütlich
Wandern, radeln, entdecken, erleben: Das Buch ist Wander- und Radführer sowie Lesebuch. Mit Geschichten über berühmte Personen und regionale Bräuche, Informationen zu Sehenswürdigkeiten, Biergärten und gemütlichen Wirts- und Gaststuben.

308 S., französische Broschur,
durchgehend farbig bebildert,
13,5 x 21,5 cm, 978-3-7025-0895-1, € 24,90

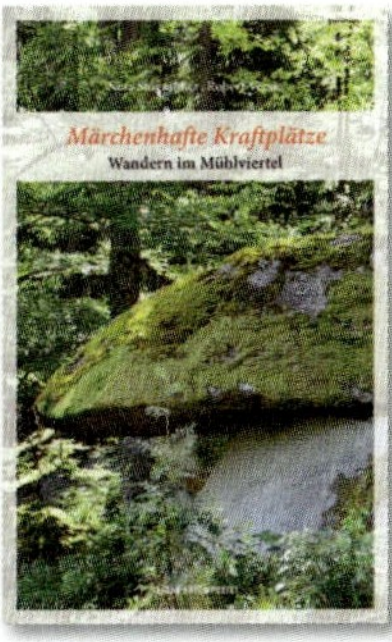

Stögmüller/Versic, Märchenhafte Kraftplätze
Lernen Sie das Mühlviertel von einer ganz speziellen Seite kennen und machen Sie sich bereit für das sanfte Abenteuer Kraftplatzwandern!
25 Wanderungen, begleitet von Märchen und Hintergrundinformationen, führen auf bekannten und unbekannten Pfaden zu besonderen Orten.

264 S., französische Broschur,
durchgehend farbig bebildert,
13,5 x 21,5 cm, 978-3-7025-0884-5, € 24,90
eBook: 978-3-7025-8044-5

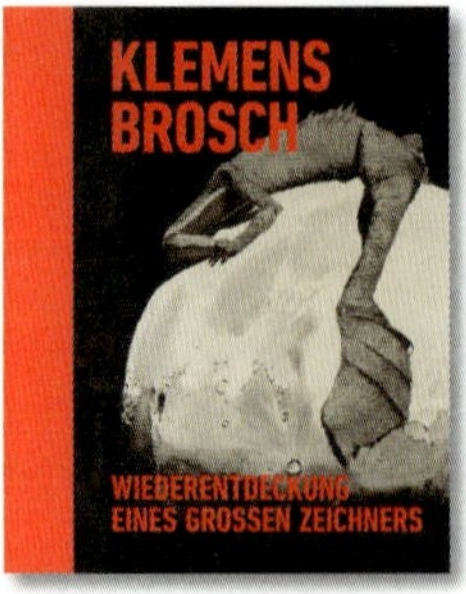

Belvedere Wien, Museen der Stadt Linz und Oberösterreichisches Landesmuseum (Hg.), Klemens Brosch
Klemens Brosch (1894–1926) zählt zu den herausragenden und interessantesten Zeichnern Österreichs im 20. Jahrhundert. Durch seinen manischen Zeichenduktus wurde er zu einem Vorreiter der Neuen Sachlichkeit, des späteren Surrealismus und des Hyperrealismus.

320 S., Hardcover, durchgehend farbig bebildert, 23 x 28,5 cm, 978-3-7025-0894-4, € 38,–

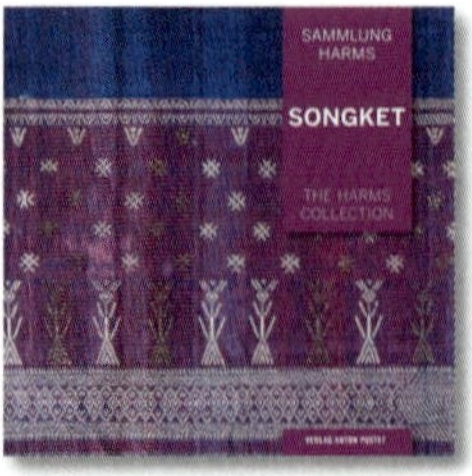

Harms, Songket
Die Geschichten, die die Songkets der Sammlung Harms aus Sumatra und Bali erzählen, sind vielschichtig: Es geht um höfische Prachttücher, uralte Verhaltensregeln tradierende Familienerbstücke, für magisch wirksam gehaltene Ritualtücher und nicht zuletzt modische Kleidung.

264 S., französische Broschur, durchgehend farbig bebildert, deutsch/englisch, 22,5 x 22,5 cm, 978-3-7025-0886-9, € 32,–

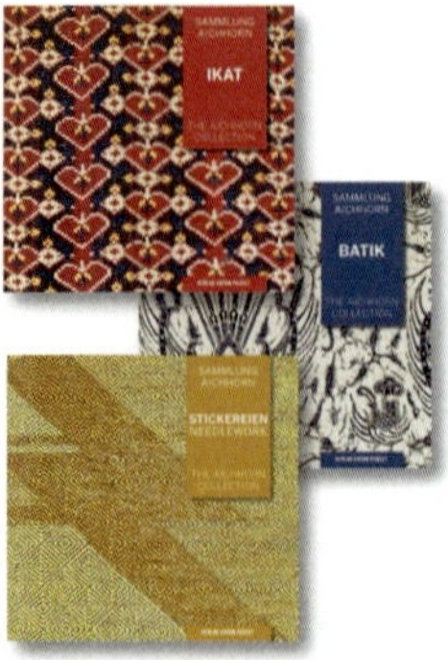

Aichhorn, Sammlung Aichhorn
Der Salzburger Ferdinand Aichhorn liebt traditionelle asiatische Textilien und sammelt diese seit nunmehr 40 Jahren. Die Sammlung Aichhorn wird in drei Bänden umfassend und mit prächtigen Bildern vorgestellt: Ikat, Batik und Stickereien/Needlework.

168/228/300 S., französische Broschur, durchgehend farbig bebildert, deutsch/englisch, 22,5 x 22,5 cm, 978-3-7025-0829-6, € 79,–
Auch einzeln erhältlich

Thomas Neuhold

100 große Gipfelziele

Impressum

Bibliografische Information der Deutschen Nationalbibliothek
Die Deutsche Nationalbibliothek verzeichnet diese Publikation in der Deutschen Nationalbibliografie; detaillierte bibliografische Daten sind im Internet über http://dnb.d-nb.de abrufbar.

Lektorat: Martina Schneider
Grafik und Produktion: Nadine Kaschnig-Löbel
Kartenmaterial: Arge-Kartographie
gedruckt in der EU

ISBN 978-3-7025-0931-6

www.pustet.at

Die in diesem Buch beschriebenen Wanderungen wurden vom Autor nach bestem Wissen recherchiert und erstellt. Inhaltliche Fehler können dennoch nie ganz ausgeschlossen werden. Es wird seitens Autor und Verlag keinerlei Verantwortung und Haftung für mögliche Unstimmigkeiten übernommen. Die Verwendung dieses Wanderführers erfolgt ausschließlich auf eigenes Risiko und eigene Gefahr.

Der Berg ruft

Nein, natürlich rufen Berge nicht, das ist nur eine Redewendung. Unsere Berge sind stumme Gebilde aus Fels und Eis. Die Rufe, die wir vernehmen, entstehen in uns. Sie entstehen, weil die Berge Sehnsuchtsorte sind. Genauso wie viele Menschen „Meerweh" verspüren, haben viele „Bergweh" – es ist die Sehnsucht nach ursprünglichem Erleben, nach Entschleunigung, oft ist dieses „Bergweh" auch Ausdruck einer Flucht aus einer überregulierten Zivilisation, aus einer inzwischen oft völlig entfremdeten Arbeitswelt.

In diesem Band sind 100 solcher Sehnsuchtsorte zusammengetragen, fotografiert und die Wege dorthin beschrieben. Die geografische Auswahl umfasst das Gebiet zwischen dem Höllengebirge im Norden und den Nockbergen sowie den Tauern im Süden; den westlichsten Punkt markieren Wilder Kaiser und Kitzbüheler Alpen, den östlichsten die Schladminger Tauern und der Dachsteinstock. Also Gebirgszüge, die für uns Salzburger und Salzburgerinnen sowie für unsere Gäste von Bedeutung sind und die die Vielfalt der heimischen Bergwelt vom schroffen Karst bis zu den sanften Grasbergen repräsentieren.

Die Auswahl der Gipfelziele folgt dem Grundgedanken, von jedem Gebirgszug, von jeder Gruppe einige typische – meist auch die höchsten – Gipfel zu beschreiben. Der vorliegende Band widmet sich dabei primär den Normalwegen. Ergänzt um einige Varianten kommt man aber gut und gerne auf fast 200 Tourenvorschläge.

Die Auswahlkriterien sind naturgemäß auch immer etwas subjektiv. Dem aufmerksamen Leser, der aufmerksamen Leserin mag auffallen, dass beispielsweise die Salzkammergutberge sehr präsent sind. Das hat auch etwas mit der besonderen Vorliebe des Autors für die von Bergen, Seen und der Stadt Salzburg geprägte Landschaft zu tun. Im Gegenzug fehlt eine ganze Gebirgsgruppe:

Nicht zuletzt auch aufgrund der von der Stadt Salzburg gerechneten langen Anfahrtszeit sind die zentralen Dreitausender der Schobergruppe in den „100 großen Gipfelzielen" nicht dabei.
Der vorliegende Auswahlführer kann und will trotz möglichst detaillierter Beschreibungen und trotz Kartenskizzen die eigenständige Tourenplanung, das Studium von Karten und Wetterbericht, das verantwortungsvolle Bergsteigen nicht ersetzen. Er versteht sich in erster Linie als Sammlung von Anregungen für größere Bergfahrten. Alle Touren wurden vom Autor in den vergangenen Jahren begangen, die meisten auch mehrmals. Die Veränderungen auf einigen Routen gehen freilich aufgrund der Klimakrise derart rasant vonstatten, dass sich innerhalb von ein, zwei Jahren die Bedingungen auf einigen Teilstrecken grundsätzlich ändern können. Was also schon bisher beim Thema Wetter gegolten hat (vereister Weg – trockener Weg), gilt inzwischen auch im größeren Maßstab.
Und vor noch etwas sei ausdrücklich gewarnt: Ehrgeiz. Dieser kann schnell tödlich enden – Selbstüberschätzung ist eine der häufigsten Unfallursachen in den Bergen. Daher lassen Sie den in unserer durchökonomisierten Welt allgegenwärtigen Leistungs- und Konkurrenzgedanken im Tal. Setzen Sie auf den Genuss und im Zweifel auch auf den Verzicht. Es muss nicht immer der Gipfel sein, auch wenn dieser Band die „Gipfelziele" im Titel trägt. Denn die wichtigste Bergsteigerregel von allen lautet immer noch: Nur ein alter Bergsteiger ist ein guter Bergsteiger.

Kommen Sie wieder wohlbehalten ins Tal.
Thomas Neuhold, März 2019

Die Bewertung der Touren

Auf die in der Literatur oft übliche Einteilung in blau (leicht), rot (mittel), schwarz (schwer) wurde bewusst verzichtet, weil diese recht ungenau ist. Stattdessen orientieren sich die Angaben an international üblichen Bewertungsschemen. Aber auch diese können nur eine grobe Gesamteinschätzung bei guten Bedingungen bieten. Ein vereister oder nasser Steig kann auch auf dem „Hausberg" die Anforderungen empfindlich steigen lassen.

Gesamtbewertung

Die im Buch angeführten Gesamtbewertungen orientieren sich an der aufsteigenden Skala des Schweizer Alpenclubs SAC. Bewertungsgrundlage ist immer die schwierigste Stelle (Schlüsselstelle), auch wenn diese nur einen kleinen Teil der gesamten Tour darstellt.

Die Skala ist so konzipiert, dass eine individuelle Steigerung von Schwierigkeitsgrad zu Schwierigkeitsgrad relativ einfach möglich ist.

T1 Wandern:
Einfache Wege, markiert, wenig steil, keine Absturzgefahr, Turnschuhgelände, Orientierung problemlos.

T2 Bergwandern:
Gute Wege, markiert, teilweise steil, eventuell kurz absturzgefährdet, leichte Bergschuhe, Trittsicherheit notwendig, elementares Orientierungsvermögen.

T3 Anspruchsvolles Bergwandern:
Weg am Boden nicht durchgehend erkennbar, ausgesetzte Stellen können gesichert sein, Einsatz der Hände für das Gleichgewicht eventuell notwendig, meist markiert, Stellen mit Absturzgefahr, Schrofen, Trittsicherheit, etwas Orientierungssinn, elementare alpine Erfahrung.

T4 Alpinwandern:
Weg nicht immer vorhanden, Handeinsatz stellenweise notwendig, meist markiert, Seilsicherungen, heikle Grashänge, Schrofen, einfache Firnfelder,

Schwindelfreiheit und Trittsicherheit obligat, stabile Bergschuhe, Orientierungssinn und elementare Fähigkeit zur Geländebeurteilung erforderlich, bei Wettersturz schwieriger Rückzug.

T5 Anspruchsvolles Alpinwandern:
Oft weglos, einfache Kletterstellen, nur fallweise markiert, exponiertes Gelände, steile Schrofen, Firnfelder mit Ausrutschgefahr, stabile Bergschuhe, Geländebeurteilung und Orientierungssinn notwendig.

T6 Schwieriges Alpinwandern:
Meist weglos, Kletterstellen bis II, wenig markiert, heikles Schrofengelände, alpine Erfahrung und Orientierungssinn obligat.

UIAA-Kletterskala

Die im Buch angeführten Bewertungen der Kletterschwierigkeit reichen bis in den unteren III. Grad. Bewertet wird die Schlüsselstelle:

I Geringe Schwierigkeiten. Einfachste Form der Felskletterei, jedoch kein Gehgelände! Die Hände sind zur Unterstützung des Gleichgewichtes erforderlich. Ungeübte müssen bereits am Seil gesichert werden. Schwindelfreiheit vonnöten.

II Mäßige Schwierigkeiten. Hier beginnt die Kletterei, welche die Drei-Punkt-Haltung erforderlich macht.

III Mittlere Schwierigkeiten. Zwischensicherungen an exponierten Stellen empfehlenswert. Senkrechte Stellen verlangen bereits Kraftaufwand. Geübte und erfahrene Kletterer können Passagen dieser Schwierigkeit noch ohne Seilsicherung erklettern.

Klettersteigskala

Verwendet wird die vom Österreicher Kurt Schall entwickelte Buchstabenbewertung bis C. Die Bewertung richtet sich immer nach der schwierigsten Stelle (Schlüsselstelle):

A Einfach, Geübte können ohne Selbstsicherung gehen.
B Mäßig schwierig, Klettersteigset empfohlen.
C Schwierig, Klettersteigset dringend angeraten.

Westalpenskala

Manche Touren führen in hochalpine Regionen. Hier hat sich neben den anderen Bewertungen die Westalpenskala bewährt. Für diesen Band reichen die unteren Marken, die Abstufungen innerhalb dieser werden mit +/- angegeben.

F facile – für Geübte eine leichte Hochtour
PD peu difficile – wenig schwierig
AD assez difficile – ziemlich schwierig

Die Tourenplanung

Zeiten

Die im Buch angegebenen Zeiten sind Richtwerte für durchschnittlich Trainierte bei guten Bedingungen. Sie können von konditionsstärkeren Berggehern leicht unterboten werden. Bei schlechten Bedingungen (etwa Nässe) kann aber auch deutlich mehr Zeit benötigt werden. Die angegebenen Höhenmeter wurden auf 50-Meter-Sprünge gerundet. Als Richtwert für die persönliche Tourenplanung können 400 Höhenmeter Anstiegsleistung pro Stunde und 600 Höhenmeter im Abstieg pro Stunde genommen werden. Bei größeren Unternehmungen muss man noch mindestens eine halbe Stunde für die horizontale Distanz draufschlagen. In den gewitteranfälligen Sommermonaten sollten Wanderungen so geplant werden, dass zu Mittag zwei Drittel des Weges bereits absolviert sind.

Partner

Der richtige Tourenpartner zur richtigen Tour. Wer zu zweit oder in Gruppen unterwegs ist, hat sich bei der Routenwahl und im Gelände immer nach dem Schwächsten zu richten. Für Kinder sind die meisten der „100 großen Gipfelziele“

nicht geeignet. Wer allein unterwegs ist, sollte unbedingt im Tal seinen Tourenplan bekannt geben, damit die Rettungsmannschaften im Ernstfall wissen, wo sie mit der Suche beginnen müssen. Bei der Rückkehr bitte auch den Verwandten, Freunden wieder Bescheid geben, um unnötige Suchaktionen zu vermeiden.

Plan B

Was tun, wenn der am Vorabend gefasste Plan nicht aufgeht? Vor allem bei schwierigeren Unternehmungen ist es sinnvoll, sich im Vorfeld einen ungefähren Plan B zurechtzulegen. Das erspart im Fall des Falles zeitraubende Organisation in einer dann oft ohnehin nicht angenehmen Situation und möglicherweise auch unerfreuliche Debatten mit der Begleitung.

Informationen

Die Informationskanäle sind in Zeiten des Internets vielfältig. Wetterseiten von ORF und der Zentralanstalt für Meteorologie und Geodynamik (ZAMG) bieten exakte Bergwetterberichte. In diversen Internetforen kann man den Zustand von Wegen und Routen erfragen. Webcams geben (im Frühsommer oder Herbst) Auskunft über die Schneelage. Aber auch Einheimische wissen meist gut Bescheid – Warnungen von Bergführern, besonders ausgebildeten Instruktoren alpiner Vereine, Hüttenwirten, Bergrettungsleuten, regional bergerfahrenen Locals sind ausnahmslos ernst zu nehmen.

Die Ausrüstung

Grundsätzlich muss die Basisausrüstung auch bei einfachen Unternehmungen immer komplett mit. Schon ein kleiner Wetterumschwung kann aus einer einfachen Wanderung eine viel anspruchsvollere Tour machen, aufkommender Wind kann durch den Windchill-Effekt auch in mittleren Höhen die Temperaturen eisig werden lassen, ein kleines Wehwehchen ist ohne entsprechende Ausrüstung oft höchst unangenehm.

Basisausrüstung Wandern:
Bergtaugliche Bekleidung (Schichtenprinzip, Funktionswäsche und -stutzen)
Wechselwäsche
Wind- und wasserdichte Jacke
Handschuhe
Haube
Sonnenkappe
Rucksack
Bergschuhe mit stabiler, rutschfester Profilsohle
Trinkflasche (mindestens ein Liter)
Jause (nicht zu fett, wasserhaltiges Obst und Gemüse)
Biwaksack
Rucksackapotheke mit Verbandszeug
Signalpfeife
Handy (aufgeladen)
Stirnlampe
Sonnencreme, Lippenschutz
Sonnenbrille
Landkarte (1:50.000, die im Buch verwendeten Skizzen dienen nur der Groborientierung und ersetzen die Landkarten nicht!)
Höhenmesser/Kompass/eventuell GPS
Papiertaschentücher
Werkzeugmesser
Geld für Verpflegung auf Hütten oder in Gaststätten

Allfällige Zusatzausrüstung:
Teleskopstöcke
Kletterhandschuhe
Helm
Klettersteigset

Gletscherausrüstung:
Rucksack mit Pickelbefestigung
Bergschuhe, steigeisenfest
Helm
Hüftgurt
Pickel
Steigeisen mit Antistollplatte
ferner Prusikschnüre, Bandschlingen, Karabiner, Sicherungsgerät, Expresschlingen und eventuell auch Eisschrauben

Hüttenübernachtung:
Hüttenschlafsack
Waschzeug
Ausweis alpiner Vereine
Wechselwäsche

Die Ausbildung

Die in diesem Band versammelten Tourenanregungen sind allesamt keine Extremtouren. Trotzdem verlangen viele Routen eine solide Grundausbildung in Fels und Eis. Alpine Vereine wie private Bergsteigerschulen bieten eine solche an. Wer an seinem Können zweifelt, soll die ins Auge gefasste Tour lassen oder sich einem Bergführer, einer Bergführerin anvertrauen.

Die Gefahren

Vor Gefahren im Bergland und auch vor Fehlern ist niemand gefeit. Und ein gewisses Restrisiko kann ebenso niemand ausschließen. Das beste Mittel gegen Bergunfälle ist neben einer umfassenden Planung der Tour – den objektiven Bedingungen wie dem subjektiven Trainingszustand entsprechend – und einer entsprechenden Ausrüstung immer noch der Mut zum Umkehren.
Vorsicht in Sachen Gruppendruck: Wer glaubt, sich in einer Gruppe beweisen zu müssen und allfällige Bedenken zur Routenwahl oder eigene Probleme nicht anspricht, handelt fahrlässig.

Zu den objektiven Gefahren im Bergland zählt der Steinschlag. Moderne Helme sind längst nicht mehr so schwer wie ihre Vorgänger und auch bei Weitem nicht mehr so hässliche „Töpfe" wie einst. Und den Helm für einige Zeit mitzuführen, um ihn dann an den entsprechenden Stellen zu verwenden, ist mit Sicherheit besser, als mit einem Loch im Kopf im Krankenhaus wieder aufzuwachen.

Auch Klettersteighandschuhe leisten gute Dienste – nicht nur am Klettersteig. Wer bei Seilversicherungen jemals in eine rostige Drahtlitze gegriffen hat, weiß, wie schmerzhaft und langwierig solche Verletzungen sein können.

Im Gebirge oder gar im Hochgebirge kann bei einem Gewitter eine Höllengewalt losbrechen. Aber: Es gibt keine Blitze aus heiterem Himmel! Bei den ersten

Anzeichen eines aufziehenden Gewitters ist unbedingt darauf zu reagieren – dann ist Plan B gefragt.

Gefahren können freilich auch im Almgebiet lauern. Unfälle mit Rindern kommen immer wieder vor.
Während Kühe, die regelmäßig gemolken werden, den Umgang mit Menschen gewöhnt sind, heißt es vor allem bei Weiden mit Mutterkuhhaltung: Abstand wahren! Notfalls einen Umweg in Kauf nehmen! Hunde unbedingt an die Leine nehmen! Den Hund aber sofort ableinen, wenn eine Kuh angreift; er kann der Kuh leichter ausweichen als ein Mensch (dieser kann den Hund vor so einem rabiaten „Butterhirschen" ohnehin nicht beschützen). Stöcke sind zur Abwehr durchaus geeignet. Niemals davonlaufen und dem Rindvieh den Rücken zuwenden!

Auch die Technik birgt Gefahren: Gerade im Steilgelände ist das GPS fehleranfällig. Nicht zuletzt deshalb wurde in diesem Buch auf dieses – für viele so nützlich erscheinende – Utensil verzichtet. Ein GPS-Track kann niemals die Orientierung als selbstständiger Bergsteiger im Gelände und das Kartenstudium ersetzen. Allerdings kann es bei Schlechtwetter und Nebel als Sicherheitsreserve dienen und den Rückzug enorm erleichtern.

Bedenken Sie auch, dass die Berge kein rechtsfreier Raum sind. Wer andere in Gefahr bringt oder ihnen gar Schaden zufügt, hat ebenso mit straf- und/oder zivilrechtlichen Konsequenzen zu rechnen wie im Tal. Wir Bergsteiger und Bergsteigerinnen haben freilich auch Rechte. Das wichtigste ist die Wegefreiheit. Sperren und Verbote sind zwar oft gut begründet und als solche auch zu akzeptieren, aber nicht immer. Wenn Sie auf möglicherweise ungerechtfertigte Verbote, Ummarkierungen oder sonst irgendwie zweifelhafte Schikanen von Grundbesitzerseite treffen, dokumentieren Sie diese fotografisch und informieren Sie die alpinen Vereine – am besten aber nicht nur die Sektionen vor Ort, sondern gleich die Rechtsabteilungen in den Zentralen.

Kötschachtal/Kesselkar Richtung Keeskogel.

Notrufe und Adressen

Alpines Notsignal	Hör- oder sichtbares Signal sechs Mal pro Minute – also alle zehn Sekunden. Antwort: Drei Mal pro Minute.
Bergrettungs-Notruf	140
Europäischer Notruf	112 (Handy ohne Pincode, oft auch bei schlechtem Empfang)
Wetterbericht	www.zamg.ac.at und www.orf.at

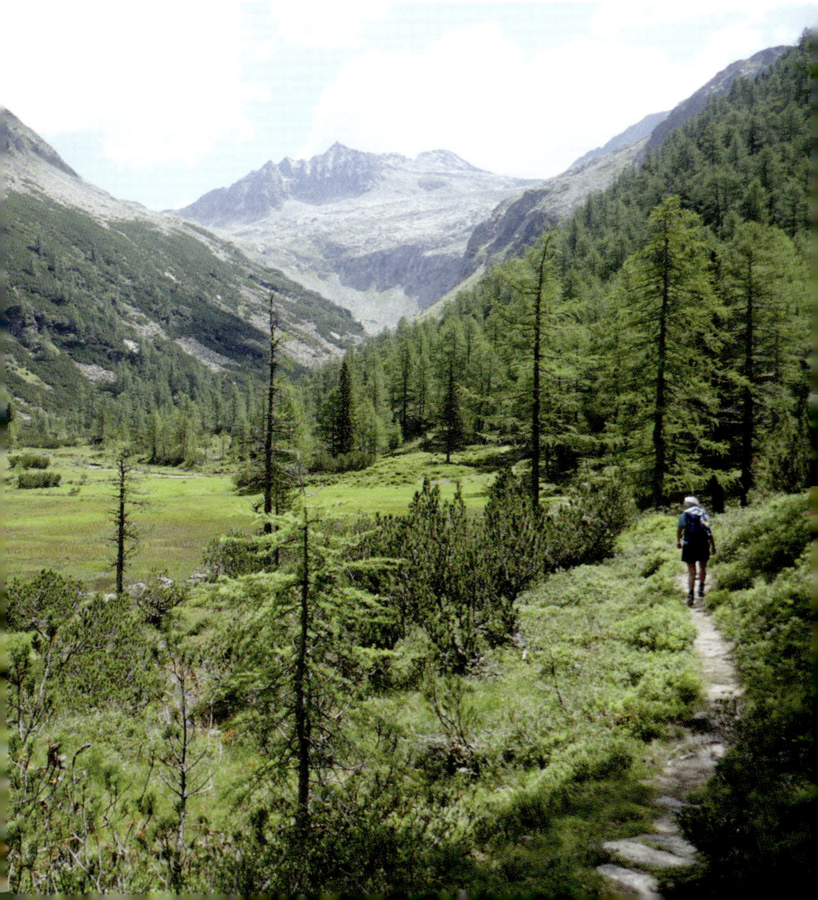

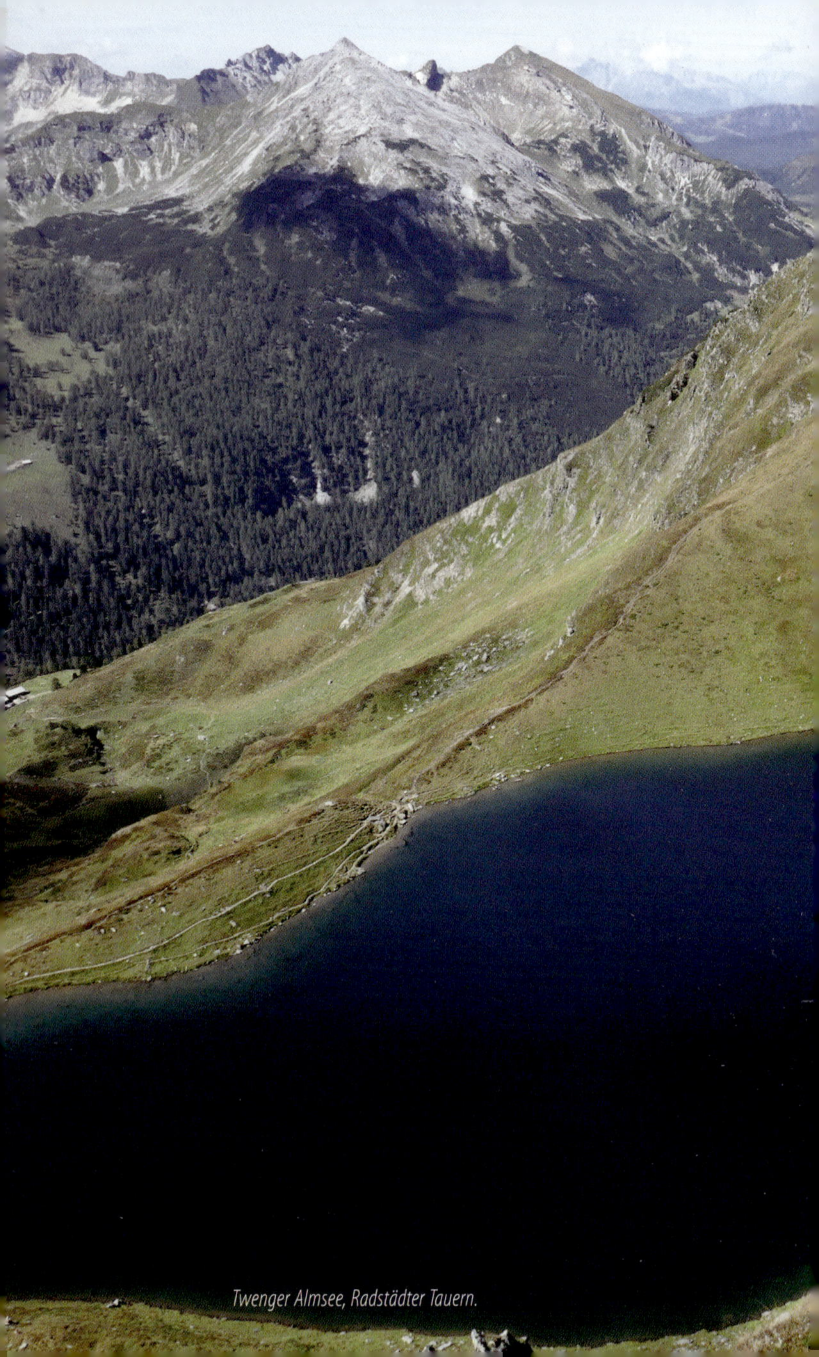

Twenger Almsee, Radstädter Tauern.

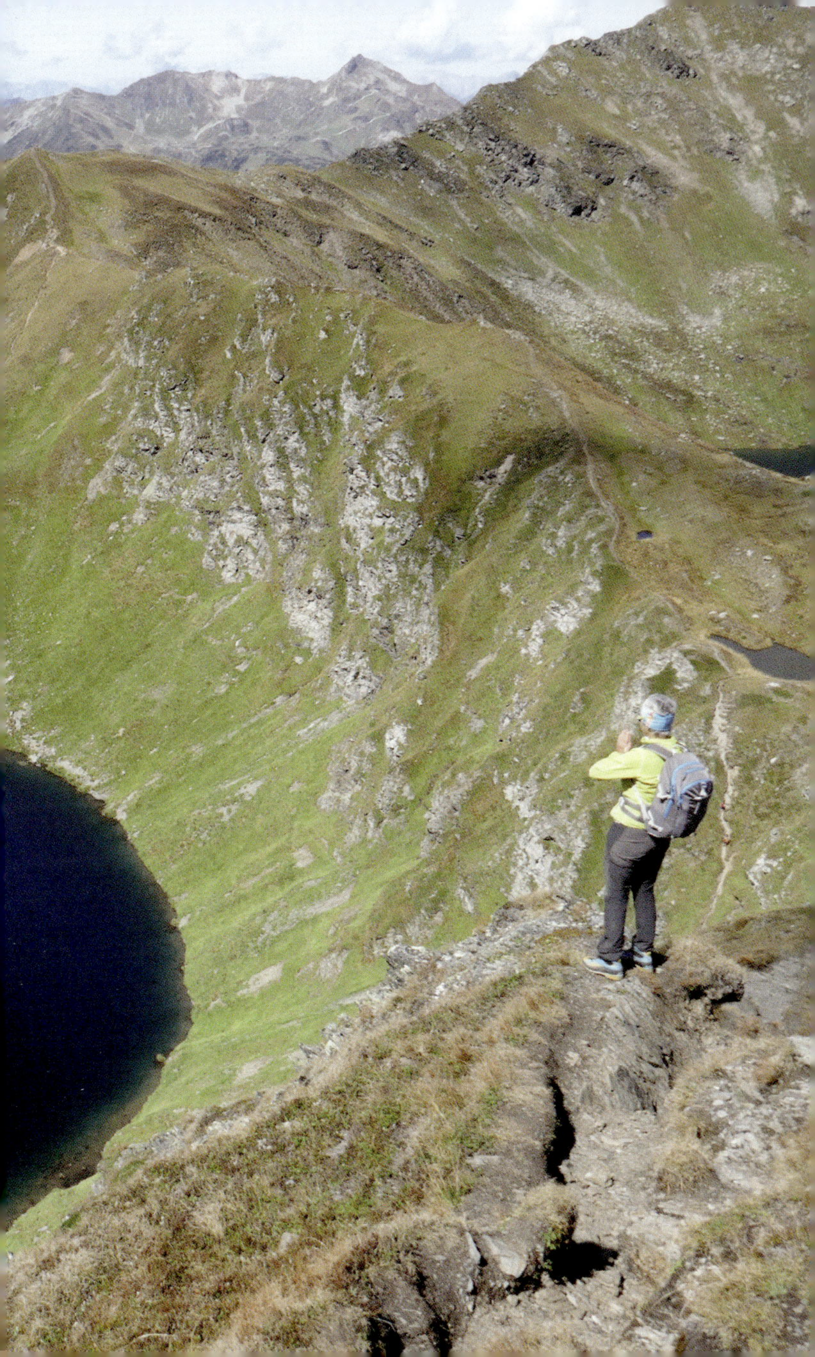

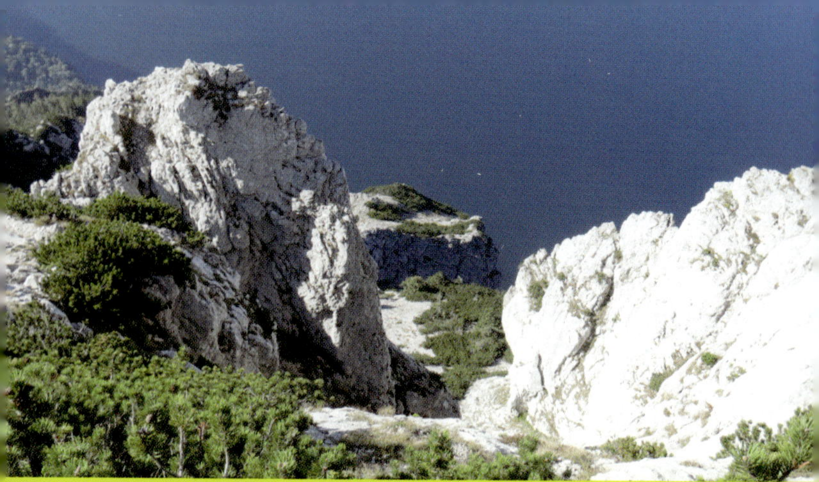

1 Traunstein 1 691 m

Traunsee
Gmunden

Von Osten kommend ist der „Wächter des Salzkammergutes" der erste Gruß der Alpen. Obwohl der Traunstein überaus häufig besucht wird, darf man den rassigen Kalkklotz am Traunseeufer keinesfalls unterschätzen. Alle drei Normalwege führen durch Absturzgelände. Über 130 dokumentierte Tote sprechen eine deutliche Sprache.

Anforderung: T5. Leichter Klettersteig (A/B), Stellen I, nur für Geübte ohne Selbstsicherung. Abstieg über Mairalmsteig steil, Absturzgelände, Schlüsselstellen versichert. Anstieg 1 250 Höhenmeter, 3,5 Stunden. Gesamtgehzeit 6,5 Stunden.

Ausrüstung: Wanderausrüstung, Kletterhandschuhe, eventuell Helm und Klettersteigset.

Ausgangspunkt/Anfahrt: Traunstein-Parkplatz (431 m). Von Gmunden der Uferstraße folgend nach Süden am „Hois'n" vorbei.

Route: Vom Parkplatz am See entlang beim Moaristidl vorbei zum ersten Straßentunnel, nun entweder weiter oder (landschaftlich schöner) am Miesweg zum Einstieg des Naturfreundesteiges vor der Lainaubrücke. Die Steiganlage gliedert sich

Faszination Salzkammergut: heller Kalk, dunkle Wasser.

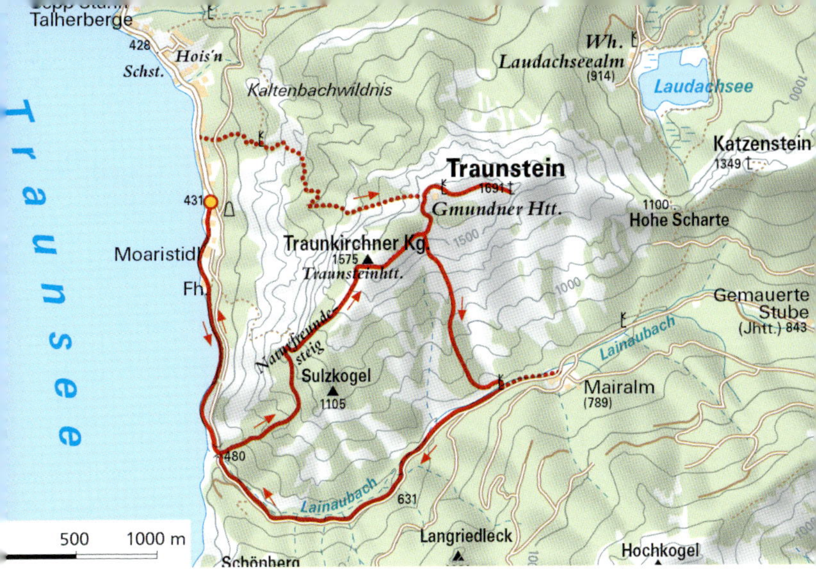

in fünf Etappen: Klammerreihe und Seilpassage, dann Gehgelände in die Sulzkogelscharte; es folgt der klettersteigähnliche Part mit einer langen Leiter, dann wieder Gehgelände hinauf zum „bösen Eck"; zuletzt versichert (Felsenfenster) zum Traunsteinhaus und dann einfach auf den Gipfel.
Abstieg retour an der Gmundner Hütte vorbei Richtung Traunsteinhaus bis zur Abzweigung (Wegweiser). Hier steil, schrofig und fallweise gesichert am Mairalmsteig hinab ins Lainautal (kurzer Abstecher zur Mair- oder Moaralm bachaufwärts lohnend) und die Forststraße hinaus Richtung See.

Einkehr: www.traunsteinhaus.at, www.gmundnerhuette.at, www.moaralm-gmunden.at, www.moaristidl.com

Variante: Von der Schwierigkeit dem Naturfreundesteig ähnlich (A/B) ist der Anstieg über den Hernlersteig. Einstieg rund 500 Meter vor dem eigentlichen Traunsteinparkplatz (ausführliche Hinweistafel, kleines Brünndl, einige Parkmöglichkeiten beim Badeplatz). Von hier durch den Wald hinauf zu einer Forststraße und bei der Abzweigung Kaltenbachwildnis (Wegweiser) dem Hernlersteig folgen. Achtung: Der Steig ist bei Nässe unangenehm und gefährlich.

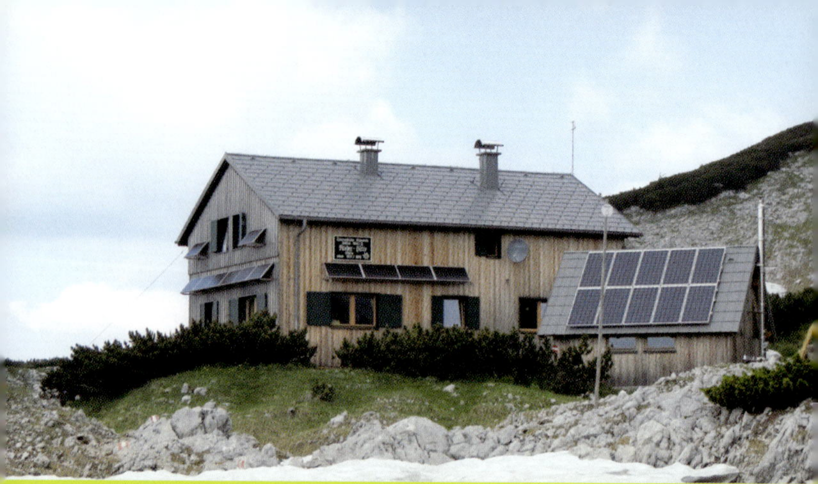

2 Großer Höllkogel 1 862 m

Ebensee
Höllengebirge

Das Höllengebirge zwischen Traunsee und Attersee ist an seiner Ostseite durch die Feuerkogelseilbahn erschlossen. Das erleichtert eine Besteigung des Großen Höllkogels natürlich enorm. Die Plateauwanderung führt über einfache, nur kurz etwas ruppigere Steige, in stets wechselndem Bergauf-Bergab auf den höchsten Gipfel des kleinen Gebirgszuges.

Anforderung: T2. Einfache Plateau-Bergwanderung, insgesamt 600 Höhenmeter mit Gegenanstiegen, 2,5 Stunden Anstieg, 2,5 Stunden retour.

Ausrüstung: Wanderausrüstung.

Ausgangspunkt/Anfahrt:
Bergstation der Feuerkogelseilbahn von Ebensee. www.feuerkogel.info

Route: Von der Bergstation (Wegweiser „Rieder Hütte" beachten) entlang der Häuser (hoch ansetzen) an der Talstation des Heumahdgupfliftes vorbei auf die Gasslhöhe und ins Edltal absteigen. Weiter auf dem Weg Nr. 820 (Weitwanderweg E4) am Totengrabengupf (1782 m) vorbei zu einer Wegverzweigung (Wegweiser). Nach Süden direkt hinunter in die Höllkogelgrube, dann kurz nach

Die Rieder Hütte: Willkommene Einkehr nach einer Höllkogelbesteigung.

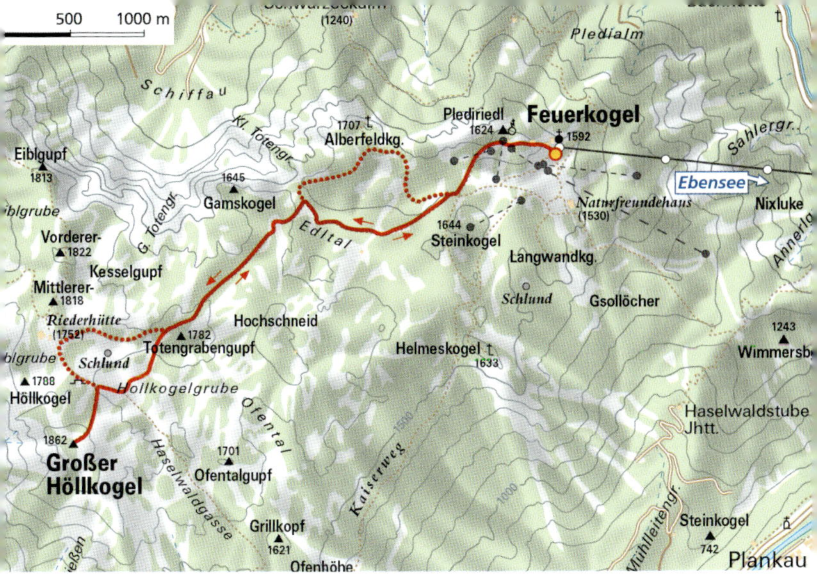

Westen und durch Latschengassen Richtung Süden auf den Großen Höllkogel. Retour wie Hinweg, meist wird aber nach dem Höllkogel das Eck über die Rieder Hütte (1 752 m) „mitgenommen". Dazu hält man sich nach dem Abstieg vom Höllkogel (Wegweiser) links. Retour am Hüttenweg wie oben.

Einkehr: Rieder Hütte
Tel.: +43 (0)6133 93013,
Gastronomie auf dem Feuerkogel
www.feuerkogel.info

Variante: Sehr lohnend ist der Schlenkerer über den Alberfeldkogel (1 707 m), der weit nach Norden hinausragt und eine entsprechende Rundumsicht bietet. Nach dem Heumahdgupflift immer rechts haltend (laut Beschilderung) um den Heumahdgupf herum und zum Schluss nach Norden einen Steig zum Europakreuz. Die wenigen Meter retour, dann aber nach Südwesten, bis man wieder auf den Hauptweg Richtung Rieder Hütte trifft. Weiter wie oben.

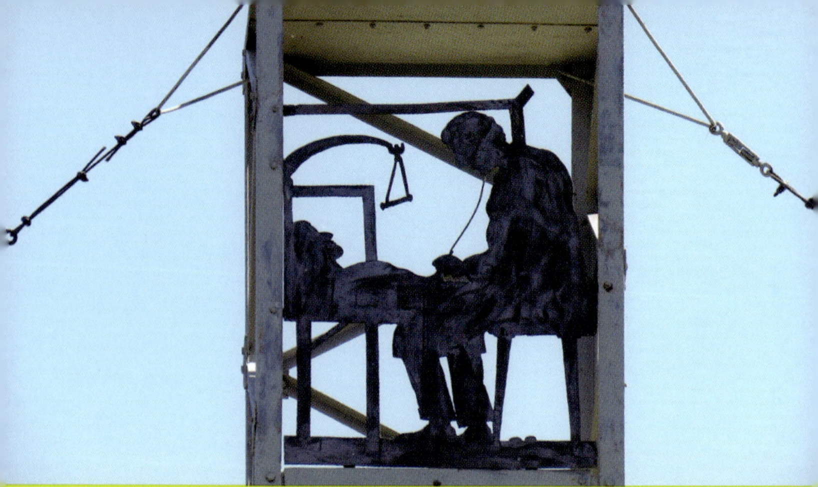

3 Großer Brunnkogel 1 708 m

Attersee
Höllengebirge

Der große Brunnkogel ist der dominierende Gipfel im zentralen Höllengebirge. Bekannt ist der Berg auch für sein ungewöhnliches 14 Meter hohes Gipfelkreuz: Es thematisiert verschiedene Berufe. Das aktuelle Kreuz ist eine Kopie des Originals, das im Jahr 2013 unter der Schnee- und Eislast umgeknickt ist. Der Name des Berges hat übrigens nichts mit einem Brunnen zu tun, er stammt etymologisch vom Wort brennen („brunnen", „Brunst") und entstand nach einem Brand im Gipfelbereich. Einst hieß der Berg Spielberg.

Anforderung: T2. Einfache Bergwanderung, 950 Höhenmeter und 3 Stunden Anstieg.

Ausrüstung: Wanderausrüstung.

Ausgangspunkt/Anfahrt: Parkplatz Aurachkarsee (775 m) an der Großalmstraße. Zufahrt von Altmünster (Traunsee) oder Steinbach (Attersee).

Route: Auf der Forststraße nach Süden, dann über den Forstweg zur Abfahrtspiste. Der Weg kreuzt die Piste mehrmals, dann taucht er in den Wald ein und man gelangt zum Aurachbründl. Hier nicht (!) nach

„Der Arzt". Detail aus dem Brunnkogelkreuz, das zahlreiche Berufsgruppen thematisiert.

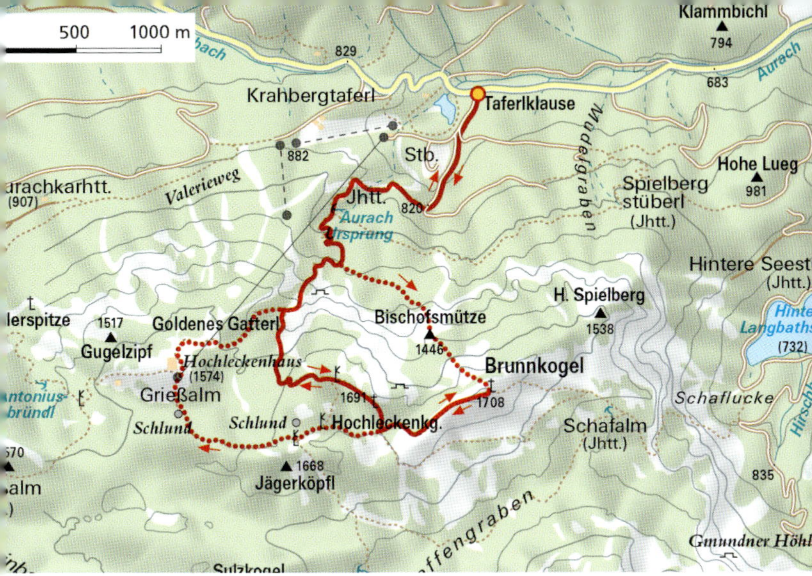

links (dieser Forstweg mündet in den schwierigen Scheckenbergersteig), sondern auf dem markierten Steig bleibend in Kehren steil hinauf in das Aurachkar. Weiter steil das Schuttkar in Kehren bergauf, an der Abzweigung (Wegweiser) nach Süden auf das Plateau. Dann weiter durch Latschengassen (Wegweiser) ostwärts auf den Gipfel. Beim Abstieg folgt man dem Weg retour nach Westen, bei der Verzweigung aber gerne weiter nach Westen (Gegenanstiege) zum Hochleckenhaus (1 Stunde). Nach der Rast am Hüttenweg talwärts.

Einkehr: www.hochleckenhaus.at

Variante: Wesentlich anspruchsvoller (T4, Stellen I, nicht markiert) ist der Anstieg über den Scheckenberger Steig. Vom Aurachbründl links den Forstweg hinein, dann den gut sichtbaren Pfad zu einem Bachbett zu den Felsen der Bischofsmütze. Rechts der Felsen (blaue Höhlenmarkierungen) hinauf in den Sattel oberhalb der Bischofsmütze und rechts des Brunnkogel-Nordwestgrates steil bergauf zu den Gipfelwiesen.

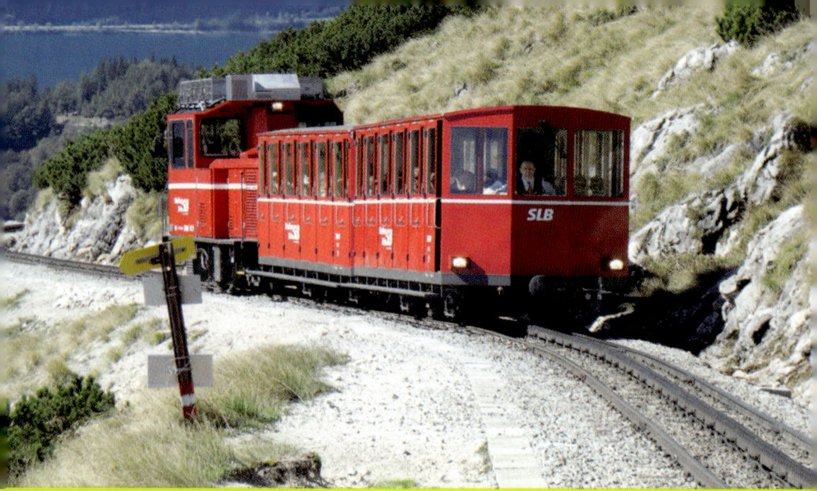

4 Schafberg 1 782 m

St. Wolfgang
Salzkammergutberge

Natürlich ist auf dem Schafberg nix mit Bergeinsamkeit. Die Zahnradbahn karrt an schönen Tagen die Touristen in Hundertschaften herauf. Trotzdem ist der Schafberg mit seiner faszinierenden Form und Lage immer wieder einen Anstieg wert. Der normale Wanderweg über die Schafbergalpe (T2, 3 Stunden) führt im Wesentlichen entlang der Gleisanlage und ist hier im Abstieg beschrieben; spannender und einsamer ist der Anstieg über den seilversicherten und nach dem Alpinpionier Ludwig Purtscheller benannten Steig.

Anforderung: T3. Schwindelfreiheit und Trittsicherheit obligat. 1 250 Höhenmeter und 3 Stunden Anstieg.

Ausrüstung: Wanderausrüstung, Kletterhandschuhe angenehm.

Ausgangspunkt/Anfahrt: Parkplätze in St. Wolfgang (775 m, gebührenpflichtig). Besonders schön ist die Anfahrt mit dem Linienschiff www.schafbergbahn.at

Route: Vom Parkplatz zum Bahnhof, dann folgt man kurz den Gleisen bis zu einer Straßenkreuzung (Marterl).

Abstiegsvariante für Kniemarode.

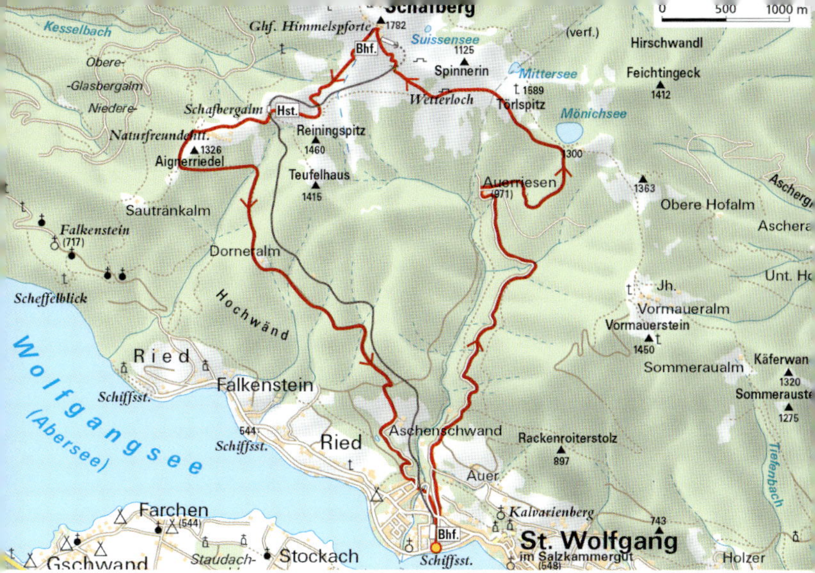

Dahinter eine recht steile Asphaltstraße nach Norden hinauf und an der Hupfmühle vorbei. Die Straße wandelt sich in eine Almstraße und es geht nordwärts entlang des Bachgrabens bis zur Auerriesenhütte. Hier zweigt dann der Steig in den Wald ab und es geht in Kehren hinauf bis zur Wegkreuzung (Wegweiser) beim Mönichsee. Der Anstieg auf den Schafberg dreht auf Nordwest und wird schnell alpiner, bis man zum seilgesicherten (Absturzgelände) Teil des Purtschellersteigs kommt. Die spektakuläre – bei Nässe gefährliche – Felswand wird durchstiegen, dann erreicht man wieder Wandergelände. Am Bahnhof vorbei zum Gipfelplateau. Der Abstieg ist deutlich einfacher und führt hinunter nach Südwesten zur Schafbergalm und um den Aignerriedel herum. Entlang des Schafbergwegs geht es schließlich parallel zur Zugstrecke über die Jausenstation Aschinger zurück zum Wolfgangsee.

Einkehr: Schutzhaus Himmelspforte www.schafbergbahn.at, Jausenstation Aschinger www.aschinger.at

Variante: Für den knieschonenden Abstieg nimmt man die Bahn www.schafbergbahn.at

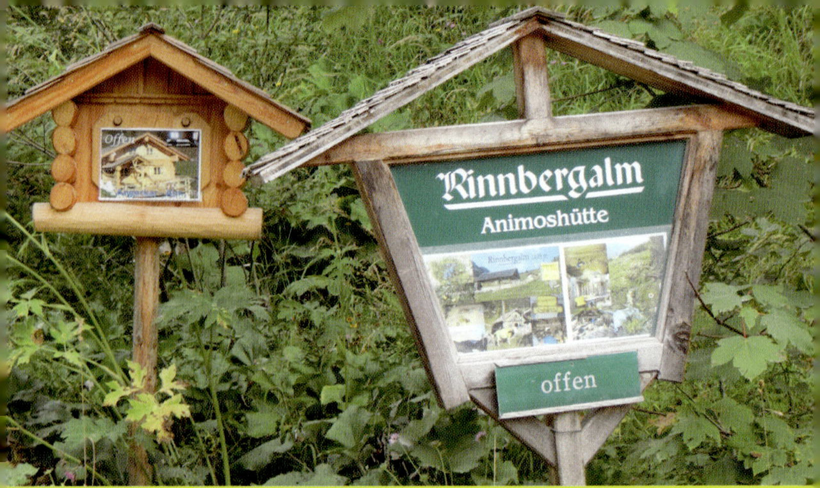

5 Gamsfeld 2 028 m

Rußbach
Salzkammergutberge

Das Gamsfeld ist der höchste Gipfel in den Salzkammergutbergen. Der direkteste Anstieg führt über die steilere Südseite, der Abstieg oft durch das Angerkar. Hier warten ein paar gemütliche Hütten auf den durstigen Wanderer.

Anforderung: T2. Mittelschwere Bergwanderung. 1 150 Höhenmeter und 3 Stunden Anstieg.

Ausrüstung: Wanderausrüstung.

Ausgangspunkt/Anfahrt: Parkplatz am Rinnbach (870 m, Parkgebühr) im Norden von Rußbach. Zufahrt über die Pass Gschütt Bundesstraße B 166 nach Rußbach und im Zentrum bei der Kirche nach Norden abzweigen.

Route: Vom Rinnbachparkplatz auf der Asphaltstraße nach Nordosten, bis in einer Rechtskurve der schmale Almweg zur Traunwandalm abzweigt. Diesem (Weg Nr. 201) nach Nordosten bis kurz vor die Traunwaldalm folgen, wo der Steig bei einem Baum (Wegweiser, Bankerl) nach Norden in das Traunkar weist. Anfangs noch durch lichten Baumbestand, dann durch ausgedehnte Latschenfelder in das Traunkar. Der Steig verlässt dann das Kar, quert auf eine Rippe nach links

Verlockender Umweg: Einkehr auf den Rinnbergalmen (Variante 2).

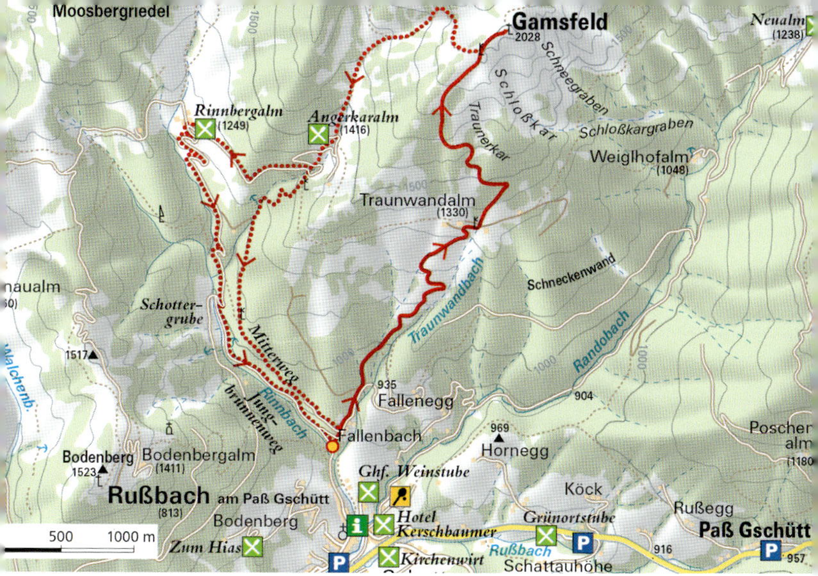

aus und wird dann im Bereich der Gipfelwiesen langsam flacher. Zuletzt (Wegweiser) oberhalb des Schlosskars in wenigen Metern flach zum höchsten Punkt. Abstieg wie Anstieg.

Einkehr: Angerkaralm www.walliser-schwarznasenschaf.at, Rinnbergalmen: Pfandlhütte und Animoshütte www.russbach.info

Variante 1: Für den Abstieg im Sinn einer Rundtour kurz zurück zum Wegweiser knapp vor dem Gipfel, dann nach Norden um eine Mulde herum und ein kurzes Steilstück hinunter in das Angerkar, an dessen unterem Ende mit der bewirtschafteten Angerkaralm ein feiner Rastplatz wartet. Von der Almhütte (die Straße abkürzend) nach Südwesten an einer Quelle vorbei bis zu dem Endpunkt einer Forststraße. Hier links haltend (Süden) in den Wald und entlang des Mitterweges (Nr. 203) talauswärts, bis man knapp oberhalb des Parkplatzes wieder auf die Asphaltstraße trifft.

Variante 2: Unterhalb der Angerkaralm (Wegweiser) den Umweg über die Rinnbergalmen nehmen und hier den Tag ausklingen lassen. Abstieg über die Almstraße (Abschneider lohnend).

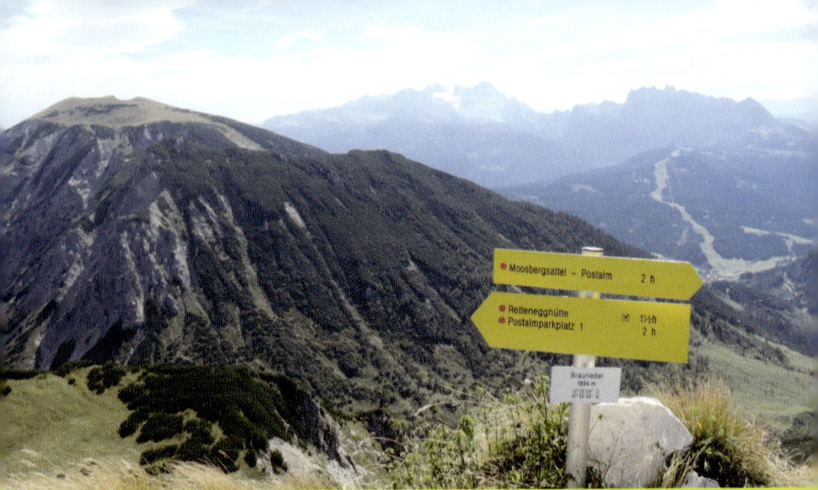

6 Braunedelkogel 1894 m

Postalm
Salzkammergutberge

Start ist auf der Postalm – mit 42 Quadratkilometern das größte Almgebiet Österreichs. Das entspricht flächenmäßig zwei Drittel der Stadt Salzburg. Der Braunedelkogel – fallweise auch Braunedl geschrieben – ist der dominierende Gipfel dieser grandiosen Almlandschaft.

Anforderung: T2. Mittelschwere Bergwanderung. 800 Höhenmeter und 2 Stunden Anstieg.

Ausrüstung: Wanderausrüstung.

Ausgangspunkt/Anfahrt:
Von Strobl oder von Abtenau, Ortsteil Voglau, auf die Postalm zum zentralen Parkplatz beim Lienbachhof.

Route: Vom Postalmparkplatz (Wegweiser) entlang der Markierung links des Schleppliftes nach Süden bis zu einer Almstraße. Auf dieser Straße hinauf in den Moosbergsattel (Kreuz, Schottergrube). Aus dem Sattel auf einem schmalen Steig nach Osten in den anfangs noch bewaldeten, später dann mit Latschen bewachsenen Westhang des Braunedelkogels. Der Steig zieht sich über einen weiten Linksbogen auf den

Am Braunedelgipfel. Dahinter das Gamsfeld (Tour 5), Dachstein und Gosaukamm.

Westrücken und über diesen zum Gipfel. Abstieg wie Anstieg.

Einkehr: www.lienbachhof.at, www.rettenegghuette.at

Variante 1: Retour bis zum Wegweiser auf dem Westrücken und immer auf dem Rücken in leichtem Auf und Ab zum Moosbergriedel (1 788 m). Der weitere Abstieg führt über einen deutlichen Steig (Steindmandl) nach Südwest, bis man auf den von der Rinnbergalm kommenden Weg trifft. Auf diesem nach Nord drehend zu einer Almstraße und mit kurzem Gegenanstieg auf den Moosbergsattel.

Variante 2: Kürzer ist der Abstieg steil in Kehren nach Osten in den Sattel vor dem Scharfen, dann steil nach Norden hinaus in das Kar „Sill" und über die Rettenegghütte (1 211 m) retour auf die Postalm.

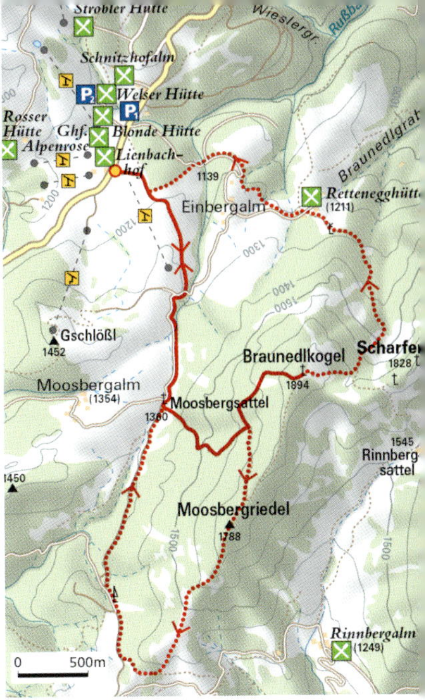

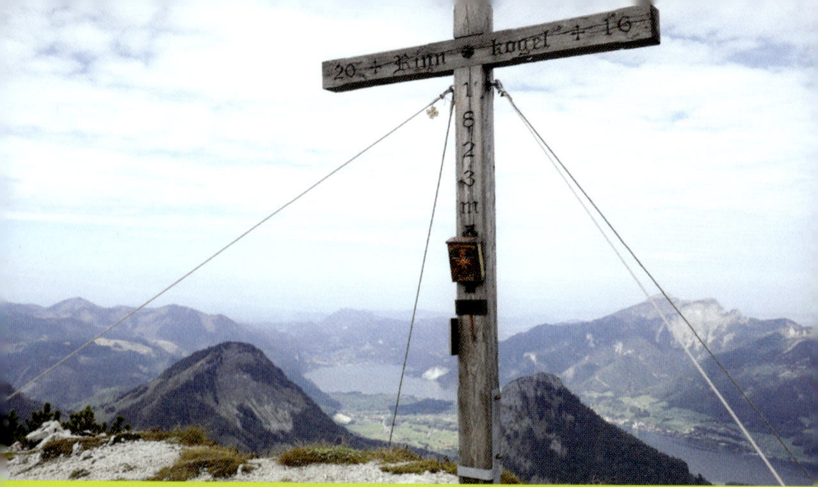

7 Rinnkogel 1 823 m

Strobl
Salzkammergutberge

Der Rinnkogel gehört zu jenem Gebirgszug in den Salzkammergutbergen, der im Osten bei Bad Ischl mit der Katrin seinen Ausgang nimmt und über Rettenkogel und Bergwerkskogel nach Süden zum Braunedl und zum Gamsfeld zieht. Eine schroffe, stille und erstaunlich abgeschiedene Welt: Unten schützt die Berge ein steiler Waldgürtel, oben heißt es schon das eine oder andere Mal in den Fels oder in die Seile greifen. Dafür wird man mit einem Rundblick über weite Teile des Salzkammergutes belohnt.

Anforderung: T3. Anspruchsvolle Bergwanderung. Schwindelfreiheit und Trittsicherheit obligat. Bei Schnee oder Vereisung gefährlich. 1 150 Höhenmeter und 3,5 Stunden im Anstieg.

Ausrüstung: Wanderausrüstung. Kletterhandschuhe angenehm.

Ausgangspunkt/Anfahrt: Abzweigung Sulzaustraße von der Postalmstraße. Zufahrt über die Postalmstraße von Strobl (Maut) bis zur ersten Kehre (718 m).

Route: Von der Postalmstraße folgt man der abgeschrankten Sulzaustraße nach Süden, an der Simonhütte vorbei, bis man bald nach

Auf dem Rinnkogel. Blick Richtung Zwölferhorn, Wolfgangsee und Schafberg (Tour 6).

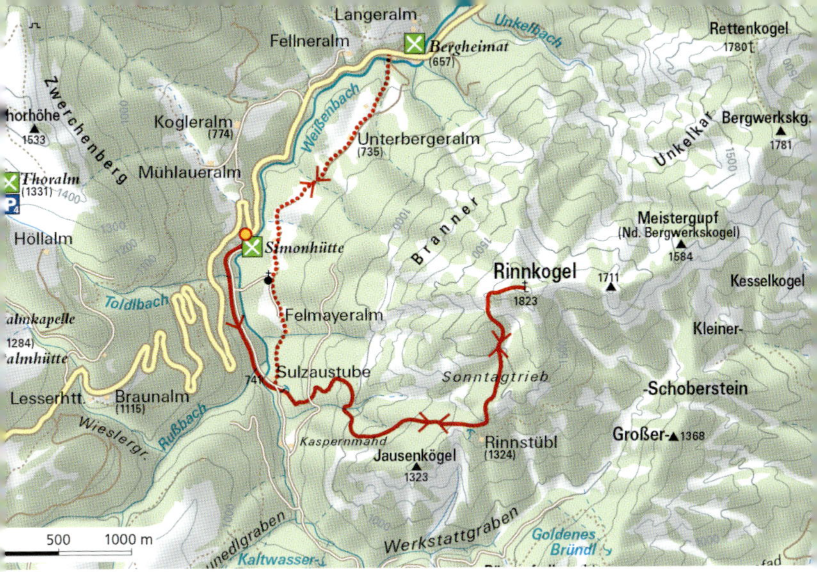

einer Brücke zur Sulzaustube (Wegweiser, 745 m) kommt. Nun beginnt ein längerer Waldanstieg, dabei wird einmal eine Forststraße gequert. Nachdem man die Rinnkogelschlucht passiert hat, geht es nach Süden auf einen Absatz und weiter ostwärts bis zu einer freien Fläche nahe der Jagdhütte Rinnstüberl (1 324 m, Wegweiser). Hier dreht der Steig auf Nord, an einer Unterstandshöhle (1 440 m) vorbei, in die Lärchen- und Latschenzone. Bei etwa 1 620 Meter Seehöhe steht man vor einer seilgesicherten Rinne. Diese ist technisch nicht schwierig (Steinschlag durch weiter oben Gehende).

Zuletzt auf den luftigen Grat und seilversichert nach Osten zum Kreuz. Abstieg wie Anstieg.

Einkehr: Jausenstation Bergheimat nahe der Mautstelle +43 (0)680 5509424

Variante: Will man sich die Mautkosten sparen, kann man direkt von der Mautstelle (655 m) starten. Von hier führt ein Wanderweg über die Unterbergeralm (735 m) parallel zur Straße zur Felmayeralm und mündet direkt bei der Sulzaustube in den oben beschriebenen Anstieg (plus 1 Stunde).

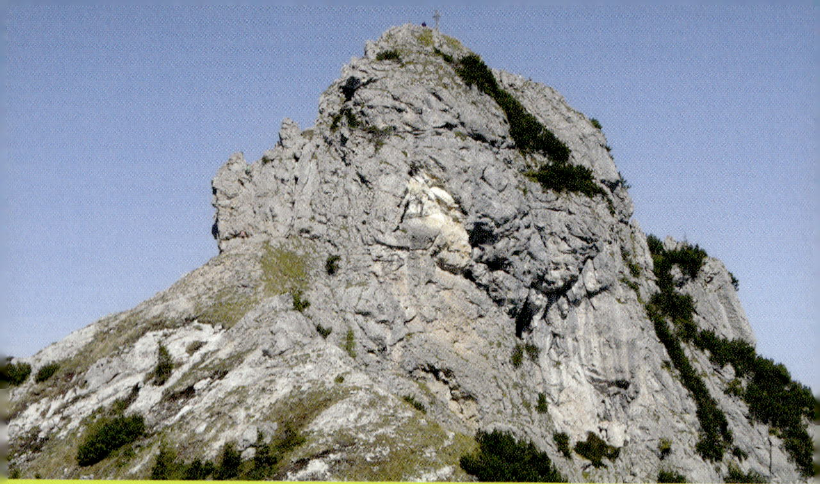

8 Rettenkogel 1 780 m

Strobl
Salzkammergutberge

Von Bad Ischl Richtung Westen fahrend ragt linkerhand ein weithin sichtbares markantes Horn in den Himmel. Auch aus der Osterhorngruppe ist das markante Horn zu sehen. Das ist der Rettenkogel. Die Form deutet es schon an: Ganz einfach ist der Rettenkogel nicht. Während die Nordroute noch eher zahm daherkommt, hat die Südseite einige erstaunlich rassige Stellen anzubieten.

Anforderung: T3. Mittelschwere Bergwanderung, Trittsicherheit und Schwindelfreiheit. 1 150 Höhenmeter und 3 Stunden Anstieg.

Ausrüstung: Wanderausrüstung.

Ausgangspunkt/Anfahrt: Strobl-Weißenbach auf der Straße Richtung Laimeralm (Wegweiser, 640 m).

Route: Schöner als der Straßenhatscher zur Laimeralm ist der Weg Nr. 892, der über einen bewaldeten Rücken Richtung Rotwandl führt. Dieser Weg geht direkt in die Einsattelung zwischen Rotwandl und Rettenkogel. Hier nach Südwesten auf den Weg Nr. 891 und in einem Bogen auf den Gipfel. Der Anstieg ist teilweise seilgesichert und führt unter anderem über eine lange, mäßig

Der markante Gipfelaufbau des Rettenkogels von seiner abweisenden Südseite aus gesehen.

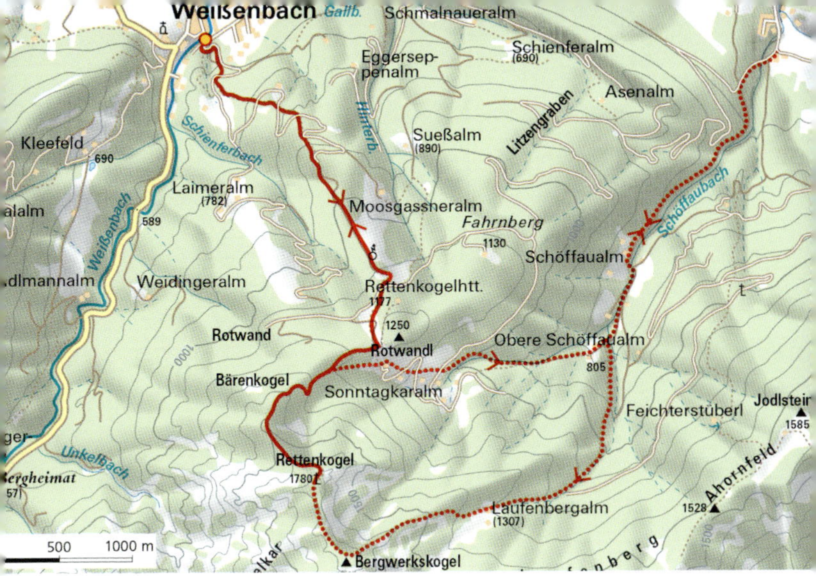

steile Leiter mit 135 Sprossen. Bei Nässe unangenehm rutschig. Abstieg wie Anstieg.

Einkehr: Wiesenhof an der Wolfgangsee-Bundesstraße www.wiesenhof-abersee.com

Variante: Wesentlich anspruchsvoller ist der Anstieg über den Bergwerkskogel (1 781 m, T5, B/C, 1 300 Höhenmeter, gesamt 6,5 Stunden). Von der Ramsau an der Landesgrenze Salzburg/OÖ entlang des Schöffaubaches bis kurz vor die Obere Schöffaualm (805 m, kleines Brückerl, Wegweiser). Hier nach Süden hinauf. Der Weg dreht nach Westen zur Laufenbergalm. Hinter der Alm über steiles Wiesengelände auf den Nordostrücken des Bergwerkskogels und entlang der Seilversicherungen auf den Gipfel. Der Grat hinüber zum Rettenkogel ist teilweise sehr luftig und es heißt kurz entlang eines Seiles über dem Abgrund über eine kleine abfallende Platte zu balancieren. Dann folgt der Gipfelaufbau des Rettenkogels: Eine senkrechte Wand, die zum Klettersteig ausgebaut worden ist (B/C) führt bis knapp unter den Gipfel. Abstieg wie oben, dann über die Sonntagskaralmen nach Osten entlang des Bachbettes zur Oberen Schöffaualm und retour.

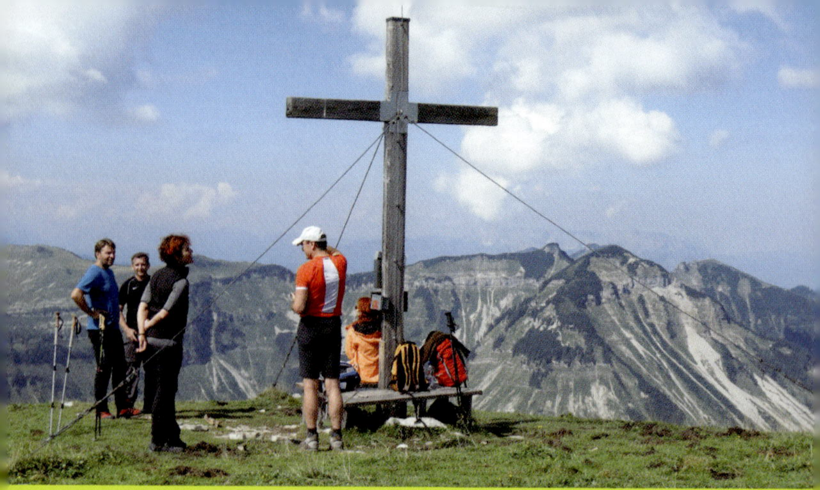

9 Hoher Zinken 1 764 m

Hintersee
Osterhorngruppe

Der Zinken ist einer der vielen Bergziele im – zu Recht – so beliebten Wandergebiet Hintersee/Osterhorngruppe, wo neben dem Zinken auch noch Regenspitz, Gennerhorn oder Königsberghorn warten. Die Genneralm ist übrigens gut mit dem Mountainbike zu erreichen, so wird auch der Rückweg noch zum Abfahrtsgenuss.

Anforderung: T2. Einfache Bergwanderung, 1 000 Höhenmeter und 2,5 Stunden Anstieg.

Ausrüstung: Wanderausrüstung.

Ausgangspunkt/Anfahrt: Parkplatz Lämmerbach am Talschluss von Hintersee (830 m).

Route: Vom Parkplatz entlang der Almstraße – besser freilich über die gut gekennzeichneten Abschneider – hinauf zur Genneralm. Von der Alm linkshaltend (ostwärts) über eine sanfte Kuppe und hinunter in eine Senke (Wegweiser). Aus dieser über den licht bewaldeten, steilen Hang auf den freien Gipfel. Abstieg wie Anstieg mit kurzem Gegenanstieg zur Genneralm.

Einkehr: Posch'n Hütte auf der Genneralm www.genneralm.at

Auf dem Zinken-Gipfel. Im Hintergrund „die Drei": Gruberhorn, Gennerhorn, Regenspitz.

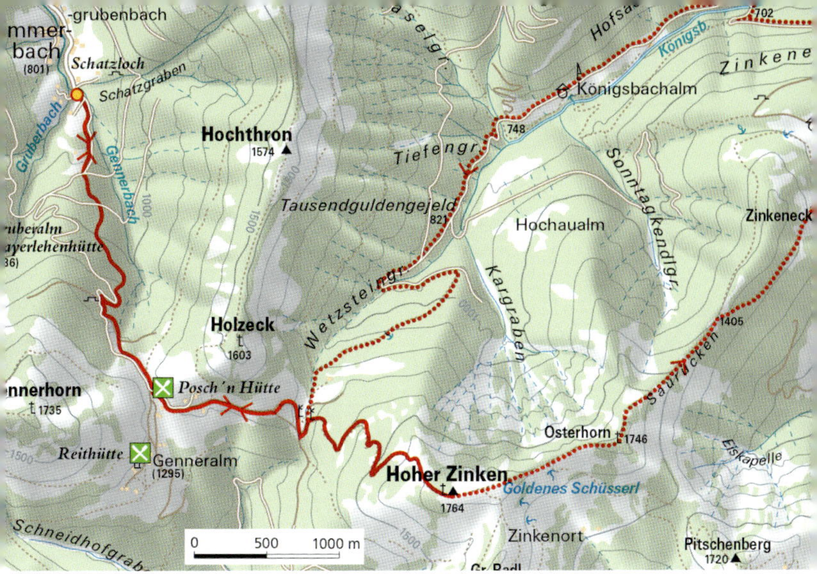

Variante: Sehr lohnend, aber konditionell fordernd (1 700 Höhenmeter, 8 Stunden gesamt) ist die Sillingwaldrunde. Vom Zinken durch eine Mulde am breiten Rücken nach Osten auf das Osterhorn (1 746 m). Spätestens ab hier ist man weitgehend allein unterwegs. Auf einem markierten, aber spärlich begangenen Steiglein zuerst nach Norden durch Wiesen und Strauchwerk hinunter, bis der Steig auf den Saurücken quert. Nun diesem folgend bis Punkt 1 405 m, hier führt der Steig durch den Naturwald, die steile Flanke des Zinkenecks querend nach Nordosten bis zur malerischen Zinkeneckalm (Wegweiser). Dann noch ein Stück dem Weg nach Nordosten folgen (Richtung „Abersee"), bis man auf die Zinkeneckstraße trifft. Auf dieser bis zum Schranken und auf der Forststraße scharf nach Westen (links) hinunter zur Brücke über den Königsbach (702 m). Auf der anderen Bachseite flach taleinwärts, an der Königsbachalm vorbei und am Ende der Talstraße nach der Bachquerung auf einem schmalen Steig parallel zum Wetzsteingraben retour auf die Genneralm.

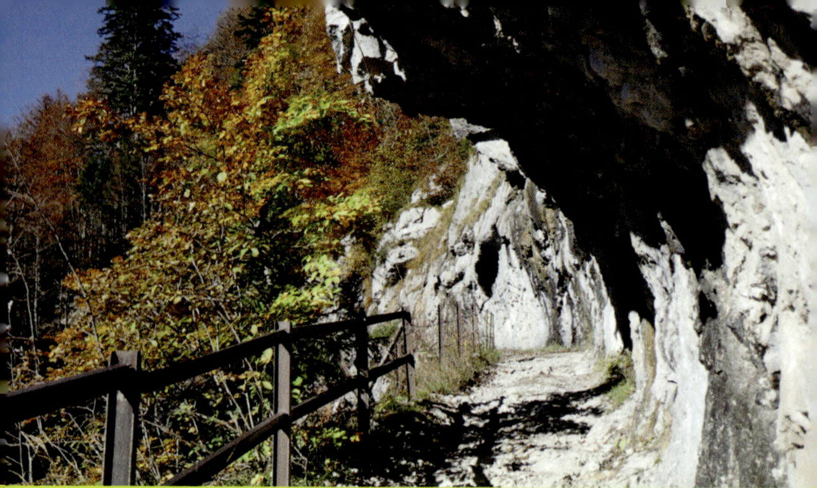

10 Egelseehörndl 1 782 m

Abtenau
Osterhorngruppe

Das Egelseehörndl gehört zu den sehr selten besuchten Zielen in der Osterhorngruppe. Der Preis dafür: Man braucht ein Mountainbike und muss sich auf nicht markierten Steigen zurechtfinden.

Anforderung: T2. Kombinierte Mountainbike- und Wandertour. Technisch einfach, Wege aber nicht markiert. Orientierungssinn erforderlich. 1 150 Höhenmeter und 3,5 Stunden Anstieg.

Ausrüstung: Wanderausrüstung, Mountainbike, Radhelm, Höhenmesser.

Ausgangspunkt/Anfahrt: Forsthaus Pichl (630 m) am Beginn der alten Postalmstraße in Abtenau/Voglau.

Route: Von Pichl folgt man mit dem Bike der alten Postalmstraße rund 8,5 Kilometer und zirka 200 Höhenmeter, bis nach der Unterwandalm ein Almweg abzweigt (820 m, Orientierungspunkt Holzhütterl). Weiter zu Fuß in einer weiten Kehre bergauf und hoch über der Gerbachklamm bis zu einer Brücke (1 100 m). Hier verzweigen sich die Almwege. Am rechten Ast durch den Wald oberhalb der Felsabbrüche nach Ostern zur Egelseealm (1 271 m). Unmittelbar hinter der Hütte, aber auf jeden Fall

Der spektakuläre Almweg hoch über der Gerbachklamm.

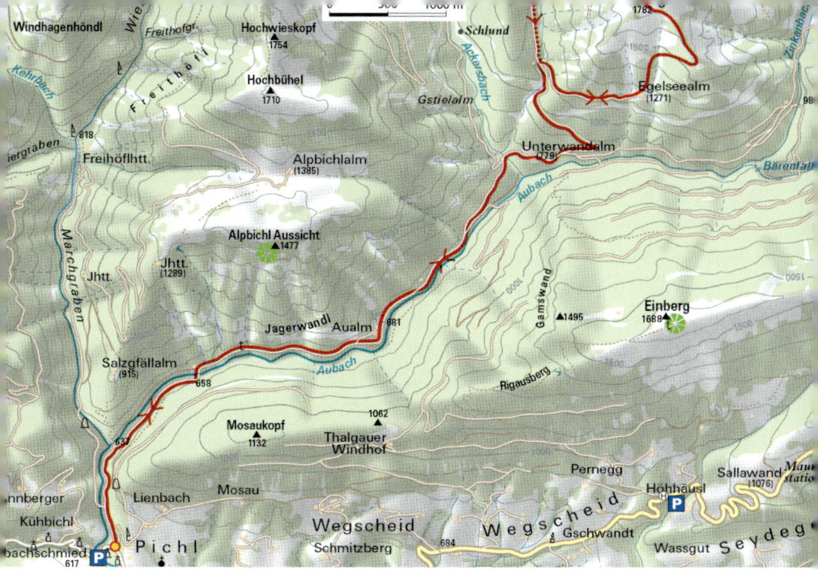

noch vor dem folgenden Graben über die Wiesen weglos hinauf zum Waldrand, bis man auf Steigspuren und Steinmandln trifft. Diesem Jägersteig bergauf in Kehren folgen. Der Steig überquert dann auf Seehöhe 1 450 m die vom Egelseehörndl herunterziehenden Rinne und führt nach Osten auf eine freie Schulter (Orientierungspunkt Salzstein). Der Steig dreht nach Nordwesten und führt gepflegt ausgeschnitten durch lichten Wald und Latschen über den Wiesenrücken auf den Gipfel. Abstieg wie Anstieg.

Einkehr: www.voglauerhof.at

Variante: Das Ganze ist zu einer feinen Runde ausbaubar: Wenige Meter unterhalb des Gipfels leitet ein Felsband nach Norden und es geht bergauf-bergab (Steinmandln, ausgeschnittener Latschenpfad) nach Norden über das G'spiel zum Roßfeld (Orientierungspunkt Wassertümpel). Noch vor diesem Tümpel über Wiesen nach Westen hinunter zu einem Dolinenfeld. Dann nach Südwesten zur ersten Almhütte der Hochzinkenalm und über den Almsteig an der orographisch rechten Seite des Bachgrabens hinunter, bis man auf 1 100 Meter auf den Anstiegsweg trifft (Gesamtrunde: 6,5 Stunden).

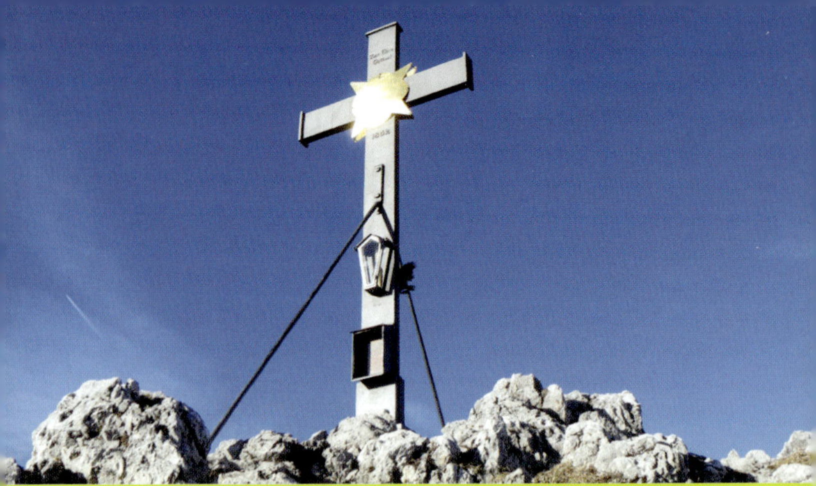

11 Hochstaufen 1771 m

Bad Reichenhall
Staufen

Aus vielen Teilen der Stadt Salzburg ist der Staufen als formschöne Pyramide zu sehen. Er bietet einiges: Ein Hütte im Gipfelbereich, einen knackigen Klettersteig, einen wanderbaren Normalweg sowie weitere Anstiege verschiedener Schwierigkeiten.

Anforderung: T2. Mittelschwere Bergwanderung. 1 100 Höhenmeter und 3 Stunden Anstieg.

Ausrüstung: Wanderausrüstung.

Ausgangspunkt/Anfahrt: Parkplatz Padinger Alm (667 m). Zufahrt von Reichenhall an der linken Saalachseite bei der Kaserne vorbei.

Route: Von der Padinger Alm (Wegweiser) den Forstweg bergan, bald aber nach links (Wegweiser). Der Steig führt in Kehren durch den Wald hinauf, quert ein Geröllfeld; dann zu einer Wegverzweigung (Wegweiser). Hier über die Bartlmahd steil nach Norden, bis man in etwas ruppigeres Gelände kommt. An der Abzweigung zur Staufen-Überschreitung vorbei (Wegweiser) und dann wieder auf einem breiten Weg zum Reichenhaller Haus (1 750 m) und zum Gipfel. Abstieg wie Anstieg.

Hell strahlt das Gipfelkreuz des Hochstaufen in der Nachmittagssonne.

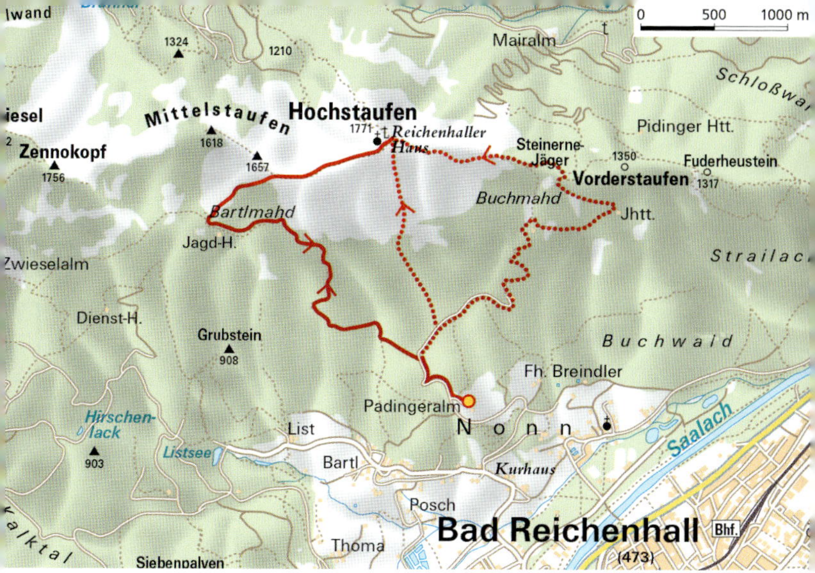

Einkehr: Reichenhaller Haus www.dav-badreichenhall.de

Variante 1: Die Steinernen Jäger. An der Abzweigung des Normalweges vorbei bis zum Straßenende, weiter auf einen kleinen Sattel (Wegweiser) und entlang des Rückens nach Westen. Nun folgt ein Steig, der sich – kurz auch leicht fallend – an die Südflanke schmiegt. Einige Stellen I und so über eine Abfolge von Kletterstufen zum Reichenhaller Haus hinauf (T3, Stellen I, Schwindelfreiheit, Trittsicherheit). Abstieg über den Normalweg.

Variante 2: Goldtropfsteig. An der Abzweigung des Normalweges vorbei. Bald dahinter taucht von rechts (Süd) ein Forstweg auf, gegenüber zweigt der Goldtropfsteig (rotes „G" am Felsen) nach links ab. Der Steig führt steil – Steinmandln und rote Punkte – zu den Felsen. Hier nach rechts um eine Felswand zu einem Rastplatz (Gedenktafeln), dann eine Rinne nach oben (Stellen I). Zum Normalweg, einige Schritte bergauf, bis linkerhand eine Schlucht aufmacht. Durch diese zu einem Kamin (Klemmblock) und linkshaltend etwas luftig (II) weiter auf den Gipfel. (T4, Stellen I, Schwindelfreiheit, Trittsicherheit). Die Kaminkletterei kann man auf dem Normalweg umgehen. Abstieg über den Normalweg.

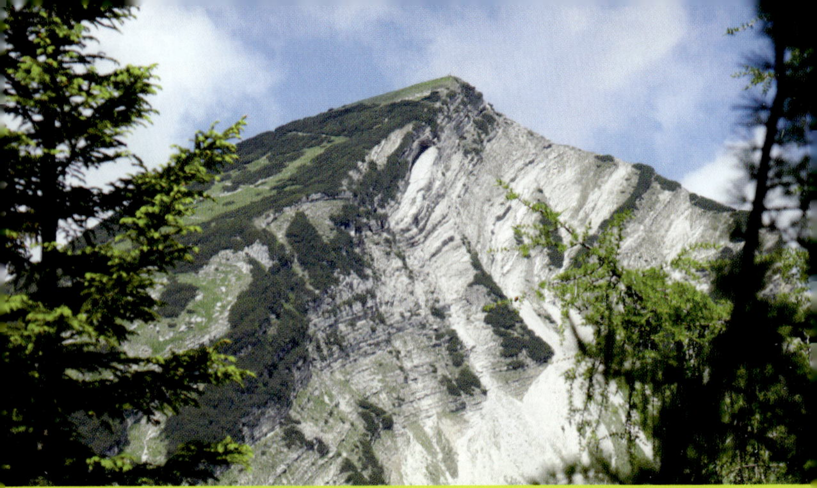

12 Sonntagshorn 1961 m

Unken
Heutal

Mit seinen fast 2 000 Metern ist der Grenzberg zwischen Bayern und Salzburg der höchste Berg der Chiemgauer Alpen. Der im Winter so beliebte Skiberg lässt sich auch im Sommer gut erwandern. Die Sonnenterrasse der Hochalm ist ein beliebter Rastplatz.

Anforderung: T2. Einfache Bergwanderung. 1 000 Höhenmeter und 2,5 Stunden Anstieg.

Ausrüstung: Wanderausrüstung.

Ausgangspunkt/Anfahrt: Parkplatz (gebührenpflichtig) im Heutal beim Heutalbauer (968 m). Zufahrt über Unken.

Route: Kurz auf der Straße nach Nordosten, dann auf dem Wanderweg Nr. 19 zur Hochalm. Hinter der Hochalm kurz auf der Almstraße, bis der Steig durch die Latschen in vielen Kehren hinauf zum Gipfel zieht. Abstieg wie Anstieg.

Einkehr: www.hochalm-unken.at

Variante 1: Zur Hochalm kommt man auch vom (gebührenpflichtigen) Parkplatz Talbrücke (996 m) am höchsten Punkt der Straße ins Heutal. Der Anstieg folgt der Almstraße.

Das Sonntagshorn mit seiner ebenmäßigen Südwestflanke und den Abstürzen nach Südosten.

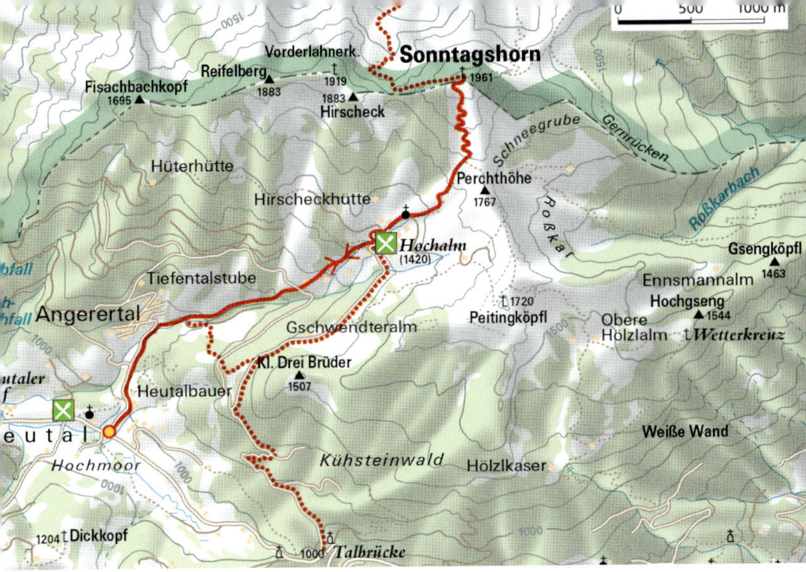

Variante 2: Ein ganz anderes Kaliber (T4, kurz II, 1 300 Höhenmeter, gesamt 7 Stunden) ist der Nordanstieg. Vom Parkplatz Laubau an der Deutschen Alpenstraße südlich von Ruhpolding auf der Straße bis zu den Schwarzachenalmen. Nun auf dem Wanderweg im Danzinggraben nach Südost (nicht zu früh in das Kraxenbachtal abzweigen) bis zu einer Weggabelung (Wegweiser). Der Anstieg führt weiter über den Bach nach Süden durch Wald zur Diensthütte. Danach wird der Wald langsam lichter und man kommt in das felsige Hochtal. Im Hochtal über den Schotterhang „Großer Sand" auf die Felsen zu und über diese in leichter Kletterei (Achtung Steinschlag!) in die Scharte zwischen Vorderlahner und Sonntagshorn. Am Westgrat über leichte Kletterstellen auf den Gipfel.

Abstieg auf dem Ostgrat – holprig und kurz etwas luftiger – hinunter bis in eine Scharte. Hier links (Nord) in das Hintere Kraxenbachtal hinunter. Man gelangt auf ein gewaltiges Schotterfeld, das man bequem hinunterrennen kann und kommt so zu einer Diensthütte. Danach noch steil hinunter bis zu Wasserfällen und nach Norden zur beim Anstieg passierten Weggabelung.

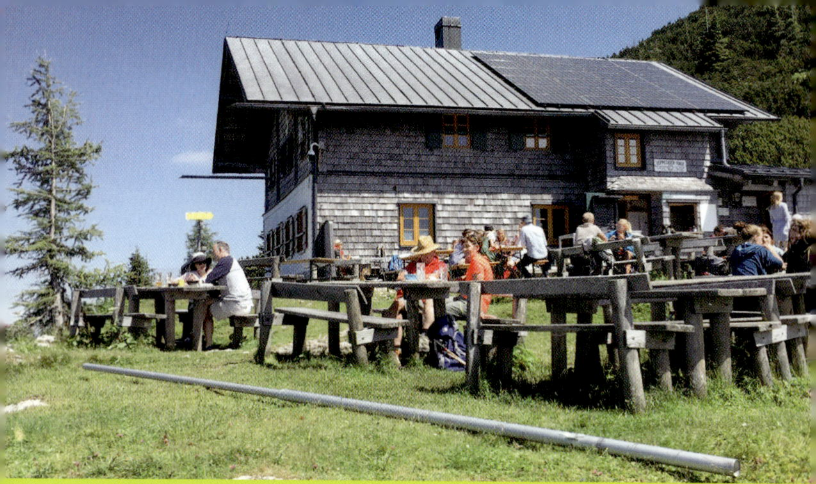

13 Salzburger Hochthron 1 853 m

Grödig
Untersberg

Der Salzburger Hochthron ist der Zweithöchste auf dem Untersbergplateau. Obschon seilbahnerschlossen hat er nichts an Attraktivität eingebüßt. Der Dopplersteig ist einfach ein landschaftlich schöner Anstieg und das Zeppezauerhaus eine alpine Schutzhütte mit Zauberblick auf die Stadt Salzburg.

Anforderung: T3. Anspruchsvolle Tour, die trotz der Stadtnähe nicht unterschätzt werden darf. Schwindelfreiheit und Trittsicherheit erforderlich. Anstieg Salzburger Hochthron 1 400 Höhenmeter und 3,5 Stunden.

Ausrüstung: Wanderausrüstung, Kletterhandschuhe.

Ausgangspunkt/Anfahrt: Parkplatz Rositten in Glanegg. Zufahrt von der Stadt über die Moosstraße; von der Autobahn über Salzburg Süd nach Grödig und nach Nordwesten bis Glanegg.

Route: Vom Parkplatz südwärts zu einer Brücke (465 m, Weggabelung). Hier den linken – Dopplersteig – nehmen. Kurz steil hinauf, danach auf gutem Waldweg entlang

Stadtnah und trotzdem alpin: Das Zeppezauerhaus.

des Rosittenbaches, teilweise auch steiler, zu den Oberen Rositten. Bei der Weggabelung rechts (Westen) Richtung Dopplerwand und gesichert entlang der Wand zu einem Kreuz und zur Einmündung des Reitsteiges. Hier südwärts – deutlich einfacher – zum Zeppezauerhaus und über das Geiereck (Seilbahn) zum Salzburger Hochthron. Abstieg wie Anstieg.

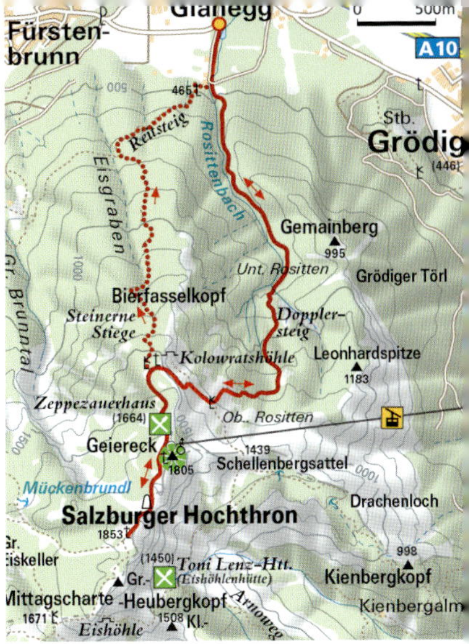

Einkehr: www.zeppezauerhaus.at

Variante 1: Retour zum Zeppezauerhaus und bei der Einmündung des Dopplersteiges geradeaus (Norden, den Reitsteig in vielen Kehren hinunter. Der Steig erreicht bei der kleinen Brücke im Tal wieder den ursprünglichen Anstiegsweg.

Variante 2: Knieschonender Abstieg mit der Seilbahn www.untersbergbahn.at und retour nach Glanegg mit dem Bus. www.salzburg-verkehr.at/fahrplaene

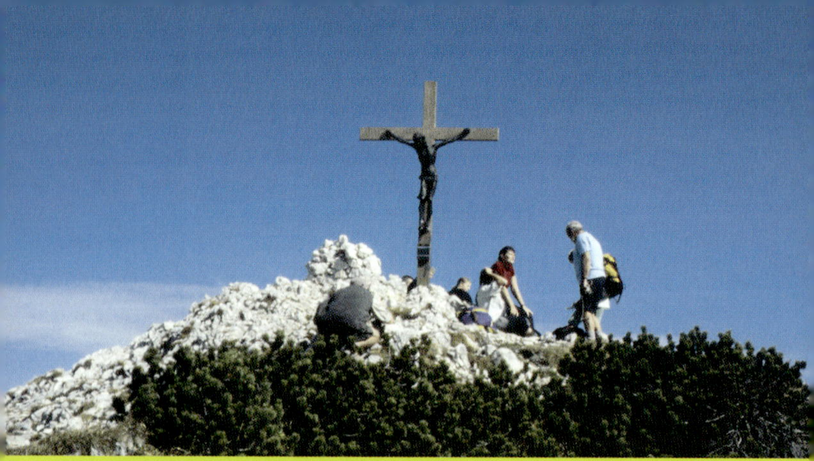

14 Berchtesgadener Hochthron 1 972 m

Marktschellenberg
Untersberg

Der Berchtesgadener Hochthron ist der höchste Gipfel des Untersbergplateaus. Der an sich unspektakuläre Gipfel besticht durch seine Felsabstürze nach Süden und Osten (Klettersteig!) und seine Rundumsicht über das gesamte Berchtesgadener Land.

Anforderung: T2. 1 200 Höhenmeter und 3 Stunden Anstieg.

Ausrüstung: Wanderausrüstung.

Ausgangspunkt/Anfahrt: Parkplatz Theresienklause (800 m). Auffahrt von Berchtesgaden über Maria Gern bis zum Fahrverbot.

Route: Vom Parkplatz geht es anfangs auf einer Straße bis zu den letzten Häusern nach Norden, wo beim Straßenende der gut markierte Weg in weiten Kehren nach Westen zum „Kalten Brunnen" führt. Hier trifft man auf den Stöhrweg (benannt nach einem 1928 verstorbenen industriellen Mäzen). Der Stöhrweg führt jetzt unter der Almbachwand hindurch bis zum „Leiterl", einem kurzen Aufschwung auf den Südwestrücken des U-Berges. Auf dem Rücken nun zum Stöhrhaus (1 894 m) und weiter etwa 15 Minuten auf den Berchtesgadener

Katholisches Bayern: Auf dem Hochthron steht ein kunstvoll gestaltetes Kruzifix.

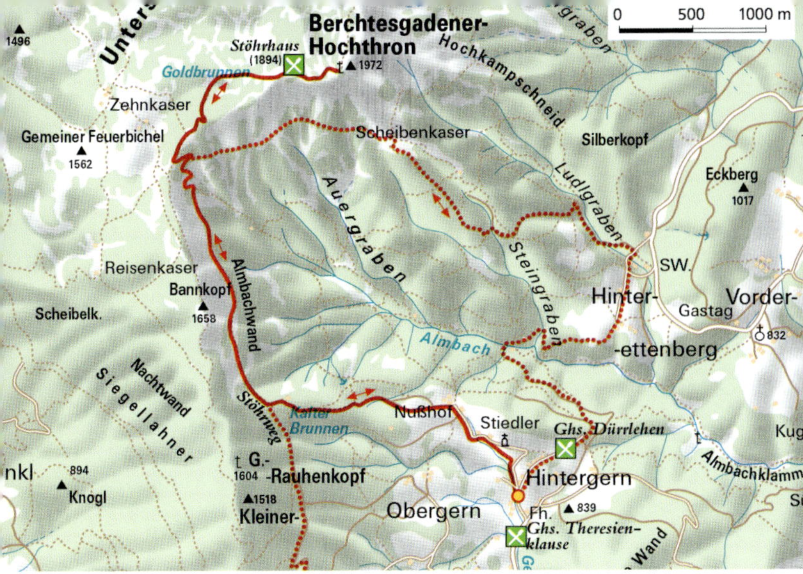

Hochthron. Der Abstieg folgt dem Anstiegsweg.

Einkehr: www.stoehrhaus.de

Variante 1: Zum „Kalten Brunnen" kommt man auch von Aschau über den Weg Nr. 468. Zufahrt von der Straße Berchtesgaden-Bischofswiesen.

Variante 2: Zum „Leiterl" kommt man auch via Ettenberg (Auffahrt von Marktschellenberg), den Ludlgraben und den Scheibenkaser; dann weiter nach Westen auf dem Weg Nr. 466.

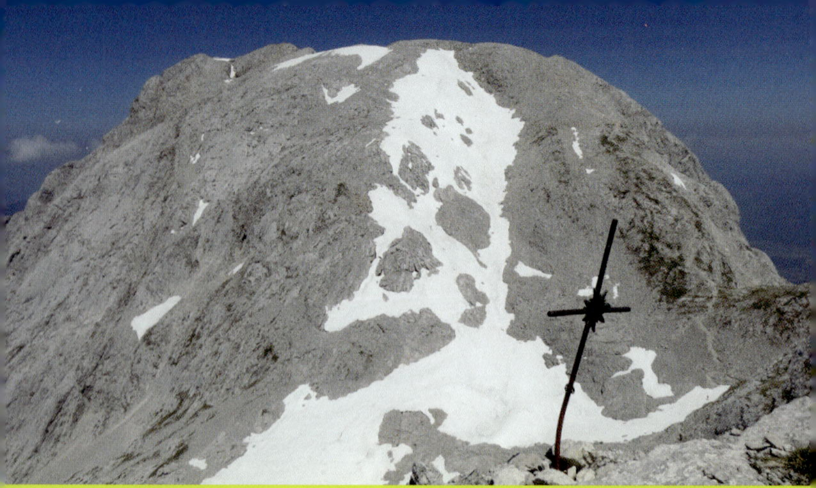

15 Hoher Göll 2 522 m

Berchtesgaden/Kuchl
Göllstock

Der Hohe Göll gehört zu den Großen der Berchtesgadener Alpen. Seine Ostwand ist für große Teile des Tennengaus fixer Blickpunkt. Der technisch einfachste Anstieg führt zwar von Vorderbrand über das Alpeltal herauf, diese Route ist aber langwierig, holprig und eher als Skitour bekannt. Der „Normalweg" führt über das Purtschellerhaus – das Besondere hier: Die Staatsgrenze verläuft mitten durch die Hütte.

Anforderung: T5. B. I. Sehr anspruchsvolle Bergtour, klettersteigähnlich. Trittsicherheit und Schwindelfreiheit obligat. 1 300 Höhenmeter, 4 Stunden Anstieg.

Ausrüstung: Wanderausrüstung, Kletterhandschuhe, Helm.

Ausgangspunkt/Anfahrt: Parkplatz Enzianhütte auf der Rossfeldstraße (mautpflichtig). Zufahrt über den Obersalzberg oder Oberau.

Route: Vom Parkplatz nach Südosten auf der Straße hinauf zum Eckersattel (1 413 m) und entweder direkt steil oder am auf der österreichischen Seite weit ausholenden Steig hinauf zum Purt-

Der Hohe Göll in ungewohnter Perspektive: Blick auf seine Südseite vom Archenkopf aus.

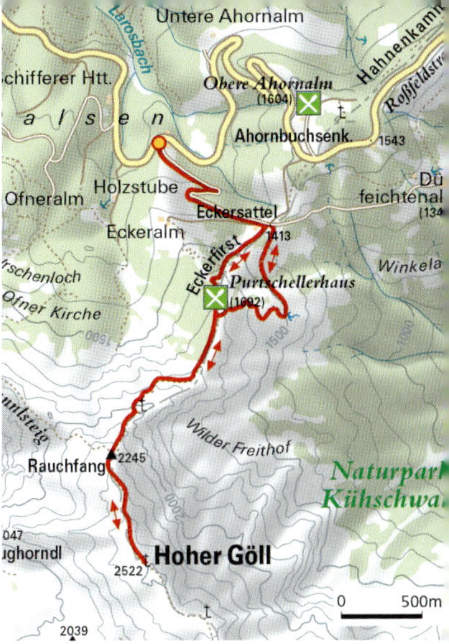

schellerhaus (1 692 m). Hinter der Hütte auf dem Steig rechts des Rückens des Eckerfirstes nach Süden zu den Felsen. Hier geht es nun über Felsen und Bänder (gesichert und mit Trittstiften versehen) an zwei Kreuzen vorbei durchaus schon anspruchsvoll bis zu einer Wegteilung (Wegweiser). Geradeaus folgt man der Schusterroute, klettersteigähnlich (keine Steine lostreten!) auf den Rücken und dann geht es wieder einfacher entlang des Rückens über die „Göllleiten" zum schönen „Kristall"-Gipfelkreuz. Abstieg wie Anstieg.

Einkehr: www.purtschellerhaus.de

Variante: Bei der Wegteilung kann man auch nach links zum „Kamin" gehen. Anfangs etwas bergab über Bänder, dann zu einem gut gestuften Anstieg (Seile, Stifte) und hinauf, wo sich die beiden Anstiege wieder begegnen. Beide Anstiege sind technisch in etwa gleich zu bewerten. Abstieg wie Anstieg.

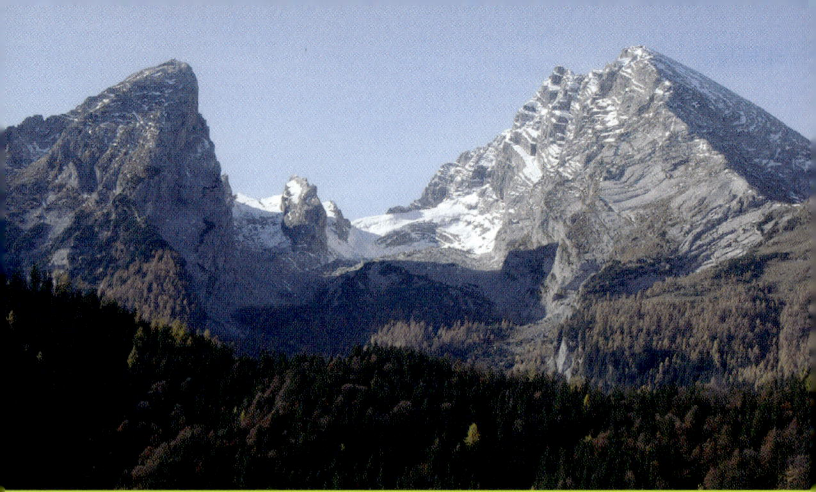

16 Watzmann Mittelspitze 2 713 m

Berchtesgaden
Watzmann

Die Watzmann-Überschreitung ist der Klassiker in den Berchtesgadener Alpen schlechthin. Trotz vieler Sicherungen handelt es sich dabei nicht um einen Klettersteig, sondern um ernstes, alpines Bergsteigen.

Anforderung: T6. II. B. Sehr anspruchsvolle, hochalpine Überschreitung. Gesamtdauer 1,5 Tage. 2 350 Höhenmeter Gesamtanstieg. Anstieg zum Watzmannhaus 3,5 Stunden. Watzmannhaus–Überschreitung/Abstieg–Wimbachbrücke 10 Stunden. Nur bei absolut stabilem Schönwetter!

Ausrüstung: Wanderausrüstung. Klettersteigset, Helm, Kletterhandschuhe.

Ausgangspunkt/Anfahrt: Parkplatz Wimbachbrücke (634 m, gebührenpflichtig). Zufahrt von Berchtesgaden auf der B 305 Richtung Ramsau.

Route: Auf dem Hüttenzustieg über die Stubenalm, den bewirtschafteten Mitterkaser und auf einem Felsensteig zum Watzmannhaus (1 930 m, Übernachtung). Am Morgen von der Hütte in eine Senke, dann über eine versicherte Stufe und zuletzt kurz im I. Grad auf das Hocheck (2 651 m).

Das Wahrzeichen von Berchtesgaden.

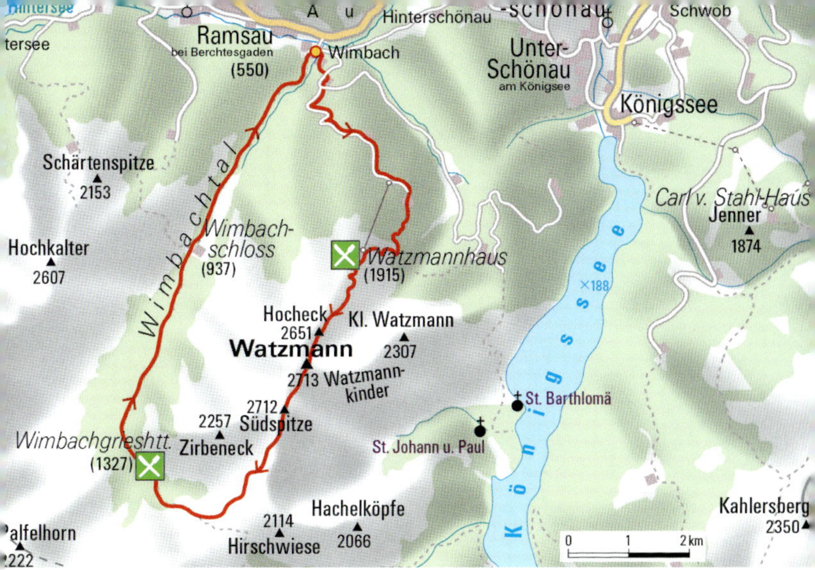

Vom Biwakhütterl (Anseilplatz) hinter dem Hocheck über die Zacken (kurz auch etwas darunter) dann vielfach ungesichert zu einigen Rampen (B) zur Mittelspitze hinüber. Achtung: Umkehrpunkt, wer bis hierher Schwierigkeiten hatte, sollte keinesfalls weitergehen! Nach der Mittelspitze einen luftigen Grat abklettern, bis man nach einer Rinne in leichteres Gelände kommt. Dann folgen die schwierigeren Passagen (B) und ein ungesichertes, sehr luftiges Band. Dahinter geht es in eine Scharte zu einem Aufschwung, dem auf der westlichen Gratseite ausgewichen wird. Zurück auf den Grat und oft auch ungesichert zum Gipfel der Südspitze, der von der Westseite her (B) erstiegen wird (2 712 m). Die Schwierigkeiten sind aber noch nicht vorbei. Der Abstieg ist teilweise gesichert, sehr steinschlaggefährdet (Helm!) und verlangt auch leichtes Abklettern (I). Achtung: Auf die Markierungen achten, im Geröll des Oberen Schönfeldes ist die Orientierung kompliziert. Erst bei der letzten Rinne sind die technischen Schwierigkeiten überwunden und es folgen der Abstieg zur Wimbachgrieshütte und der Talhatscher retour.

Einkehr: Watzmannhaus www.alpenverein-muenchen-oberland.de, www.wimbachgrieshuette.de

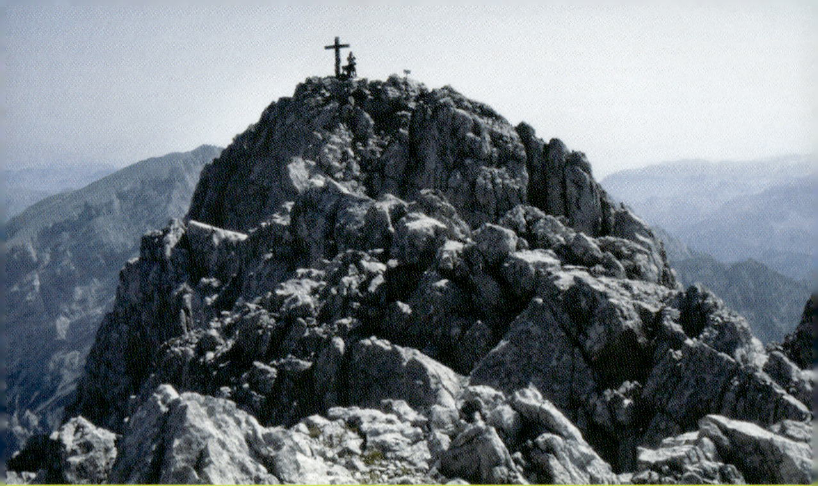

17 Hochkalter 2 607 m

Ramsau
Hochkalter

Der Hochkalter steht immer etwas im Schatten seines prominenten Nachbarn, des Watzmann. Zu Unrecht, denn sowohl was seine Höhe als auch was die alpinen Anforderungen angeht, ist der Hochkalter dem Watzmann in vielem ebenbürtig. Eine Besteigung ist fast immer mit einer Überschreitung verbunden, der Abstieg via Ofental ist lohnend.

Anforderung: T6. Sehr anspruchsvolle und konditionell fordernde Tour, nur für geübte Alpinisten. Stellen II. 1 800 Höhenmeter und 6 Stunden Anstieg auf den Hochkaltergipfel. Abstieg 4 Stunden. Gesamtgehzeit 10 Stunden.

Ausrüstung: Wanderausrüstung, Helm, Klettersteighandschuhe.

Ausgangspunkt/Anfahrt: Parkplatz Seeklause am Hintersee. Zufahrt über Berchtesgaden nach Ramsau bis zum Hintersee.

Route: Vom Parkplatz Seeklause ein kurzes Stück bergauf nach Südwesten bis zu einer Abzweigung (Wegweiser). Hier nach links (Südost), bis man auf den Hüttenzustieg zur Blaueishütte stößt. Diesen nun gemütlich hinauf bis zur

Die letzten Meter zum Hochkalter-Gipfel.

Schärtenalm und weiter zur Blaueishütte. Von der Hütte südwärts in das Kar Richtung Blaueis zu einer Wegteilung. Hier nach Westen, über Geröll (mühsam) zu den ersten Felsen. Nun beginnt die Kletterei: Über Platten (II) hinauf auf den Schönen Fleck (2 050 m), weiter nach Süden auf dem Grat durch eine kleine Rinne zu einer Stufe, die nächste IIer-Stelle. Danach wird die Kraxelei wieder etwas leichter und man kommt südwärts über den Kleinkalter (2 513 m) auf den Gipfel. Abstieg: Sehr „rustikal" über eine steile Rinne bis zu einer Querung auf einem Band und weiter in die Scharte, wo das Ofental ins Wimbachtal abbricht. Nun das Kar (einige Felsstufen) hinunter bis zum ersten Grün, der Weg wird aber erst bei der Ofental-Diensthütte wirklich besser. Von hier in bequemen, weiten Kehren hinunter ins Tal und auf Wanderwegen parallel zur Hirschbichlstraße retour in die Ramsau.

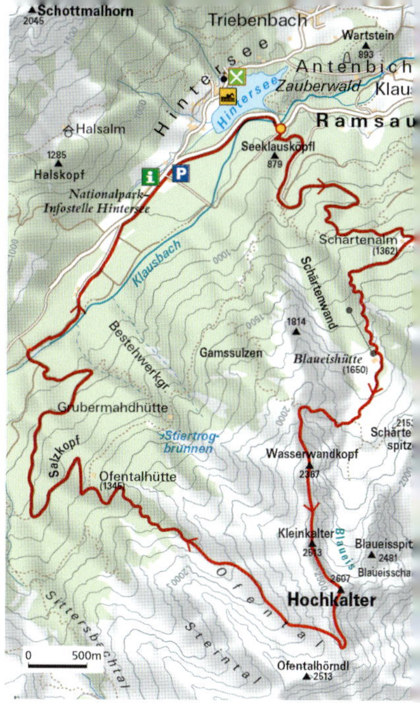

Einkehr: www.blaueishuette.de, Schärtenalm +49 (0)8657 250, Gasthof Auzinger www.auzinger.de

Variante: Wer sich seiner Kondition nicht ganz sicher ist, sollte eine Übernachtung auf der Blaueishütte ins Auge fassen.

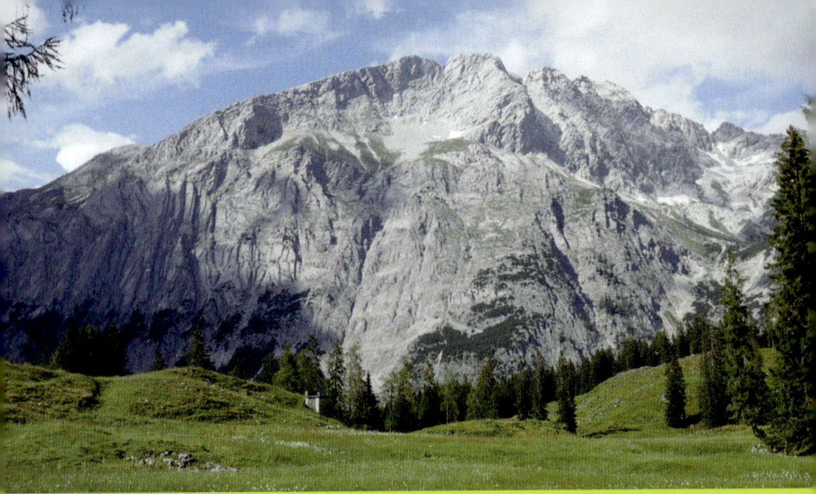

18 Kammerlinghorn 2 484 m

Weißbach bei Lofer
Hochkalterstock

Im teilweise schwer zugänglichen Hochkalterstock gehört das Kammerlinghorn zu den wenigen höheren Gipfeln, die auch für den durchschnittlichen Bergwanderer erreichbar sind. Die Szenerie auf dem fast 2 500 Meter hohen Berg ist aber um nichts schlechter als bei den schwierigeren Nachbarn. Und eine gewisse Grundkondition braucht man für 1 500 Höhenmeter (rauf und runter!) wohl auch.

Anforderung: T2. Längere, einfache Bergwanderung. 1 500 Höhenmeter, 4,5 Stunden Anstieg.

Ausrüstung: Wanderausrüstung.

Ausgangspunkt/Anfahrt: Parkplatz (gebührenpflichtig) Waltlmühlsäge (980 m). Zufahrt von Weißbach/Lofer auf der Hirschbichlstraße bis zum Fahrverbot.

Route: Zu Fuß auf der Straße weiter nach Norden und bei der zweiten Abzweigung Richtung Kammerlingalmen abbiegen. Der Steig dreht bald scharf auf Süd. Bei der ersten Hütte zweigt ein steiler Steig nach Osten ab, diesem folgt man hinauf auf den Rücken. Hier trifft man auf den Steig, der von der Nordseite, also von der Mittereisalm heraufkommt. Dann auf dem Rücken

Das Kammerlinghorn von den Kallbrunnalmen aus gesehen.

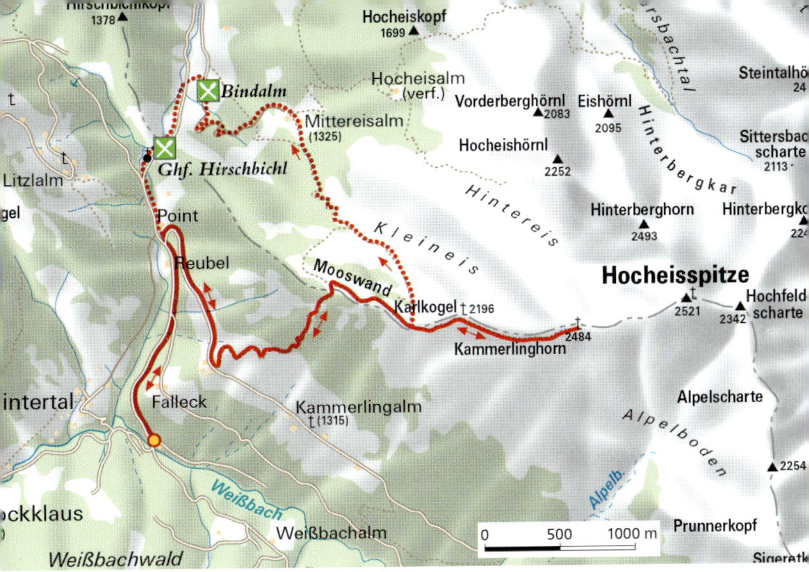

(Landesgrenze) bleibend immer nach Osten auf den Karlkogel (2 196 m), kurz in eine Senke und hinauf zum Kammerlinghorn. Abstieg wie Anstieg.

Einkehr: Gasthof Hirschbichl www.hirschbichl.at

Variante: Eine besonders schöne und nur unwesentlich längere Abstiegsvariante ergibt sich, wenn man nicht zu den Kammerlingalmen zurückgeht, sondern bei der Wegabzweigung noch kurz dem Bergverlauf folgt und dann nach Nordosten über die Mooswand durch Latschen steil zur Mittereisalm (1 325 m) absteigt. Von dort zum Hirschbichlpass (1 153 m) und auf der Straße retour zum Parkplatz.

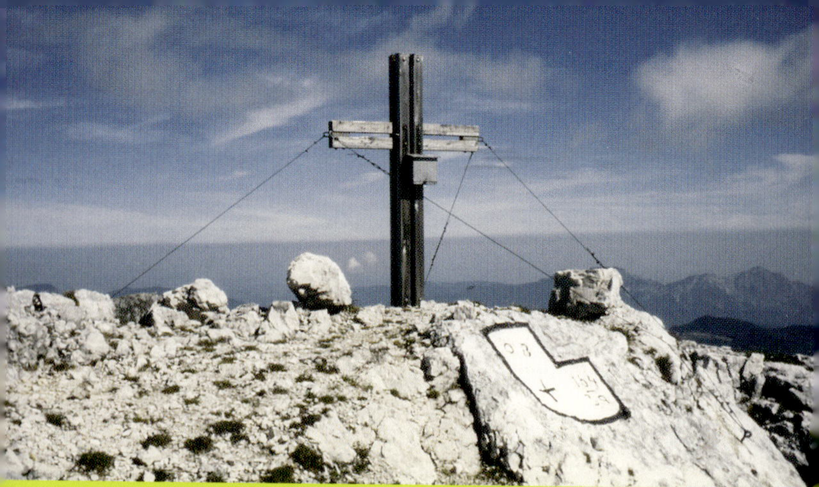

19 Stadelhorn 2 286 m

Ramsau
Reiter Alpe

Das Stadelhorn ist der höchste Gipfel der Reiteralm. Im Wesentlichen ist es ein Ziel für ambitionierte Bergwanderer, die berühmten Klettertouren der Reiteralm finden sich auf den benachbarten Gipfeln.

Anforderung: T5. B. I. Anspruchsvolle, alpine Bergtour. Trittsicherheit und Schwindelfreiheit obligat.
1 500 Höhenmeter und 4,5 Stunden Anstieg. Gesamt 8,5 Stunden.

Ausrüstung: Wanderausrüstung. Kletterhandschuhe und Helm.

Ausgangspunkt/Anfahrt:
Parkplatz Hintersee in der Ramsau (gebührenpflichtig). Zufahrt über die Deutsche Alpenstraße Berchtesgaden oder Jettenberg.

Route: Vom Parkplatz Hintersee auf der Hirschbichlstraße bis zur Abzweigung des Schaflsteiges nach der Engert-Stube (956 m). Der Schaflsteig zieht nun steil durch Wald, dann sandig durch Latschen auf das Hochgscheid. Von hier quert der Steig über Schuttbänder nach Norden zum Beginn einer Rinne. Ab hier herrscht Helmpflicht, der seilgesicherte Anstieg (B) durch die Rinne in die Mayrbergscharte (2 055 m) ist sehr steinschlaggefährdet. Von der Mayerbergscharte

Das Stadelhorn liegt exakt an der Grenze von Salzburg zu Bayern.

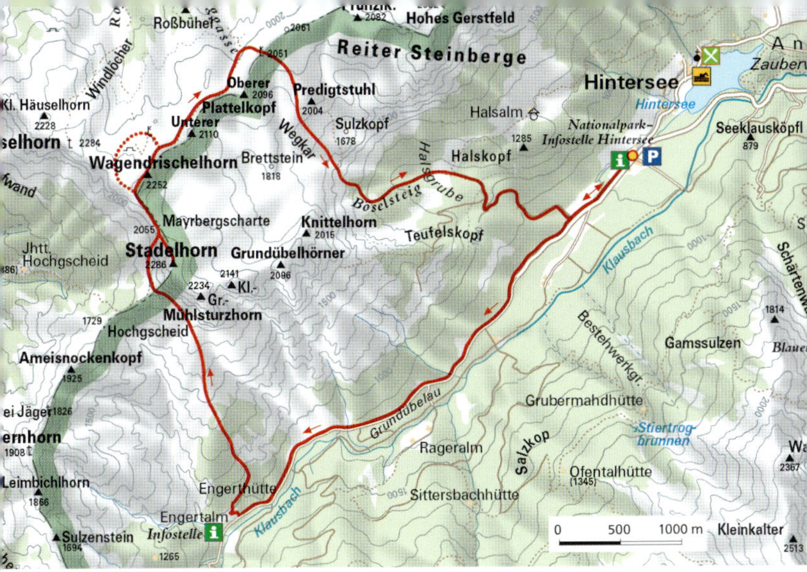

in die Flanke des Stadelhorns und gut gestuft über einige leichte Kletterstellen (I) rund 200 Höhenmeter auf den Gipfel. Abstieg retour in die Mayerbergscharte, nun aber nach Norden auf dem Weg zum Reiter Steinberg (Wegweiser) und über den Böselsteig hinunter auf die Hirschbichlstraße. Der Steig ist steil, seilgesichert (A/B) und bei Nässe unangenehm.

Einkehr: Gasthof Auzinger in der Ramsau www.auzinger.de

Variante: Sehr lohnend ist auch der Nachbargipfel, das Wagendrischelhorn (2 252 m). Aus der Mayerbergscharte weiter, anfangs Gehgelände, nach Norden zum Wagendrischelhornklettersteig. Dieser ist technisch mäßig schwierig (überwiegend A/B und B), aber luftig. Weniger Versierte brauchen ein Klettersteigset. Abstieg vom Wagendrischelhorngipfel auf dem Normalweg nach Westen in eine Grube und um den Bergfuß herum bis zu einer Abzweigung. Weiter rechts (links Rossgasse) und über sanfte Rücken und Wiesen wie oben bis zur Abzweigung des Böslsteiges (T6, B/C. I. Anspruchsvolle, alpine Bergtour mit einfacherem Klettersteig. 1 500 Höhenmeter, 4,5 Stunden Anstieg. Gesamt 8,5 Stunden. Eventuell Klettersteigset.)

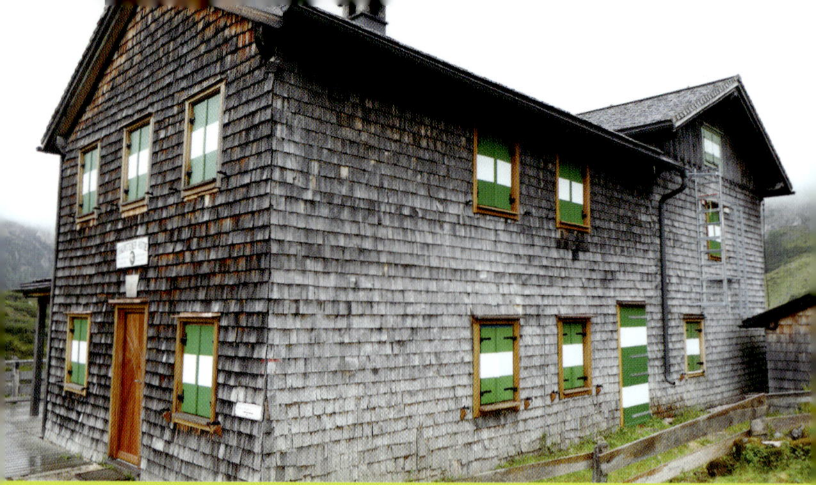

20 Großes Häuselhorn 2 284 m

Lofer
Reiter Alpe

Wie viele andere Gipfel auf der Reiteralm auch: Das Große Häuselhorn liegt ziemlich ab vom Schuss und ist damit eines der selten besuchten, weil etwas langwierig zu erreichenden Bergziele.

Anforderung: T3. I. Mittelschwere, aber konditionell fordernde Bergtour. 1 400 Höhenmeter, 5 Stunden Anstieg.

Ausrüstung: Wanderausrüstung.

Ausgangspunkt/Anfahrt: Gasthof Obermayerberg (895 m). Auffahrt von Lofer über den Ortsteil Au.

Route: Vom Gasthof auf der Straße nach Norden, bis man bei einem Gehöft auf den Weg Nr. 4 abzweigen kann. Diesem leicht fallend in das Lanzental folgen – man trifft dann auf den ziemlich rustikalen Alpasteig. Über diesen auf das Plateau der Reiter Alpe und bergauf-bergab zur Alten Traunsteiner Hütte (1 579 m). Wer mag, kann von hier geradeaus in wenigen Minuten die Neue Traunsteiner Hütte erreichen. Auf das Große Häuselhorn geht es aber im spitzen Winkel nach Süden in die Roßgasse. Auf zirka 1 850 Meter (Wegweiser) zweigt der Weg nach rechts zum

Die Alte Traunsteiner Hütte.

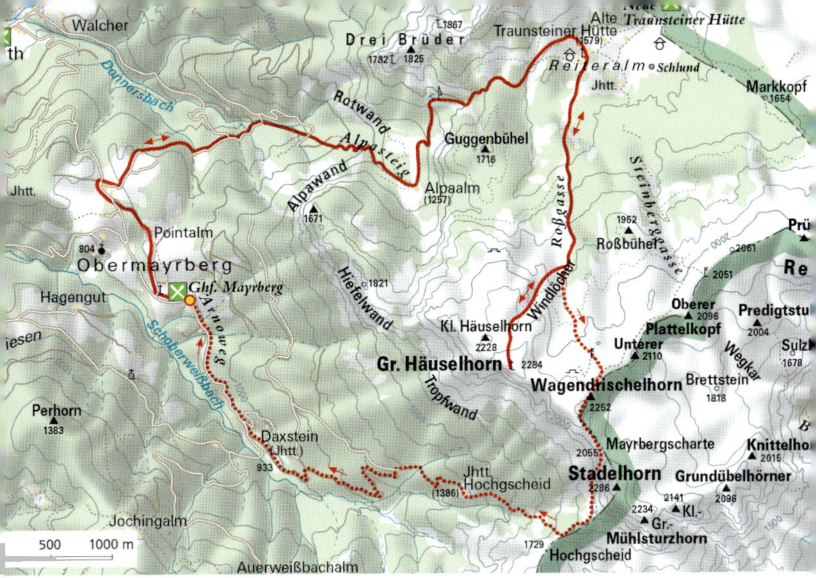

Häuselhorn ab und führt in ein oft mit Schnee gefülltes Kar. Dann eine Felsbarriere (I) hinauf und weiter über grasig-schrofiges Gelände auf den Gipfel. Abstieg wie Anstieg.

Einkehr: www.obermayerberg.at, www.traunsteinerhuette.com

Variante: Eine spannende Abstiegsvariante ergibt sich über die Mayrbergscharte. Zurück zur Abzweigung auf 1850 Meter, dann den Anstieg in den Roßkarsattel wählen. Hinter diesem Sattel kurz rund 50 Höhenmeter absteigen, unter dem Wagendrischelhorn vorbei, in die Mayrbergscharte (2 055 m). Von der Scharte geht es seilgesichert (B) sehr steil eine Rinne hinunter (Steinschlag), an der Einmündung des Schaflsteiges (Tour Nr. 19) vorbei in den Hochgscheidsattel. Nach dem Sattel – anfangs noch schrofig – nach Nordwesten zu einer Jagdhütte (Quelle) und zur Weißbachklause hinunter. Auf der Straße nach Norden zum Gasthof (T5. mit Gegenanstiegen 1 700 Höhenmeter für die Gesamtrunde. Dauer etwa 9,5 Stunden. Kletterhandschuhe, Helm. Trittsicherheit, Schwindelfreiheit obligat).

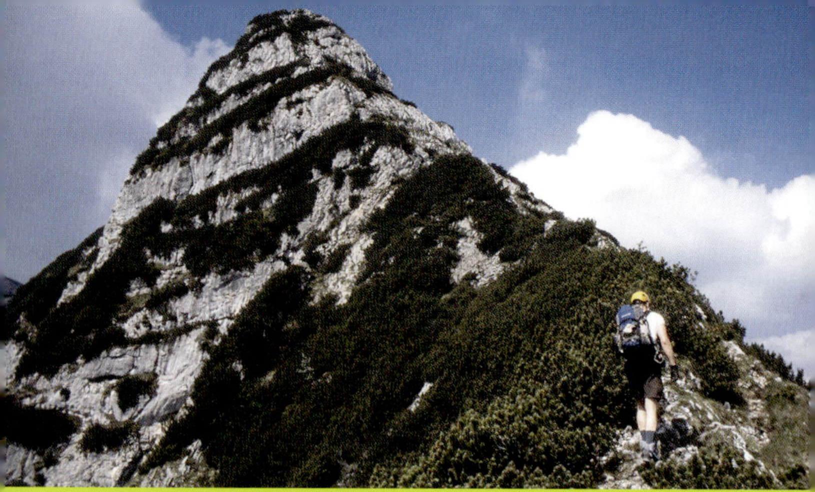

21 Edelweißlahner 1 953 m

Ramsau
Reiter Alpe

Genau genommen heißt der Berg ja Edelweißlahnerkopf, das sagt aber niemand. Wer den Edelweißlahner von unten sieht, denkt kaum, dass die abweisenden Flanken dann doch relativ einfach zu durchsteigen sind.

Anforderung: T3. Trittsicherheit und Orientierungssinn gefragt. 1 100 Höhenmeter und 3 Stunden Anstieg.

Ausrüstung: Wanderausrüstung.

Ausgangspunkt/Anfahrt: Hintersee in der Ramsau, Parkplatz beim Fernsebnerbauern am Nordufer.

Route: Vom Parkplatz auf dem Wanderweg Richtung Halsalm, bis kurz vor dem Antoniusgraben nach Nordwesten ein Steig abzweigt. Diesen steil bergauf bis an die Felsabbrüche zu einer Wegverzweigung. Hier links haltend zu einer Steilstufe und über diese in die schrofige Flanke des Edelweißlahner. Der Weiterweg auf den Rand des Plateaus der Reiter Alpe ist schrofig. In der kleinen Scharte am Grat angelangt nach links über den Nordostgrat auf den Gipfel. Abstieg wie Anstieg.

Der Nordostgrat des Edelweißlahner.

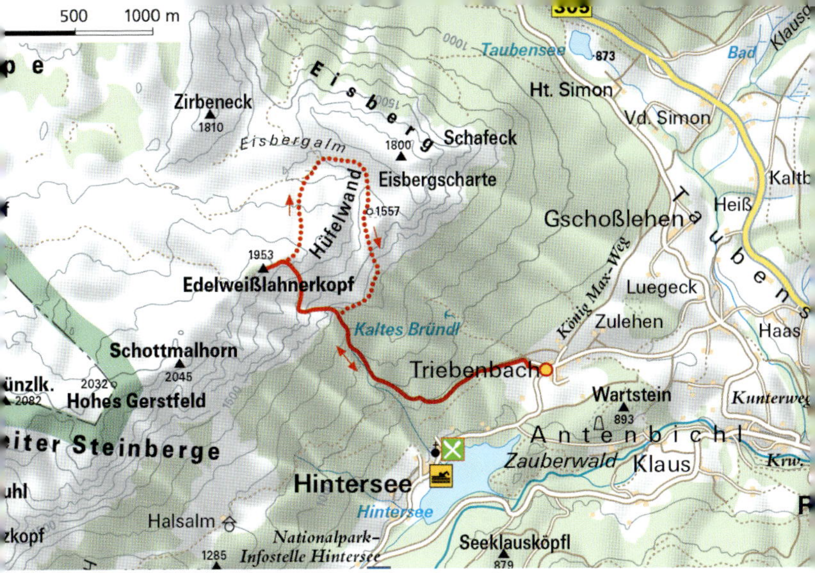

Einkehr:
www.hintersee-gasthaus-seeklause.de

Variante 1: Vom Vorderlahner retour in die kleine Scharte am Grat, dann aber nicht dem Anstiegsweg folgen, sondern in die zerfurchte Nordseite hinunter. Der Weg führt hinunter in eine Mulde zur Eisbergalm und dreht dann flach nach Osten in die Eisbergscharte. Man folgt dem Weg nach Süden durch die Latschen und wählt entweder die linke oder rechte Wegverzweigung. Beide Varianten („Fernsebnerplatte" oder „Leiterl") sind seilversicherte Steilstufen (A/B, Kletterhandschuhe) und bei Nässe gefährlich. Am Ende dieser zwei Abstiegswege zurück zum Antoniusgraben und weiter wie oben. (T5, Gesamtrunde 5,5 Stunden).

Variante 2: Vom Gipfel etwa entlang der Grenzmarkierungen auf leichtem Weg nach Südwesten über das Schottmalhorn (2 045 m), das Gerstfeld (2 032 m) zum Reiter Steinberg (2 060 m). Abstieg (Wegweiser) über den Böselsteig in die Ramsau. Der Steig ist steil, seilgesichert und bei Nässe unangenehm. Im Tal retour nach Nordosten über die Halsalm zum Antoniusgraben oder gleich hinunter auf die Hirschbichlstraße und so wieder zum Hintersee. (T4, Gesamtrunde 6 Stunden.)

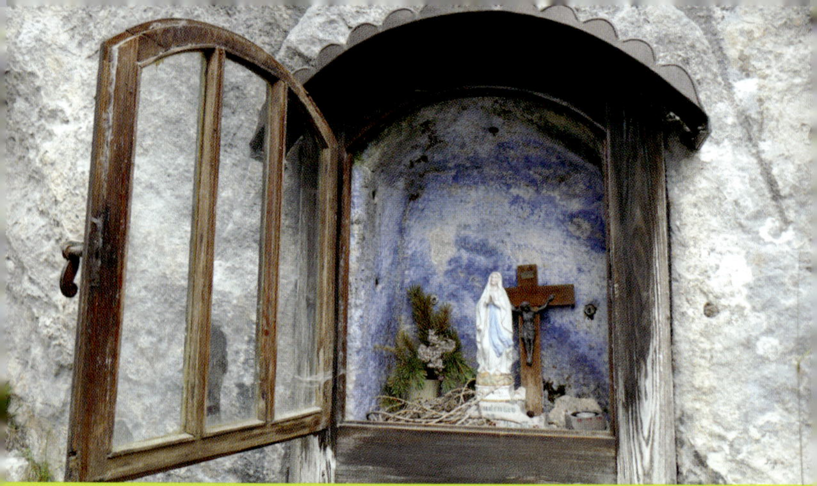

22 Großer Weitschartenkopf 1 979 m

Jettenberg
Reiter Alpe

Eine Tour auf die Reiter Alpe – Reiteralm, wie viele Bayern sagen – ist historisch interessant: Hier gibt es gleich zwei Traunsteiner Hütten – und das fast in Rufweite. Ein Ergebnis der Nazi-Diktatur. Nach der 1000-Mark-Sperre Hitler-Deutschlands gegen Österreich hat die Sektion Traunstein ihre wenige Meter hinter der Grenze liegende Hütte aufgegeben und auf Reichsgrund die Neue Traunsteiner Hütte errichtet.

Anforderung: T2. 1 350 Höhenmeter und 4 Stunden Anstieg.

Ausrüstung: Wanderausrüstung.

Ausgangspunkt/Anfahrt: Unterjettenberg – Parkplatz beim Militärgelände (640 m). Zufahrt über das kleine Deutsche Eck, Abzweigung Richtung Berchtesgaden, dann nach Unterjettenberg.

Route: Auf der asphaltierten Straße bis zum oberen Bunkergelände und dem Beginn des Schrecksteigs. Nun den Schrecksteig in vielen Kehren zuerst auf einem befahrbaren Weg hinauf zum Schrecksattel (1 620 m, Wegweiser, Gedenktafeln). Die Abschneider sind zu empfehlen. Vom Schrecksattel führt ein dann wieder befahrbarer Weg bergauf-bergab direkt

Felsenmarterl am Schrecksteig.

nach Süden zur Neuen Traunsteiner Hütte (1 560 m, Wegweiser). Weiter von der Hütte nach Westen, an der Abzweigung zu den Drei Brüdern (1867 m) vorbei, über den Südhang auf den Gipfel. Abstieg wie Anstieg.

Einkehr:
www.traunsteinerhuette.com

Variante 1: Vom Gipfel am Grat entlang nach Südwesten zu den Drei Brüdern und dann von dort auf dem markierten Weg retour.

Variante 2: Konditionsstarke können nach den Drei Brüdern auch gleich zur Alten Traunsteiner Hütte und weiter auf dem Plateau nach Südwesten gehen. Am Ende des Reiteralm-Plateaus folgt man dem etwas holprigen Alpasteig zuerst nach Süden, nach der Alpaalm (1 257 m, Bücherdepot) nach Westen bis ganz hinunter zur Verzweigung auf 600 Meter Seehöhe (Wegweiser). Hier dann nach Aschau. Unmittelbar vor der Grenze verlässt man die Forststraße und folgt der Mountainbikemarkierung „Rastnockstubn". Bald nach dem Grenzstein kommt man wieder auf eine Straße, und an der Aschauer-

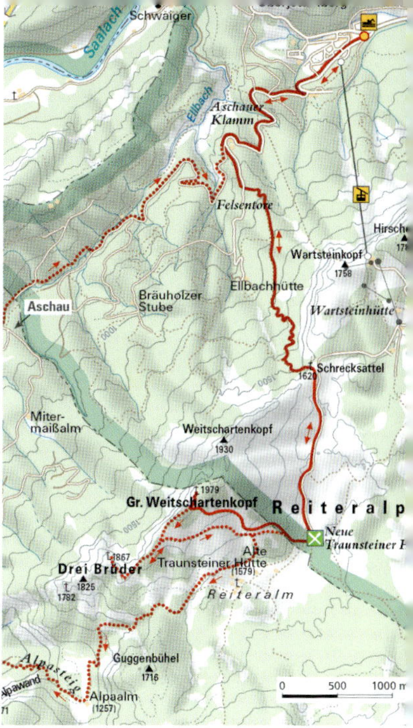

Klause vorbei gelangt man, das Naturschutzgebiet Aschau durchwandernd (zwei kleine Tunnel), zur Rastnockhütte. Der weitere Abstieg folgt dem Anstieg (Gesamtrunde 1 750 Höhenmeter, 9,5 Stunden).

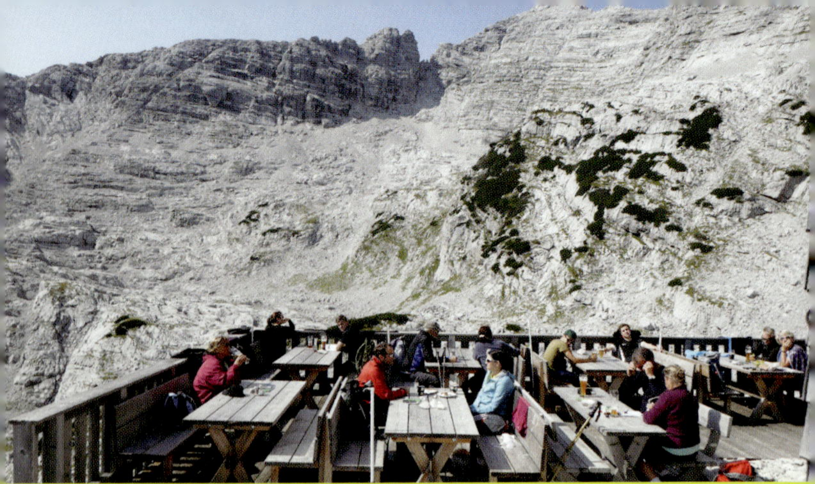

23 Großes Ochsenhorn 2 511 m

Lofer
Loferer Steinberge

Die Loferer Steinberge sind ein Dorado für Liebhaber großer Felstouren. Neben dem Höchsten – dem Ochsenhorn – gibt es hier noch jede Menge anderer, gleichwertige Touren. Die Reifhörner (I) oder das Breithorn (II) seien ausdrücklich empfohlen.

Anforderung: T5. Anspruchsvolle Bergtour mit langen Stellen im I. Grad. 1 650 Höhenmeter und 4,5 Stunden im Anstieg.

Ausrüstung: Wanderausrüstung. Stöcke am Schärdinger-Steig angenehm.

Ausgangspunkt/Anfahrt: Maria Kirchenthal (880 m), Zufahrt über eine Mautstraße etwas südlich von St. Martin bei Lofer.

Route: Am Schärdinger-Steig an der Südseite der Kirche vorbei und dann südwärts, bald steiler, in den Wald. Erdige und nasse Stellen verlangen schon hier Aufmerksamkeit. Auf etwa 1 450 Meter kommt man zu einer Quelle und der Wald wird langsam lichter. Auf 1 800 Meter steht eine kleine Biwakschachtel. Hinter diesem Rastplatzerl geht es in die Schneegrube (auch im Sommer oft Altschneereste) und letztlich langsam ernster werdend auf

Terrasse auf der Schmidt-Zabierow-Hütte: Eine Oase in der Steinwüste.

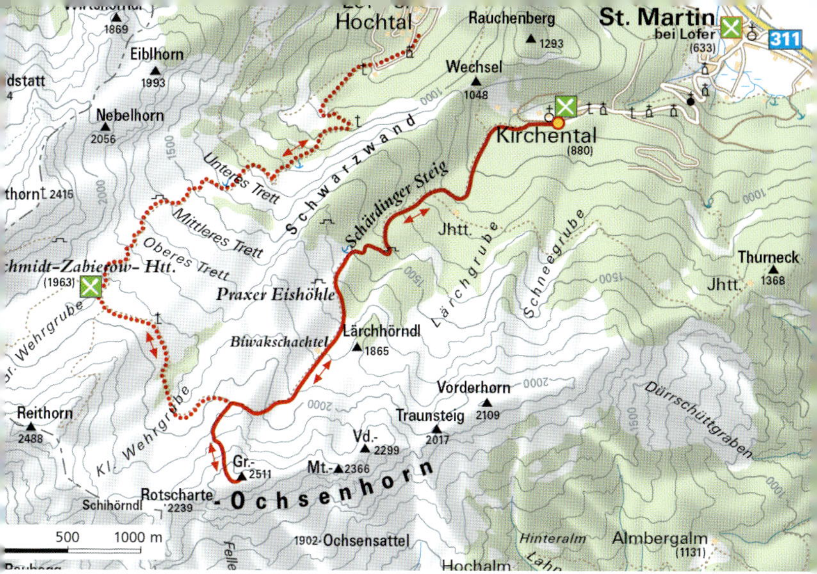

einen Absatz südlich des Sattelhorns. Hinter diesem Gratüberstieg nach links (Süden, Wegweiser) in die steile, unübersichtliche und schrofige Nordwestflanke und so zum Gipfel. Schlüsselstelle ist die Querung einer Steilrinne mit kurzem Abstieg. Anstieg wie Abstieg.

Einkehr: Kirchentalwirt www.maria-kirchental.at, www.schmidt-zabierow.at

Variante: Der Schärdinger-Steig ist eine eher ruppige, mühsame Angelegenheit. Bequemer, wenn auch etwas länger ist der Anstieg über die Schmidt-Zabierow-Hütte (1 966 m). Vom Loferer Hochtal (800 m) auf dem Hüttenweg zur Hütte (1 150 Höhenmeter). Dann nach Südosten durch die Kleine Wehrgrube bis zum Wegweiser, wo man auf den Schärdinger-Steig trifft (T5, 1 750 Höhenmeter, 5 Stunden, 2 Stunden ab der Hütte).

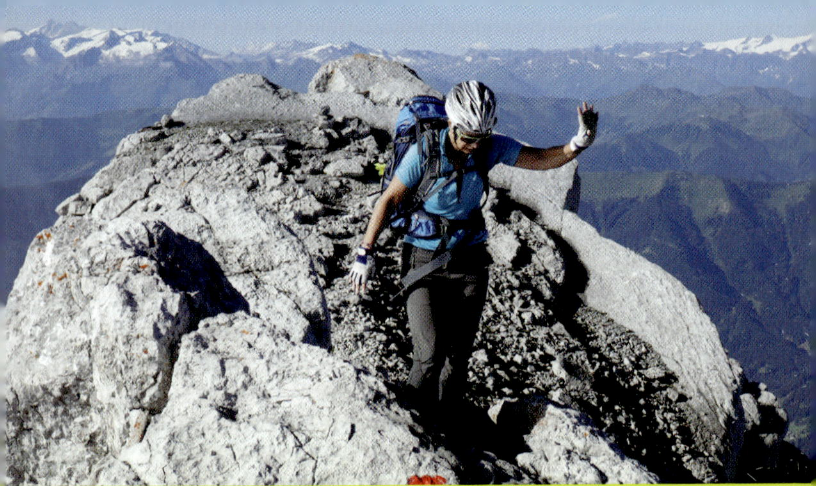

24 Birnhorn 2 634 m

Leogang
Leoganger Steinberge

Das Birnhorn ist der höchste Gipfel in den Leoganger Steinbergen. Der Koloss hat mit seiner Südwand auch eine der höchsten Wände der Ostalpen – gleich hoch wie der Schermberg (Tour 46). Bei der Überschreitung Hofersteig-Normalweg kann man etwas Südwandfeeling mitnehmen.

Anforderung: T6. Sehr anspruchsvolle alpine Tour. Als Tagestour mit 1 800 Höhenmetern Anstieg konditionell fordernd. Viele seilversicherte und Kletterstellen I. Teilweise ausgesetzt. 1 200 Höhenmeter, 3 Stunden zur Passauer Hütte; 600 Höhenmeter, 2 Stunden zum Birnhorn. Gesamtgehzeit 9–10 Stunden. Nur bei stabilem Wetter.

Ausrüstung: Wanderausrüstung, Helm, Kletterhandschuhe.

Ausgangspunkt/Anfahrt: Parkplatz Ullachtal (878 m). Zufahrt über Leogang.

Route: Der Naturlehrpfad zur Passauer Hütte führt über Weiden zur Verzweigung „Birnbachloch“. Hier rechts auf einen bewaldeten Rücken und in Kehren und über mehrere seilversicherte Stellen auf das Hochtor (1 922 m). In einem Bogen etwas ausgesetzt unter dem Fahnenköpfl hindurch zur Hütte (2 051 m). Der

Am Birnhorn-Gipfelgrat. Links die Glockner-, rechts die Venedigergruppe.

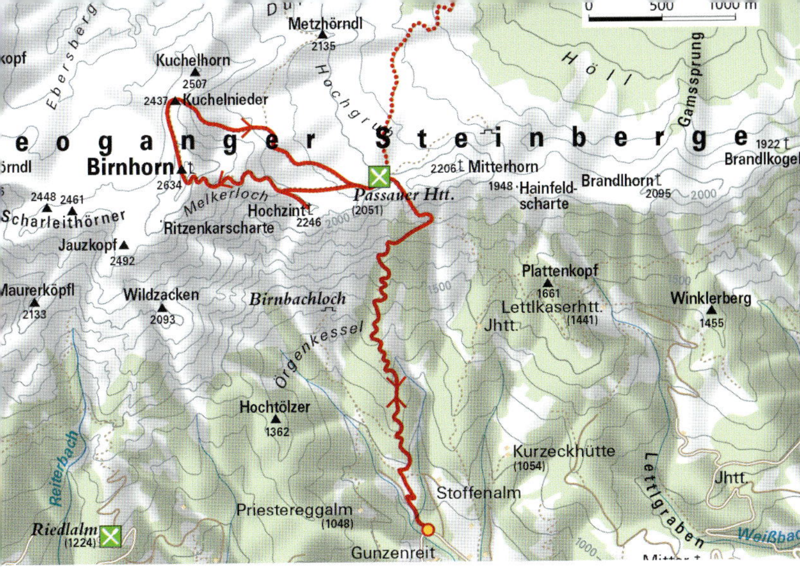

Anstieg ist südseitig – genügend Wasser mitnehmen!

Anstieg Hofersteig – Abstieg Normalweg: Von der Hütte folgt man dem Steig nach Nordwesten. Bei der Verzweigung (Wegweiser) nach Westen (links) und durch das Melkerloch zur Südwand: Der Hofersteig führt nun über Bänder und viele kurze Kletterstellen, oft exponiert immer westwärts haltend auf den Grat hinauf. Danach luftig über den Westgrat zum Kreuz. Für den Abstieg kurz auf dem Grat retour und dann über ein gut gesichertes Band durch die Westwand nach Norden zur Kuchelnieder (2 437 m). Dieser Weg (T5) ist einfacher als die Südwand-Variante, aber trotzdem ausgesetzt und stellenweise etwas heikel. Von der Kuchelnieder über den neuen Weg (Klettersteig A/B) in das große Schuttkar. Der alte Steig ist steinschlaggefährdet. Durch das Kar retour nach Südosten – zum Schluss entlang der Wasserleitung – zur Hütte.

Einkehr: www.passauer-huette.de

Variante: Ein wesentlich kürzerer Zustieg zur Passauer Hütte führt von Norden von der Niedergrub herauf. Dazu muss man sich allerdings eines Hüttentaxis bedienen: www.almwandertaxi.at

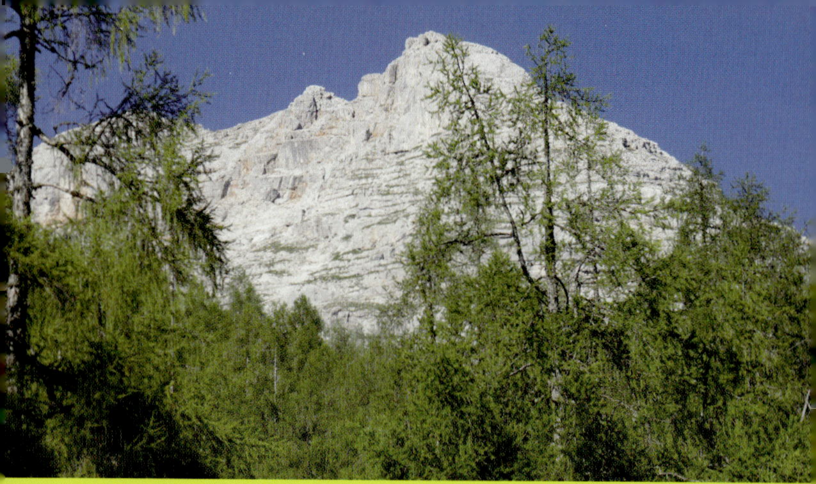

25 Großes Rothorn 2 404 m

Weißbach bei Lofer
Leoganger Steinberge

Das Rothorn ist wirklich ein Schmankerl: Einerseits ist das Große Rothorn zweifelsfrei einer der schönsten Gipfel in den Steinbergen, andererseits wird dieser nur ganz selten besucht. Pro Jahr finden sich kaum je mehr als 25 Einträge im Gipfelbuch. Einfach ist die Sache freilich nicht: Der Anstieg verlangt viel Schmalz und geübte Alpinisten.

Anforderung: T6. Sehr anspruchsvolle alpine Tour, konditionell fordernd. Mehrere Stellen II. Teilweise ausgesetzt. Überwiegend nicht markiert. Orientierungssinn im weglosen Gelände und alpine Erfahrung notwendig. Nur bei stabilem Schönwetter. 1 750 Höhenmeter und 5 Stunden Anstieg, Gesamt 9 Stunden.

Ausrüstung: Wanderausrüstung, Höhenmesser.

Ausgangspunkt/Anfahrt: Weißbach bei Lofer; Holzplatz (680 m, Wegweiser) oberhalb des Hackerbauern im Saalachtal. Zufahrt über die B 311.

Route: Vom Holzplatz entlang des alten Almweges – die Forststraße wird noch einmal erreicht, nach einer Kehre aber wieder verlassen – sehr gemütlich hinauf zur Ebersbergalm (1 424 m, 2 Stunden).

Mächtig wächst das Rothorn beim Anstieg hinter der Ebersbergalm in den Himmel.

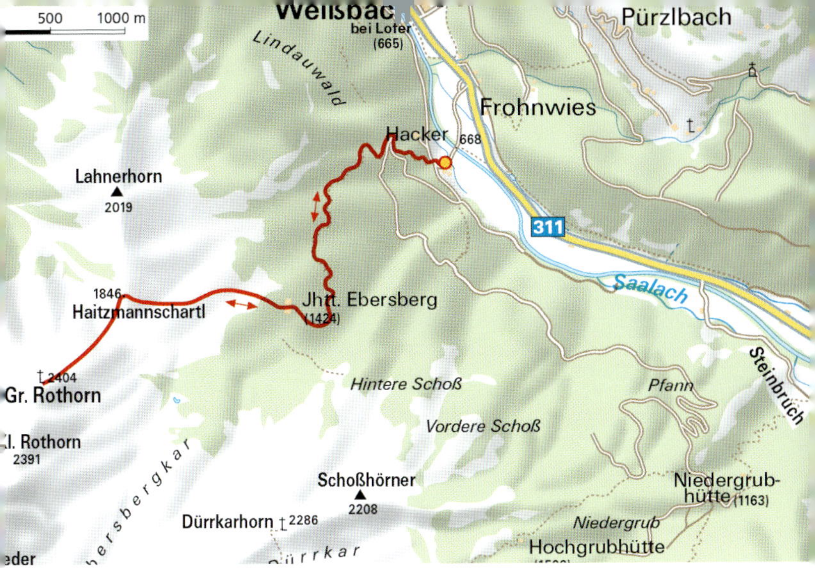

Hier sind die Markierungen vorbei und das einfache Wandergelände zu Ende. Hinter der Alm auf dem noch deutlich erkennbaren Steig nach Nordwesten auf das Lahnerhorn zu. Bei rund 1 500 Meter Seehöhe zweigt bald nach einer Kuhtränke (Quelle) bei einer kleinen Kuppe ein anfangs schlecht erkennbarer, dann immer deutlicher werdender (Steinmandln) Steig nach Südwesten ab. Dieser führt zum Schluss sehr steil in das Haitzmannschartl (1 897 m). Nun beginnt der Anstieg am Nordostgrat direkt hinauf zum Kreuz. Die Route ist zwar mit Steinmandln ausreichend gekennzeichnet, man sollte sich aber für den Abstieg die Kletterstellen genau einprägen.
Die Schwierigkeitsbewertung II gilt nur für die Ideallinie. Zum Ende hin führt die Route noch über einige Karren und wird auch etwas luftiger. Abstieg wie Anstieg.

Einkehr: Gasthof Frohnwies in Weißbach bei Lofer www.hotel-weißbach.at

Variante: Das Kreuz steht auf dem Vorgipfel. Der Hauptgipfel ist 34 Meter höher und über einen brüchigen Grat erreichbar.
Hin und retour je 15 Minuten.

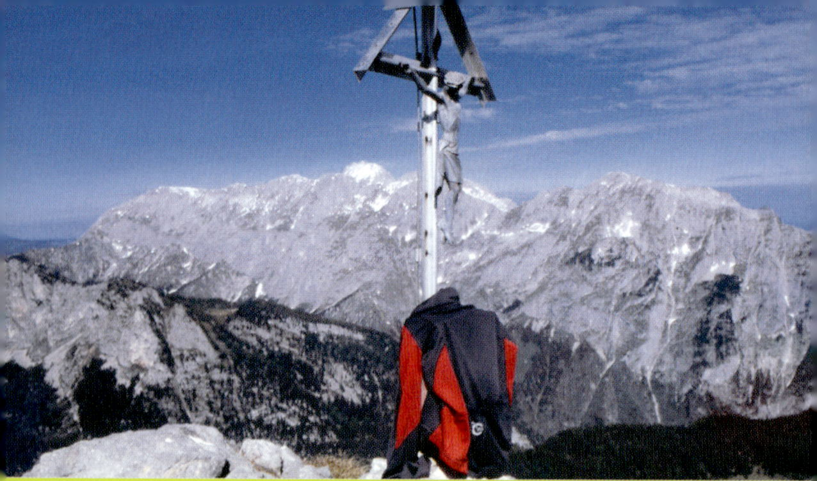

26 Tristkopf 2 110 m

Sulzau
Hagengebirge

Die weiten Flächen des Hagengebirges werden eher selten besucht. Meist beschränken sich die Bergwanderer auf die Randgipfel. Aber auch diese werden (vom Anstieg über das Stahlhaus wie bei Tour Nr. 27 einmal abgesehen) aufgrund der doch beachtlichen Höhenmeterleistung nicht unbedingt häufig erstiegen.

Anforderung: T3. Konditionell anspruchsvolle Bergwanderung, Trittsicherheit erforderlich. 1 600 Höhenmeter, 4 Stunden Anstieg.

Ausrüstung: Wanderausrüstung.

Ausgangspunkt/Anfahrt: Steinbruch Sulzau nördlich von Tenneck.

Route: Der markierte Anstieg des Weges 450 geht unmittelbar nach dem Parkplatz mitten durchs Betriebsgelände. Diesem folgt man einfach entlang des Eisgrabens in unzähligen Kehren hinauf bis zur Quelle auf zirka 1 350 Meter Seehöhe. Dem Anstieg nach Westen weiter folgend – kurz etwas schrofiger – in das Hochtor, von dem man über die Ostflanke einfach auf den selten besuchten

Auf dem Tristkopf steht ein kleines, bescheidenes Gipfelkreuz.

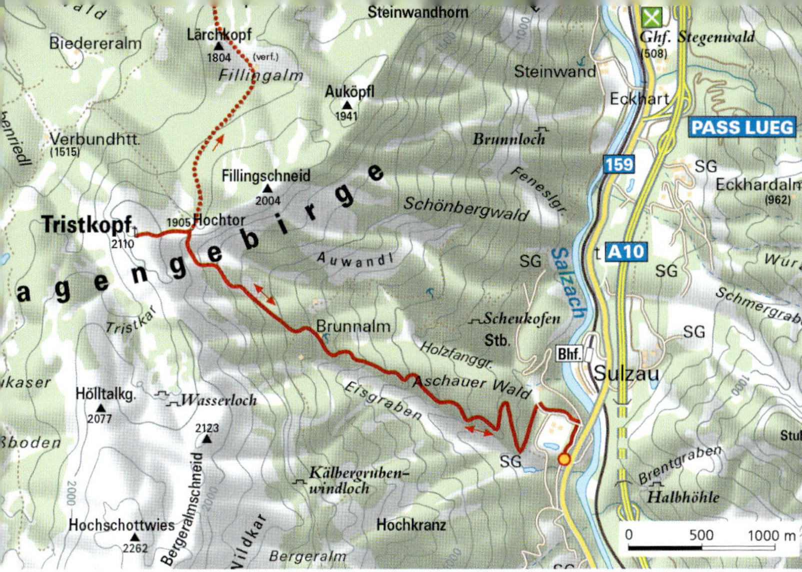

Gipfel kommt. Der Abstieg folgt dem Anstiegsweg.

Einkehr: Stegenwald an der Bundesstraße nördlich von Sulzau. www.gasthaus-stegenwald.at

Variante: Wer an der Autobahnraststätte in Golling einen zweiten Pkw abstellt, kann auch hierher absteigen. Vom Gipfel kurz zurück in das Hochtor, dann nach Norden leicht fallend durch Lärchen und Latschen zur verfallenen Fillingalm und etwas steiler hinunter zur Angeralm (Hochspannungsleitung). Hier teilt sich der Weg und man nimmt den rechten, den Höllriegelsteig. Dieser führt steil ziemlich genau entlang der Stromleitung nach Nordosten zur Kratzalm und weiter nach Nordosten zur Forststraße. Entlang dieser (Abschneider sinnvoll) hinunter zur Autobahnstation (Abstiegsdauer 3 Stunden).

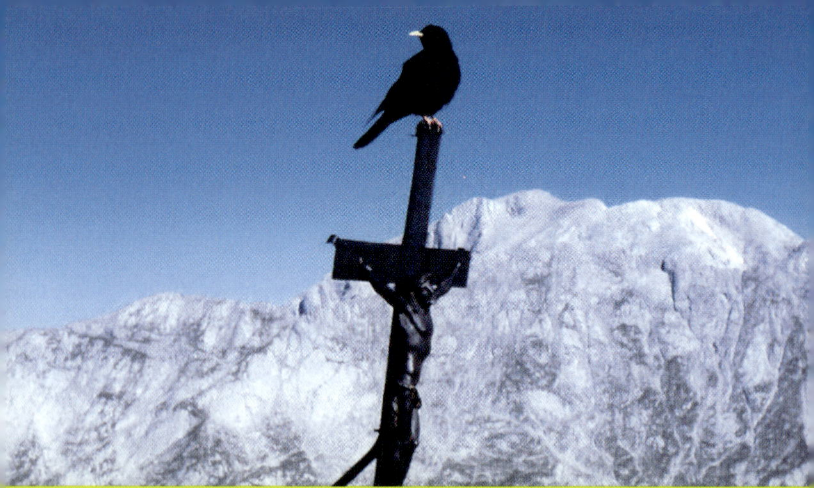

27 Schneibstein 2 276 m

Schönau
Hagengebirge

Der nördlichste Vorposten des Hagengebirges gehört zwar nicht zu den ganz „großen Gipfelzielen", bietet aber eine schöne Bergwanderung auch für weniger Geübte. Vor allem in Kombination mit der Kleinen Reibn (Variante 3) ein lohnendes Unternehmen.

Anforderung: T2. Einfache Bergwanderung, 1 150 Höhenmeter und 3 Stunden Anstieg.

Ausrüstung: Wanderausrüstung.

Ausgangspunkt/Anfahrt: Parkplatz Hinterbrand (1 120 m). Zufahrt auf der Straße über den Obersalzberg.

Route: Vom Parkplatz auf dem Wanderweg oder auf der Schotterstraße nach Süden bis kurz vor die Mittelstation der Jennerbahn (Wegweiser). Hier bergwärts abbiegen und über den Mitterkaser hinauf, bis man auf den Spazierweg trifft, der von der Jennerbahn kommt. Weiter nach Osten zum Stahl-Haus am Torrener Joch (1 733 m). Von der Hütte südwärts durch Latschen und über zwei schrofige Absätze auf den Rücken des Schneibsteins und zum Gipfel. Abstieg wie Anstieg.

Beliebter Landeplatz auf dem Schneibstein-Gipfel.

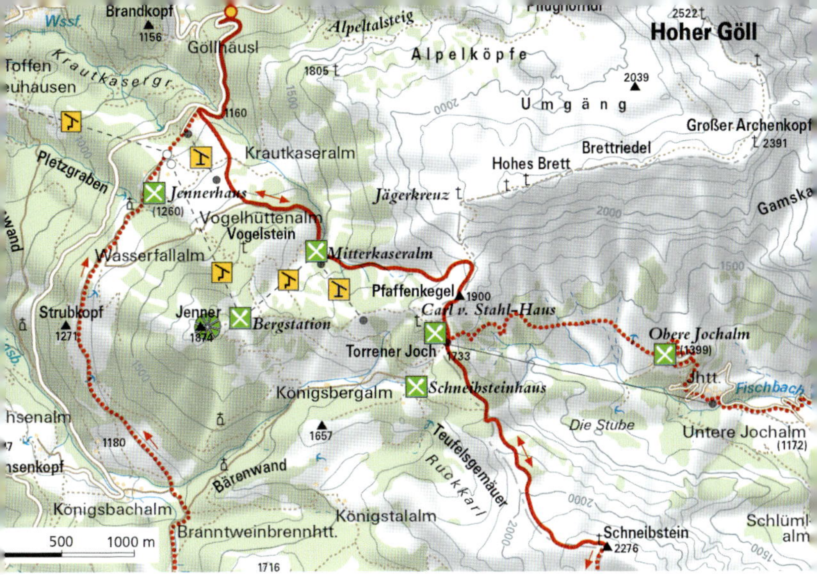

Einkehr: Carl-von-Stahl-Haus www.alpenverein-salzburg.at, Mitterkaseralm +49 (0)8652 5100

Variante 1: Die Auffahrt mit der Jennerbahn von Schönau am Königsee verkürzt die Tour auf den Schneibstein um die Hälfte. www.jennerbahn.de

Variante 2: Deutlich länger wird die Tour, wenn man vom Bärenwirt (Golling, Bluntautal, 504 m) auf das Stahl-Haus wandert. (T2, 1 750 Höhenmeter, 5,5 Stunden Anstieg).

Variante 3: Abstieg über die Kleine Reibn: Vom Gipfel anfangs sanft Richtung Südwesten in die Windscharte (2 103 m). Aus der Scharte ins Tal hinunter am Fagstein vorbei bis zum Seeleinsee. Von hier dreht der Abstieg nach Westen in den Stiergraben. Am Ende des Grabens – Himmelsrichtung Nord – zur Briesbergalm (1 460 m). Ab der Alm dann auf breiten Wanderwegen und Straßen über Almgebiete an der Enzianbrennerei vorbei zur Königsbachalm und mit kurzen Gegenanstiegen zur Jennerbahn-Mittelstation und nach Hinterbrand. (T2, Gesamtrunde 6 Stunden)

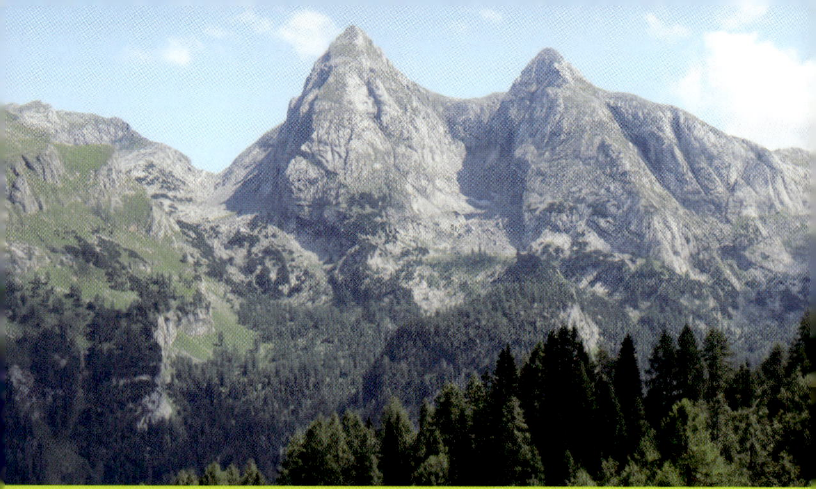

28 Großes Teufelshorn 2 362 m

Schönau
Hagengebirge

Das Große Teufelshorn ist der höchste Gipfel im Hagengebirge. Es wird eher selten besucht, durch den Schiffsfahrplan ist als Tagestour knapp und anstrengend. Besser mit Übernachtung und Abstiegsvariante.

Anforderung: T4. I. Anspruchsvolle Bergtour. Trittsicherheit und Schwindelfreiheit obligat. 1 750 Höhenmeter, 5,5 Stunden Anstieg.

Ausrüstung: Wanderausrüstung.

Ausgangspunkt/Anfahrt:
Großparkplatz Jenner/Königssee. Mit dem Schiff nach Salet. www.seenschifffahrt.de

Route: Von Salet auf dem Spazierweg nach Südwesten zum Obersee und an dessen Südufer gut versichert bis knapp vor die Fischunkelalm (Wegweiser). Hier weiter über Wiesen nach Südwesten zur Wegteilung Landtalsteig/Röthsteig. Der Röthsteig führt seilgesichert nach Südwesten bis zu den Wiesen bei der Wasseralm (1 416 m, Wegweiser). Dahinter nach Südosten durch den schönen Bergwald zur verfallenen Schabaualm und hinauf zu einer Quelle. Hier findet man die Überreste der Jagdhütte des Nazibonzen Göring, der das Gebiet als privates Jagdgebiet annektiert

Die Entstehung mancher Bergnamen ist selbsterklärend: Die Teufelshörndl.

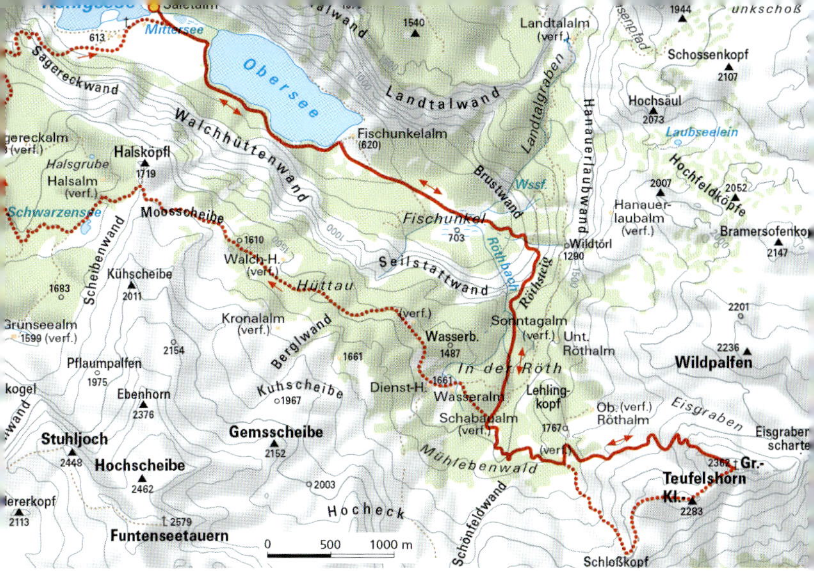

hatte. Bei der Abzweigung (Punkt 1 653 m) vorbei am linken Steig durch Karrenfelder zum Kar zwischen den beiden Hörndln. Nach links auf einen Rücken und zu einer Rinne. Durch diese auf das Gipfelfeld und zum Gipfel. Abstieg wie Anstieg.

Einkehr: Wasseralm (Nächtigung) www.dav-berchtesgaden.de

Variante 1: Kleines Teufelshorn (2 283 m). Vom Punkt 1 653 m nach rechts in eine Mulde und südwärts auf schlecht erkennbarem Steig über Schrofen Richtung Blühnbachtörl ansteigen. Kurz vor dem Törl nach Norden auf den Grat hinaus und über die grasigen, steilen Hänge auf den Gipfel. (T5. I. 1 650 Höhenmeter, 5,5 Stunden Anstieg).

Variante 2: Abstieg von der Wasseralm über das Halsköpfl. Von der Wasseralm nach Nordwesten über einen karstigen Steig, an der Tropfwand vorbei zur Abzweigung „Halsköpfl“. Kurz auf den höchsten Punkt (1 719 m) nach Norden zum Tiefblick auf den Königssee. Von der Abzweigung in einem weiten Rechtsbogen gemütlich am Schwarzensee und der Abzweigung zum Kärlingerhaus vorbei, dann steil, seilgesichert, oft rutschig und gefährlich durch die Sagereckwand hinunter nach Salet.

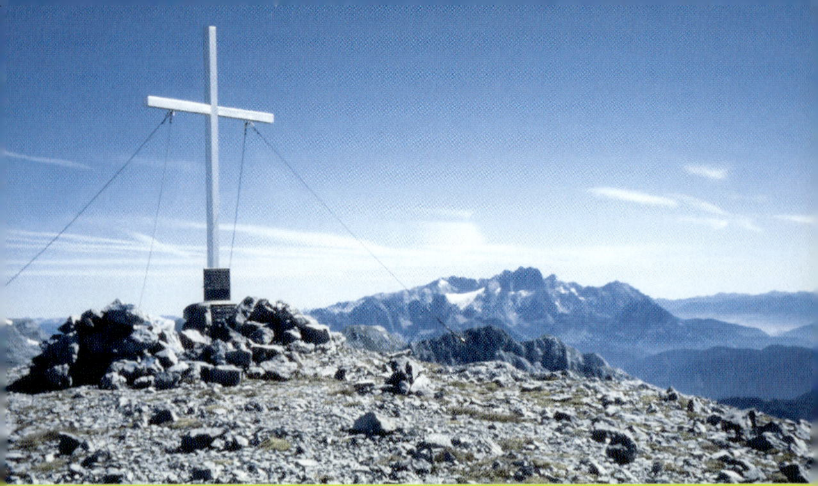

29 Raucheck 2 430 m

Werfen
Tennengebirge

Das Raucheck ist der höchste Gipfel im Tennengebirge. Während es nach Süden hunderte Meter steil abbricht, ist die Nordseite flach und auch für Bergwanderer vergleichsweise leicht zu erreichen.

Anforderung: T4. 1 350 Höhenmeter und 3,5 Stunden Anstieg. Trittsicherheit und Schwindelfreiheit erforderlich.

Ausrüstung: Wanderausrüstung.

Ausgangspunkt/Anfahrt: Parkplatz Unterholz. Zufahrt vom Bahnübergang Pfarrwerfen Richtung Werfenweng, bei der ersten Gelegenheit (Wegweiser) links und auf der schmalen Straße rechts der Salzach nach Norden, unter der Autobahn hindurch und entlang mehrerer Kehren (Wegweiser) zum großen Parkplatz vor dem Gehöft Unterholz (1 080 m, Parkgebühr).

Route: Vom Parkplatz Unterholz auf dem breiten Wanderweg nach Nordosten zum Mahdegg. Dahinter auf dem Werfener Hüttenweg steil bis zu einer Wegteilung (Wegweiser). Hier nach links (Norden) durch Wald zu einer Forststraße und weiter dem Weg folgend (die weite Kehre im Wald wird meist abgekürzt) hinauf

Raucheck-Gipfel mit der Silhouette des Dachsteinmassivs im Hintergrund.

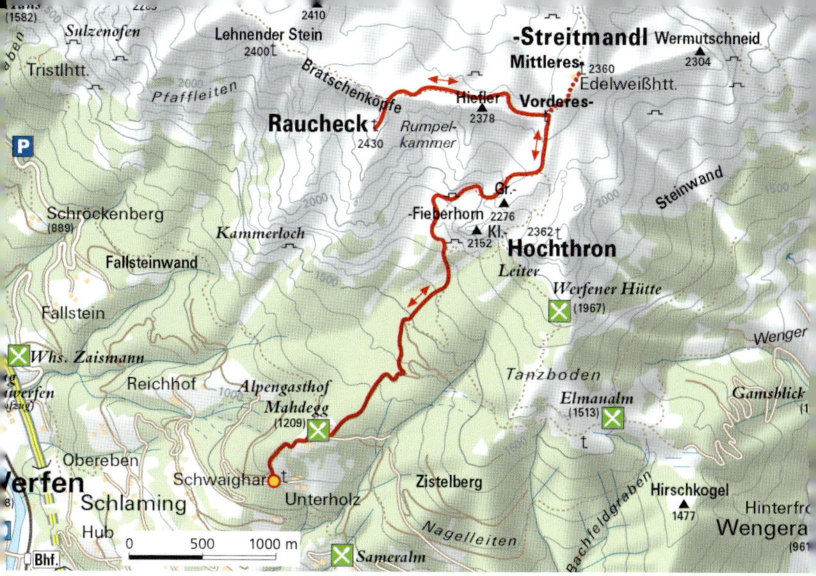

zur Verzweigung (Wegweiser) Richtung Thronleiter. Die Route zum Raucheck führt weiter nach Norden Richtung Rumpelkammer und um die Felsen des Kleinen Fieberhörndls herum in die Grießscharte (hierher auch von Werfenweng über die Werfener Hütte und die Thronleiter – siehe auch Tour 30). Dann nach Norden zur Verzweigung zum Streitmandl und zur nicht bewirtschafteten Edelweißerhütte (Wegweiser); beim Wegweiser weiter nach Westen in einem sehr weiten Bogen um den Hiefler herum durch typisches Karstgelände auf die Gipfelkuppe. Abstieg wie Anstieg.

Einkehr: Gasthof Mahdegg: +43 6468 7110

Variante 1: Edelweißerhütte (2 350 m) und Mittleres Streitmandl (2 360 m) kann man unschwierig „mitnehmen" – verlängert die Gesamttour um zirka eine Stunde.

Variante 2: Von der Griesscharte kann auch das Große Fieberhörndl (2 276 m) weglos (Steigspuren) erstiegen werden.

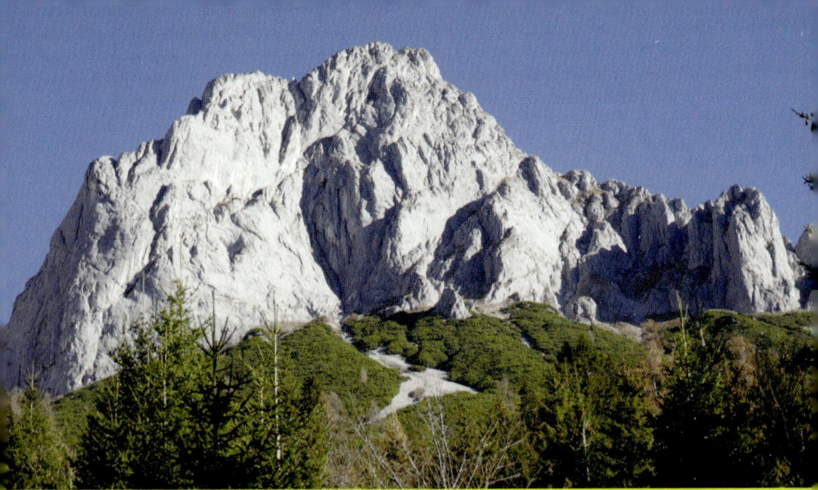

30 Hochthron 2 362 m

Werfenweng
Tennengebirge

Auch wenn das Raucheck deutlich höher sein sollte, der Hochthron ist zweifellos die dominierende Berggestalt oberhalb von Werfen und Werfenweng. Selbst der einfachste Anstieg erreicht locker den II. Grad – idealerweise wird der Hochthron fast immer als Rundtour gemacht.

Anforderung: T6. Sehr anspruchsvolle Bergtour mit vielen Kletterstellen im II. Grad (auch im Abstieg), Klettersteig (B). Lange Strecken ausgesetzt, Absturzgelände. Schwindelfreiheit, Trittsicherheit, Klettergeschick erforderlich. Gesamtanstieg 1 400 Höhenmeter, Gesamtrunde 8 Stunden.

Ausrüstung: Wanderausrüstung, Helm, Kletterhandschuhe, eventuell Klettersteigset.

Ausgangspunkt/Anfahrt: Parkplatz Wengerau. Zufahrt über Werfenweng in den Wengerwinkl.

Route: Vom Parkplatz (Wegweiser) Richtung Talschluss, dann den Wanderweg gemütlich hinauf zur Elmaualm und flacher werdend auf den Tanzboden. Von hier in vielen Kehren – anfangs über Wiesen, dann durch Latschen – auf die Werfener Hütte. Hinter der Hütte an der Abzweigung des Südgrates vorbei

Der Hochthron ist ein dominanter Zapfen. Rechts im Bild der Südgrat.

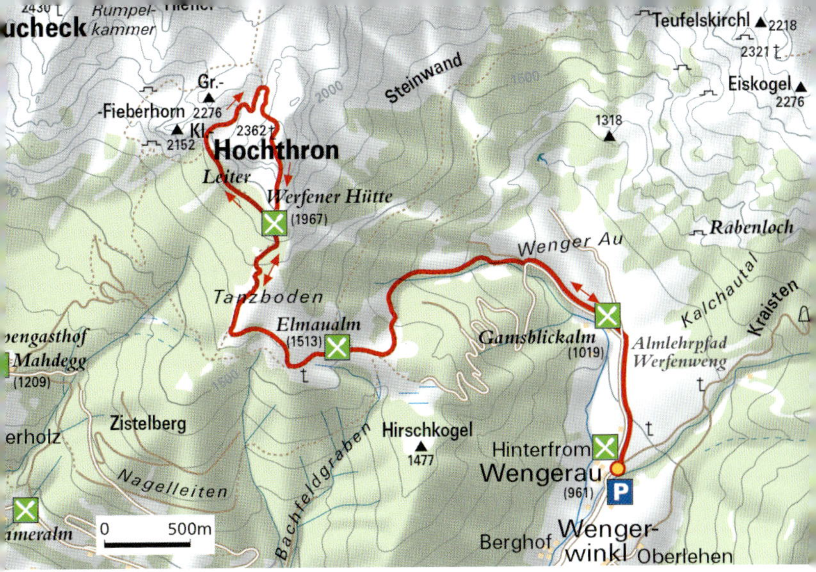

eben nach Westen querend zur Thronleiter. Die seilversicherte – kurz leicht überhängende – Leiter hinauf und weiter entlang der Stahlseile ins Throntal. Achtung: Steinschlag durch Vorausgehende, selbst keine Steine lostreten. Am oberen Ende des Throntals führt dann ein Steig – gut sichtbar – in die Nordwestwand des Hochthrons. Es folgt ein schwach markierter Kletteranstieg im II. Grad. Anfangs in eine Scharte hinter einem Turm, dann eine Schlucht empor und abschließend nach rechts und hinauf zum Gipfelgrat etwas nördlich des Kreuzes. Abstieg immer entlang des Südgrates (Steigspuren, fallweise markiert, zwei Schlüsselstellen gesichert) sehr luftig hinunter zur Werfener Hütte. Dann den Hüttenweg nach Südwesten auf den Tanzboden und ostwärts über die Elmaualm nach Werfenweng.

Einkehr: www.werfenerhuette.com, www.elmaualm-werfenweng.at

Variante: Auch vom Ausgangspunkt Unterholzbauer (siehe Tour 29) machbar, dann aber bei der Abzweigung unter dem Kleinen Fieberhörndl (Wegweiser) Richtung Werfener Hütte und zur Thronleiter.

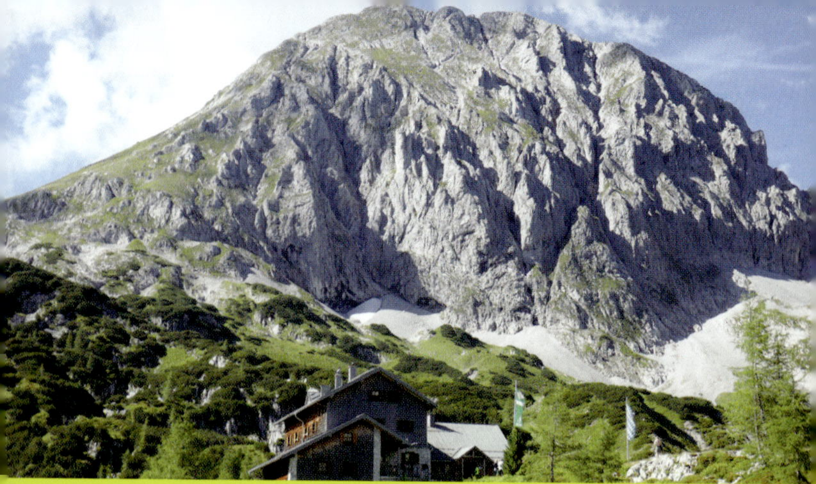

31 Fritzerkogel 2 360 m

Abtenau
Tennengebirge

Das Karstplateau des Tennengebirges hat viele Gipfel, aber nur wenige prägende Berggestalten. Der Fritzerkogel ist so eine markante Erhebung. Die Überschreitung des Bergstocks gehört zu den großen Tagestouren im Tennengebirge. Die liebevoll betreute Laufener Hütte sorgt für einen willkommenen Zwischenstopp beim Auf- wie beim Abstieg.

Anforderung: T4. Anspruchsvolle Bergtour, konditionell fordernd. Trittsicherheit und Schwindelfreiheit obligat. Einige kurze Stellen I. Grad. 1 500 Höhenmeter und 8 Stunden gesamt.

Ausrüstung: Wanderausrüstung.

Ausgangspunkt/Anfahrt: Parkplatz 1 (970 m, Laufener Hüttenparkplatz) vor der Karalm. Auffahrt über die neue Straße direkt von der Talstation der Karkogelbahn in Abtenau.

Route: In Serpentinen entlang des Sommerweges nach Süden steil bergauf. Man kommt an zwei kurzen seilgesicherten Stellen vorbei zur Wandalm (Wegweiser, Quelle). Dahinter über ein Geröllkar weiter hinauf, bis auf Höhe der Thörlegg-Jagdhütte das Gelände abflacht.

Der mächtige Fritzerkogel hinter der Laufener Hütte.

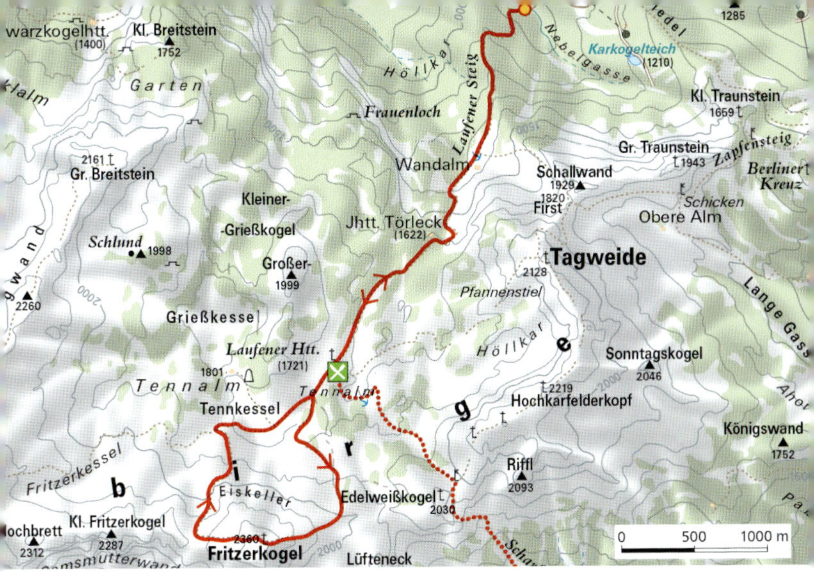

Weiter bergauf-bergab in typischem Karstgelände zur Laufener Hütte (1 726 m). Der eigentliche Berganstieg beginnt (Wegweiser) etwas westlich der Hütte im Tennkessel. Bei der Weggabelung nach links (Süden, Wegnummer 233) und unschwierig hinauf auf den Grat. Nun über die Ostflanke des Fritzerkogels zunehmend steil mit einigen Felspassagen hinauf zum Kreuz. Der Abstieg führt über Wiesen nach Westen in ein weites Schuttkar, hier dreht er auf Nord und man kommt zu einem bei Nässe etwas heiklen Absatz. Die wenigen Meter (kurz I) hinunterklettern, dann entlang der Schuttflächen hinunter (Dolinen!) nach Norden, bis man im grasigen Gelände auf den Steig Nr. 211 vom Bleikogel stößt. Auf diesem nun über Karren hinab nach Osten in den Tennkessel zur oben beschriebenen Wegteilung. Weiterer Abstieg wie Anstieg.

Einkehr: Laufener Hütte www.alpenverein-laufen.de, Karalm +43 (0)6243 2985

Variante: Ein wesentlich leichter erreichbarer Gipfel ist der Edelweißkogel (2 030 m). Diesen erwandert man auf markiertem Steig von der Laufener Hütte südostwärts (400 Höhenmeter und rund 1 Stunde).

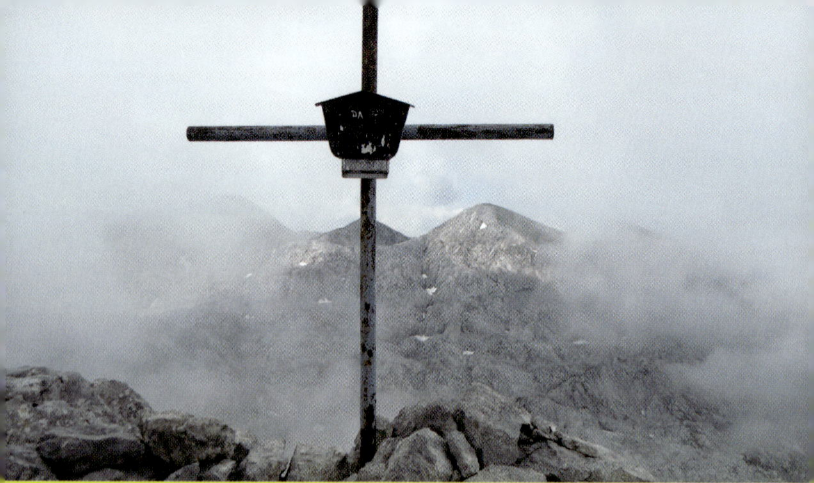

32 Knallstein 2 233 m

Scheffau
Tennengebirge

„Zuckerhut des Tennengebirges“ hat der legendäre Kletterer Albert Precht den Knallstein einst genannt. Tatsächlich steht der Knallstein, dem Zuckerhut ähnlich, ziemlich gerade am Rand der Karsthochfläche. Wie fast alle Touren im Norden des Tennengebirges kommt man hier auf gewaltig viele Höhenmeter, was dem Einsamkeitsfaktor ziemlich gut tut.

Anforderung: T4. I. Anspruchsvolle Bergtour. Trittsicherheit. 1 700 Höhenmeter, 4,5 Stunden Anstieg.

Ausrüstung: Wanderausrüstung.

Ausgangspunkt/Anfahrt: Parkplatz bei den Fischteichen in Unterscheffau direkt an der B 162.

Route: Vom Parkplatz nach Süden über die Lammer und gleich auf der Straße nach links (Osten) bis zu einer scharfen Kehre und auf der Almstraße zur Infangalm (653 m). Von der Alm auf einem etwas ausgewaschenen Steig nach Südosten („Infang“) zu einer Forststraße, bis man südlich der Schönalm auf den von Oberscheffau heraufziehenden alternativen Anstieg trifft. Nun in vielen Kehren nach Süden steil bergauf zur Schatzlhütte (ehemalige Selbstversorgerhütte

Das Gipfelkreuz auf dem Knallstein, dahinter im Nebel die Wieselsteine.

der Naturfreunde) und weiter auf den Knallboden mit seinen duftenden Schnittlauchwiesen. Dann wird der Weg langsam felsiger und es geht in leichter Kletterei über die Knallplatte zu einer Weggabelung. Von hier in einem Linksbogen auf den zuletzt etwas luftigeren Knallstein. Abstieg wie Anstieg.

Einkehr: Gasthof Lammerklause www.lammerklause.at

Variante: Typische Karstwanderungen sind die Übergänge zum Leopold-Happisch-Haus (1 925 m). Man folgt entweder direkt in der Verlängerung des Nordgrates dem Steig nach Süden und gelangt so direkt zum Happisch-Haus oder man steigt ein Stück Richtung Knallsteinplatte ab und geht beim Wegweiser nach Westen an Dolinen (Vorsicht bei Nebel!) vorbei bis zur nächsten Wegteilung. Hier um den Nördlichen Wieselstein herum auf den Mittleren Wieselstein (2 300 m, Kreuz) und weiter nach Süden auf dem markierten Steig zur offenen Selbstversorger-Hütte (T3, 1,5 bis 2 Stunden www.salzburg.naturfreunde.at).

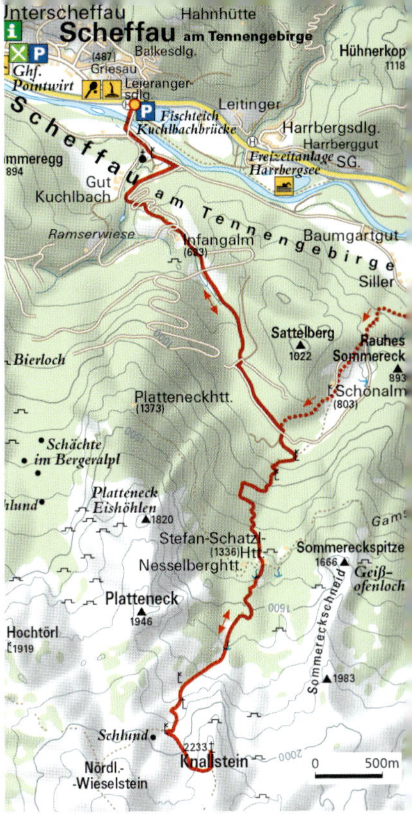

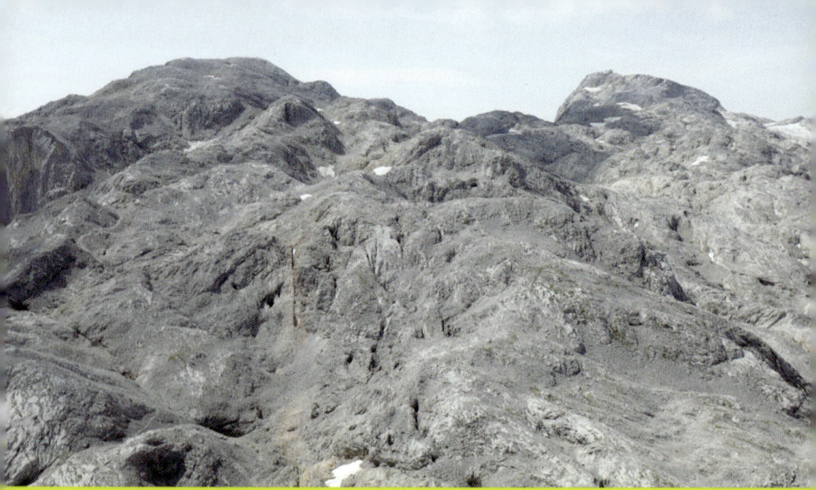

33 Hochkönig 2 941 m

Mühlbach
Hochkönig

Der höchste der Berchtesgadener Alpen auf seinem langen Normalweg oder über einen selten begangenen Geheimtipp.

Anforderung: T3. Konditionell anspruchsvolle Bergwanderung. Trittsicherheit. 1 650 Höhenmeter, 5 Stunden Anstieg.

Ausrüstung: Wanderausrüstung.

Ausgangspunkt/Anfahrt: Parkplatz Arthurhaus (1 502 m, gebührenpflichtig). Zufahrt von Mühlbach/Hochkönig über die Mandlwandstraße.

Route: Vom Arthurhaus auf dem gemütlichen Fahrweg nach Nordosten zur ebenfalls gemütlichen Mitterfeldalm. Dann nach Nordwesten die Schuttfelder unter der Schneeklamm querend in das Ochsenkar und hinauf zur Torsäule. Ab hier wird das Gelände etwas holpriger und es geht nach Westen in die Schrammbachscharte. Der Weiterweg war einst ein ziemlich ebener Gletscherspazierweg, heute ist das Eis weitgehend geschmolzen und man muss über viele – teils auch scharfe – Steine bergauf-bergab bis zum Gipfelaufbau gehen. Bei einem Wegweiser

Hochkönig: Die Übergossene Alm ist längst „Schnee von gestern".

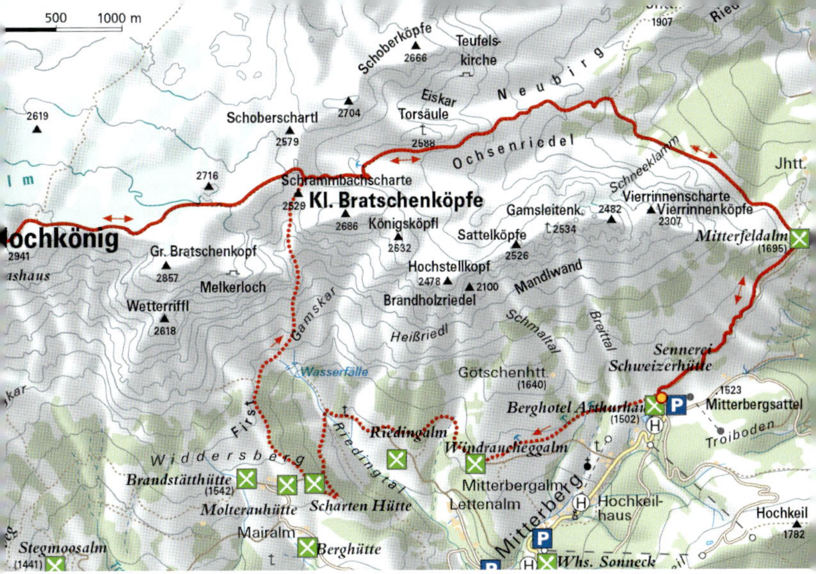

mündet der Ostpreußen-Anstieg in den Normalweg und in wenigen Minuten ist man beim Matrashaus.

Einkehr: www.arthurhaus.at, www.mitterfeldalm.at, www.matrashaus.at

Variante: Eine spannende Variante ist der Direktanstieg in die Schrammbachscharte (2 529 m). Vom Arthurhaus auf dem Wanderweg nach Westen bis zur Widdersbergalm, dann an der Kante des Firstes nach Norden. Man folgt nun noch kurz dem nicht markierten Mandlwandsteig (vulgo „Schaflsteig"), geht aber bei der ersten Teilung nach links eine grasige Rampe hinauf. Nun in der Falllinie die Schlucht hinauf. Der erste Felsriegel wird links über etwas beschädigte (!) Drahtseile überwunden, es folgt ein Schuttfeld, der nächste Felsriegel wird (ohne Seile) ebenfalls linkshaltend überwunden (II., Bohrhaken als Orientierungspunkte). Danach über Schutt und leichte Kletterstellen in die Schrambachscharte. Von hier etwas mehr als 1 Stunde zum Gipfel. Abstieg über die Normalroute. (T6. C. II. Alpine Tour, nur für versierte Alpinisten. 1 700 Höhenmeter, 5 Stunden Anstieg. Helm, Kletterhandschuhe. Bei Altschnee sehr gefährlich – Steigeisen!).

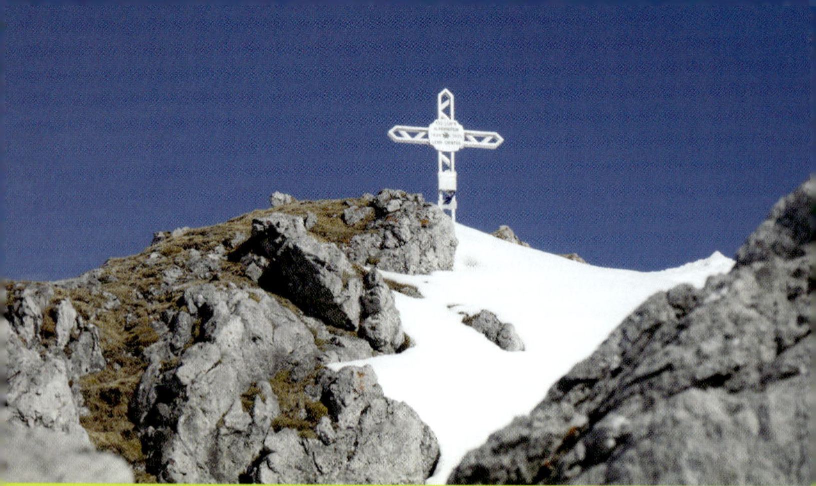

34 Lausköpfe 2 190 m

Dienten
Hochkönig

Dass es die Lausköpfe in ein Buch mit „großen“ Gipfelzielen geschafft haben, mag angesichts gleich mehrerer, deutlich höherer prominenter Nachbarn verwundern. Aber schon auf den zweiten Blick ist die Sache gar nicht mehr so ungewöhnlich: Dieser südwestliche Vorposten des Hochkönigstockes ist ein hervorragender Aussichtspunkt und durch seine Südlage bis weit in den Herbst hinein ein begehrtes Ziel.

Anforderung: T3. Anspruchsvolle Bergwanderung, Trittsicherheit und Schwindelfreiheit. 950 Höhenmeter, 2,5 Stunden Anstieg. Bei Nässe oder Schnee gefährlich.

Ausrüstung: Wanderausrüstung.

Ausgangspunkt/Anfahrt: Rohrmooskapelle an der Straße über den Filzensattel Dienten–Maria Alm.

Route: Von der Kapelle nach Südosten hinauf auf die Asphaltstraße, die zum Gehöft Rohrmoos führt. Entlang dieser Straße weiter nach Norden und über einen Graben hinauf zur Mittereggalm. Man bleibt auf der Straße Richtung Pichlalm, bis kurz vor der Alm nach rechts (Nordost) der Steig zu den Lausköpfen abzweigt. Diesem folgend in einem weiten Bogen

Hell strahlt das Gipfelkreuz auf dem Westlichen Lauskopf.

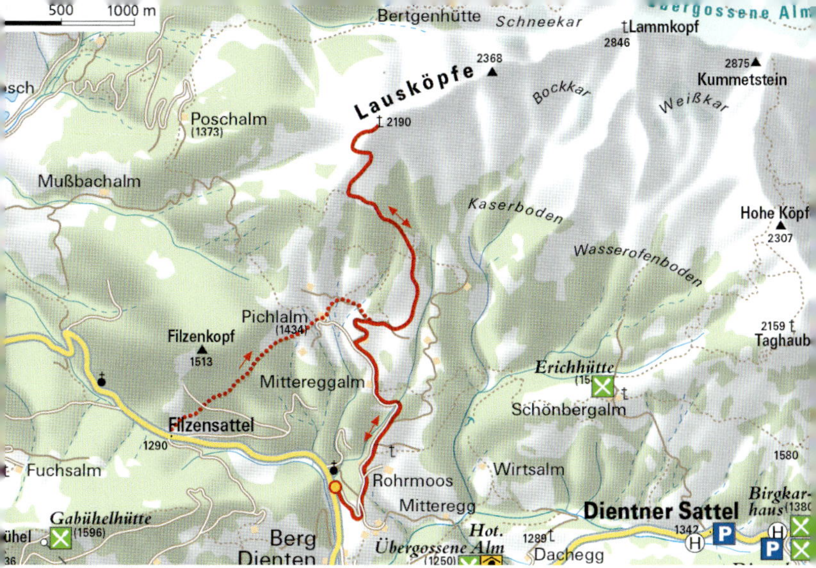

über die Almwiesen (Markierung schlecht sichtbar) in die Latschenzone. Hier auf dem Weg zwei kleine Bachgräben überqueren und einen steilen Hang hinauf in einen Sattel. Jetzt muss man genauer steigen, der Weg führt nach Norden steil hinauf, man quert die Rasenhänge rechts aufwärts, einige schrofige und sandige Stellen, dann in weitem Bogen auf den Ersten Kopf. Weiter nach Nordosten unterhalb der Gratschneide über steile Schrofen zum Mittleren Kopf mit dem Kreuz, der Dritte Lauskopf wird von hier über Schrofen und steile Wiesenstücke erstiegen. Abstieg wie Anstieg.

Einkehr: Pichlalm pichlhof-hinterthal.members.cablelink.at

Variante: Zur Pichlalm kommt man auch einfach vom Filzensattel (1 290 m) über einen guten Wanderweg.

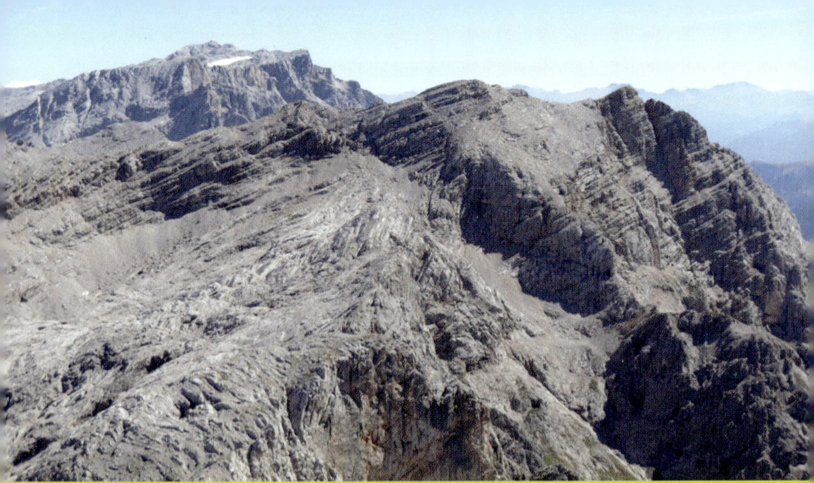

35 Selbhorn 2 655 m

Maria Alm
Steinernes Meer

Zwei Meter ist das eher unbekannte Selbhorn höher als die prominente und formschönere Schönfeldspitze (Tour 36). Damit ist der Berg mit den zwei Gipfeln die höchste Erhebung im Steinernen Meer. Mit dem Direktanstieg (Variante) und dem Abstieg über den Normalweg ergibt sich auch eine schöne Rundtour.

Anforderung: T5. Anspruchsvolle Tour, kurz II. 1 800 Höhenmeter und 5 Stunden im Anstieg. Nur bei guter Sicht, nicht bei Nebel. Südseitig: Genug Wasser mitnehmen.

Ausrüstung: Wanderausrüstung. Im Frühsommer Steigeisen und Pickel.

Ausgangspunkt/Anfahrt: Krallerwinkel – Rohrmoos (899 m). Zufahrt über Maria Alm.

Route: Vom Krallerwinkel über den Bach, dann entlang der Sommermarkierung über die Kasereggkapelle hinauf zur Freithofalm (1 555 m). Durch das Kar geht es in die Buchauer-Scharte (2 269 m). Von der Scharte nach Osten die Mandlköpfe entlang. Man erreicht so den Weg Nr. 427, der von Norden zur Luegscharte (2 451 m) führt. Von der Luegscharte (Wegweiser) über einen Schotterhang auf Süd drehend zu den Felsen

Das Selbhorn ist ein Doppelgipfel. Im Hintergrund grüßt der Hochkönig.

und über ein Band (I) hinauf. Zuletzt über Felsstufen auf den Gipfel. Wer zum Südgipfel (2 642 m) will, klettert kurz nach Süden ab (II) und folgt dem Verbindungsgrat. Abstieg wie Anstieg.

Einkehr: Bachwirt in Maria Alm www.bachwirt.com

Variante: Ein ebenfalls sehr lohnender Anstieg führt vom Krallerwinkel direkt in die Luegscharte. Vom Krallerwinkel über den Almsteig nach Nordosten zur Lechneralm und am rechten oberen Rand des Almgebietes weiter in den Wald. Dann über Latschengelände auf die Kuppe des Braggsteins (1 827 m) und an einer Jagdhütte vorbei zum Felsaufbau des Selbhornes. Hier teilt sich der Weg, wir halten uns links (Nordwesten). Man quert nun auf unangenehm schuttbedeckten Platten (Vorsicht bei Altschnee) hinüber zu Punkt 2 362 m. (Bei zirka 2 200 m zweigt der Herzogsteig ab – dieser Klettersteig wird mit C/D bewertet und ist für Ungeübte problematisch, da hier neben Stahlseilen auch Statikseile zum Einsatz kommen). Hinter der Rippe auf Punkt 2 362 m

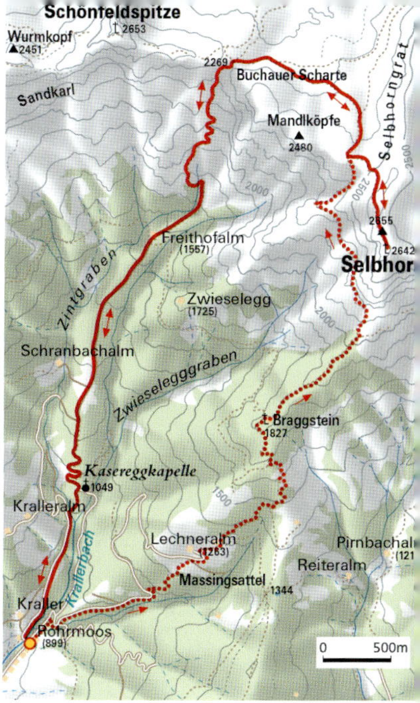

durch eine Mulde in die Luegscharte hinauf. Weiter wie oben. Abstieg über die Buchauer-Scharte empfohlen. (T5, Zeit und Höhenmeter wie oben.)

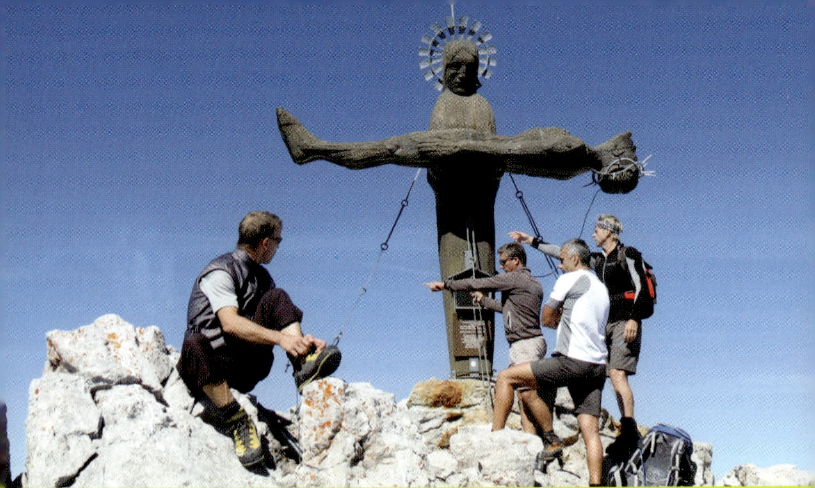

36 Schönfeldspitze 2 653 m

Maria Alm
Steinernes Meer

Zwar nicht der höchste, aber wohl der Klassiker im Steinernen Meer schlechthin: Die Schönfeldspitze. Im Prinzip gibt es zwei Normalwege auf den weithin sichtbaren und markanten Kalkzacken, beide in der Anforderung aber doch etwas unterschiedlich.

Anforderung: T4. Anspruchsvolle Tour, 1750 Höhenmeter und 4,5 Stunden im Anstieg.

Ausrüstung: Wanderausrüstung.

Ausgangspunkt/Anfahrt: Krallerwinkel – Rohrmoos (899 m). Zufahrt über Maria Alm.

Route: Vom Krallerwinkel über den Bach, dann entlang der Sommermarkierung über die Kasereggkapelle hinauf zur Freithofalm (1557 m). Durch das Kar geht es in die Buchauer Scharte (2269 m). Ab hier wird das Gelände alpiner und man steigt entlang des Grates nach Westen zur Einmündung des Weges, der vom Riemannhaus heraufkommt. Dahinter über Stufen und Schrofen steil auf den Gipfel. Abstieg wie Anstieg.

Einkehr: Bachwirt in Maria Alm www.bachwirt.com

Die markante Pieta von Anton Thuswaldner steht auf dem Gipfel der Schönfeldspitze.

Variante: Von Maria Alm zum Parkplatz in die Stablerau (1108 m). Dann geht es den Wirtschaftsweg entlang zur Materialseilbahn und seilgesichert über viele Kehren hinauf zum Riemannhaus. Nun weiter nach Osten, das Gelände wird zusehends schwieriger. Zuletzt sehr ausgesetzt über ein erdiges Band durch die Südflanke (nicht bei Nässe!) und bei einigen künstlichen Griffen und Tritten – quasi ums Eck – auf den Normalweg von der Buchauer Scharte herauf und zum Gipfel (T5. Stellen I, Schwindelfreiheit erforderlich. 1700 Höhenmeter, 5 Stunden Anstieg; Kletterhandschuhe angenehm). Abstieg wie Anstieg oder in die Buchauer Scharte und dann nach Norden. Bei der nächsten Wegverzweigung (Wegweiser) westwärts und am Weitwanderweg 01 um die Schönfeldspitze herum durch das Karstgelände zum Riemannhaus (nur bei guter Sicht zu empfehlen).

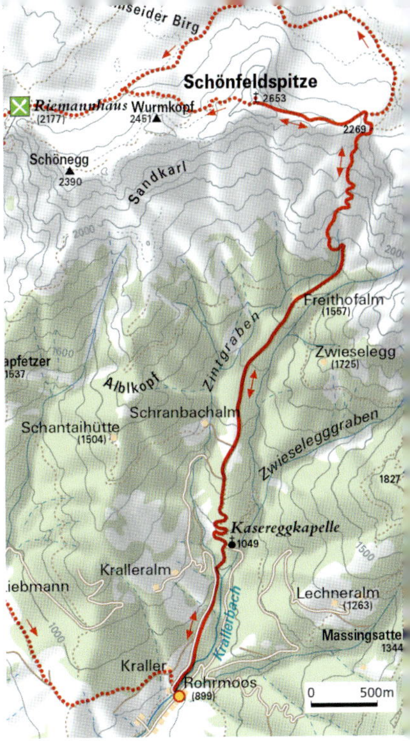

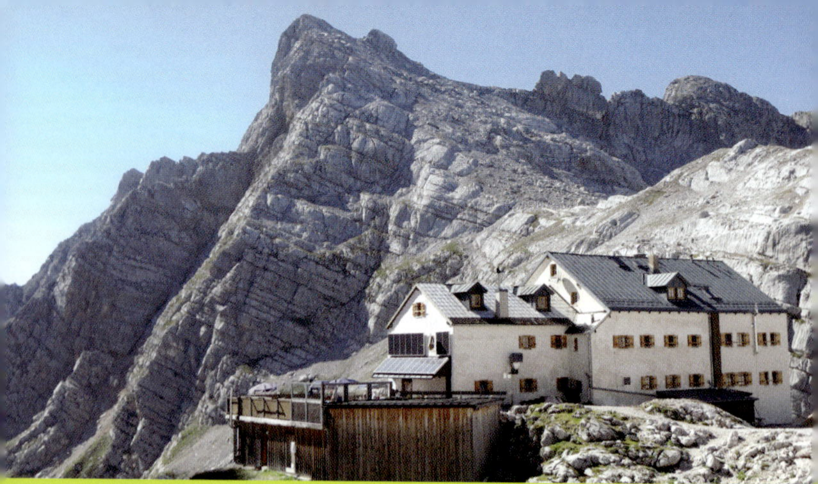

37 Breithorn 2 504 m

Maria Alm
Steinernes Meer

„Breithörner" gibt es wahrlich viele. Dieses hier ist der klassische Bergwanderberg im Steinernen Meer – also auch gut besucht. Tipp: Am besten wochentags und nicht zur Hauptferienzeit.

Anforderung: T3. Ein Grundmaß an Trittsicherheit und Schwindelfreiheit erforderlich. 1 350 Höhenmeter und 3,5 Stunden Anstieg.

Ausrüstung: Wanderausrüstung.

Ausgangspunkt/Anfahrt: Von Maria Alm zum Parkplatz in der Stablerau (1 108 m).

Route: Von der Stablerau nordwärts entlang der Straße zur Talstation der Materialseilbahn. Nun folgt man dem gut hergerichteten, mit vielen Stahlseilen versicherten Hüttenzustieg und überwindet so einige Felsabbrüche, bevor man über die Ramseider Scharte zum Riemannhaus (2 177 m) kommt. Hinter dem Riemannhaus nach Nordwesten Richtung Ingolstädter Haus bis zur Abzweigung, hier links (Südwesten) und über die Nordostflanke einfach über Felsbänder und Stufen auf den Gipfel. Abstieg wie Anstieg.

Das Riemannhaus mit dem massigen Breithorn im Hintergrund.

Einkehr: www.dav-ingolstadt.de/riemannhaus

Variante: Ein ganz anderes Kaliber ist der Breithorn-Südanstieg: Auf der Straße Richtung Riemannhaus bis zur Kehre auf 1 500 Meter (Wegweiser). Hier nach Nordwesten durch einen Graben bis zu einem Wegweiser (AV-Punkt 1 598 m). Nun nach Norden zum Wandfuß ansteigen. Der Einstieg in die Kletterroute ist der AV-Punkt 1 887 m. Nun folgen 600 Höhenmeter Kraxelei. Die Route ist gut markiert und kaum zu verfehlen (Markierungen nur im Aufstieg sichtbar). Die Schlüsselstelle – die Scharte zwischen Vor- und Hauptgipfel – erfordert Abseilen über eine rund 20 Meter hohe Stelle. Da die Tour meist seilfrei begangen wird, hat sich eine Umgehungsvariante durchgesetzt. Unmittelbar vor dem Steilaufschwung auf den Vorgipfel weist ein Pfeil nach Westen (links) zur leichteren Route. Hier geht es über schottrige Bänder steil hinunter, bis man aus der Scharte wieder leichter auf den Hauptgipfel aufsteigen kann. Abstieg: Vom Gipfel auf dem Normalweg. (T6. Sehr anspruchsvolle Tour

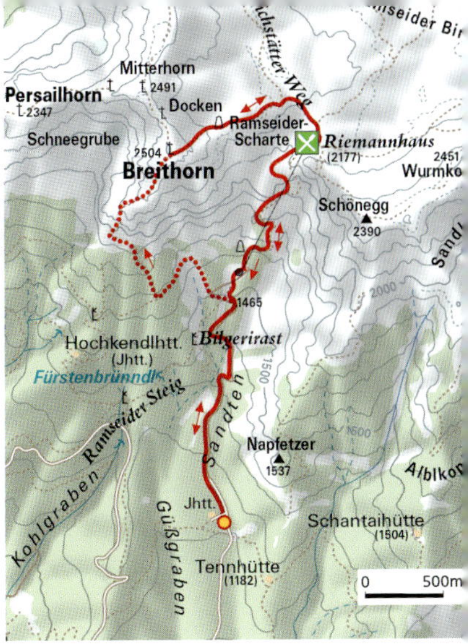

mit langen, ausgesetzten Kletterpassagen im I. und II. Grad. Kurz auch III. Nur für sehr routinierte Alpinisten seilfrei zu begehen. 1 350 Höhenmeter und 4,5 Stunden Anstieg. Helm!)

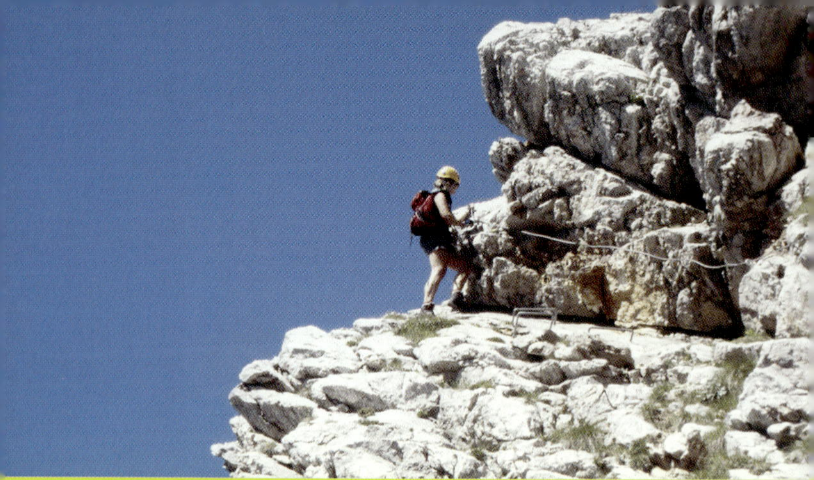

38 Persailhorn 2 347 m

Saalfelden
Steinernes Meer

Das Persailhorn – hoch über dem Saalfeldener Becken mit fantastischer Sicht – ist quasi der Hausberg von Saalfelden. Es kann aus dem Tal über zwei Klettersteige erreicht werden; der „alte Weg“ ist wegen enormer Steinschlaggefahr gesperrt.

Anforderung: T5. B. I. Mäßig schwieriger Klettersteig, teilweise aber luftig. 1 500 Höhenmeter, 4 Stunden Anstieg.

Ausrüstung: Wanderausrüstung, Kletterhandschuhe, Helm, Klettersteigset.

Ausgangspunkt/Anfahrt: Ortsteil Bachwinkl in Saalfelden. Abzweigung von der Bundesstraße am nördlichen Ortsende von Saalfelden.

Route: Von Bachwinkl in Kehren nordwärts die bewaldeten Hänge des Kienbergs hinauf, bei der Weggabelung rechts haltend zur Peter-Wiechenthaler-Hütte (1 707 m). Hinter der Hütte geht es den vom Persailhorn herabziehenden Rücken hinauf zu einem Wegweiser. Der rechte Ast führt zum Südwandsteig, der vielfach auch ungesichert begangen wird. Der Südwandsteig wartet mit einigen luftigen Querungen und Leitern auf, außerdem muss man um das eine oder andere

Der Südwand-Klettersteig ist der einfachste Anstieg auf das Persailhorn.

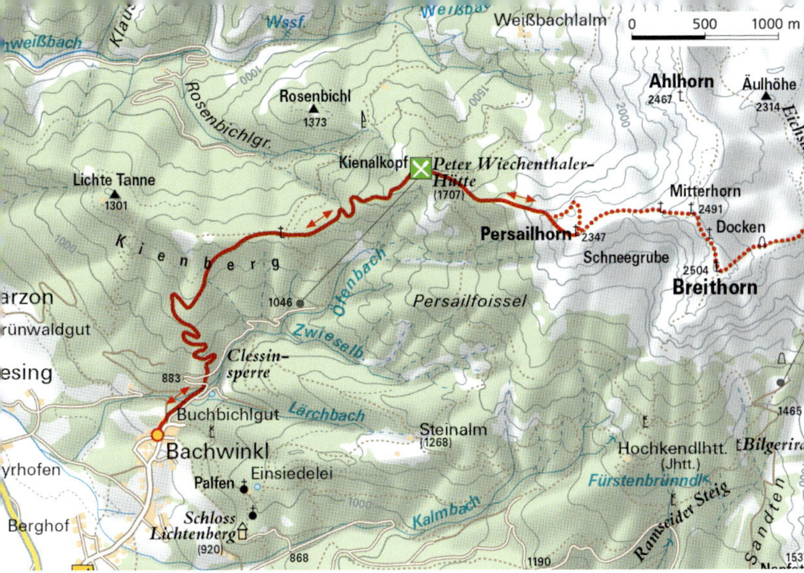

Felseck herumturnen. Oben angelangt trifft man auf den Ausstieg des Wildental-Klettersteiges und hat noch kurz ein paar Drahtseile und einige luftige Schritte auf dem Grat hinauf zur Gipfelmadonna. Abstieg wie Anstieg.

Einkehr:
www.wiechenthaler-huette.at

Variante 1: Vielfach wird das Persailhorn als Klettersteigrunde gegangen. Von der Wegteilung vor dem Gipfelaufbau (Wegweiser) nach links kommt man bei einem Absatz zum Beginn der Drahtseile des Wildentalklettersteiges. Anseilplatz. Der Wildentalsteig (knapp 300 Höhenmeter) hat drei mit B/C bewertete Stellen. Nach der Vereinigung der beiden Steige weiter wie oben. Abstieg über den Südwandsteig.

Variante 2: Übergang zum Breithorn (Tour 37) auf dem Saalfeldener Höhenweg. Dieser hochalpine Steig führt ausgesetzt und nur wenig seilgesichert über das Mitterhorn (2 491 m) an den Grattürmen der Drei Docken vorbei in etwa immer entlang des Verbindungskamms Persailhorn-Breithorn (T5, 400 Höhenmeter und 2 Stunden vom Persailhorn).

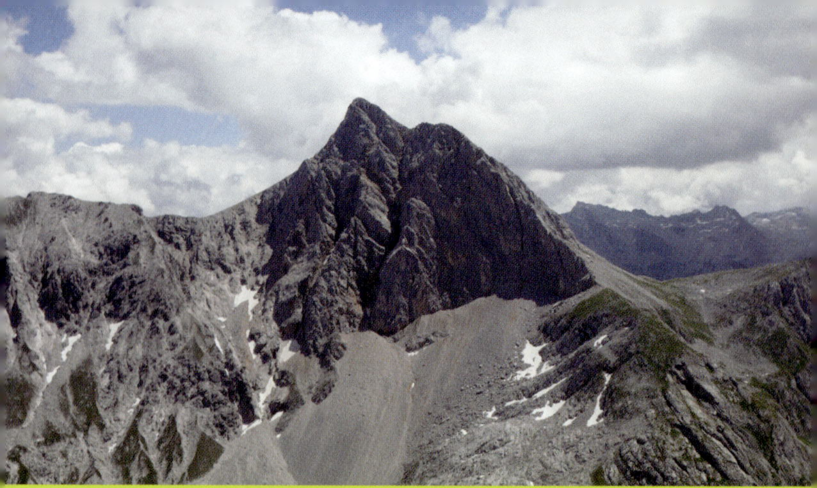

39 Großer Hundstod 2 594 m

Weißbach bei Lofer
Steinernes Meer

Der Große Hundstod ist ein markanter Grenzberg zwischen Bayern und Salzburg im westlichen Teil des Steinernen Meeres. Der ungewöhnliche Name rührt übrigens von der Watzmannsage her. Hier sollen die Bluthunde des grausamen Königs Waze zu Tode gekommen sein, nachdem die Herrscherfamilie in Stein (der heutige Watzmann) verwandelt worden war.

Anforderung: T3. Mittelschwere, aber sehr lange Tour, eventuell mit Übernachtung. 1 750 Höhenmeter und 6 Stunden Anstieg.

Ausrüstung: Wanderausrüstung.

Ausgangspunkt/Anfahrt: Parkplatz Pürzlbach (1 060 m, gebührenpflichtig). Auffahrt von Weißbach bei Lofer.

Route: Auf der Almstraße hinauf zur Kallbrunnalm (Wegweiser), bei der Straßenverzweigung nahe des Scheitelpunktes nach rechts und weiter über die Staumauer (1 417 m) des Dießbachsees. Der Weg führt nun am Südufer in leichtem Bergauf-Bergab zur Materialseilbahn und durch Latschen und einige Schuttfelder unter den Wänden des Kleinen

Der Hundstod gleicht einem spitzen Eckzahn.

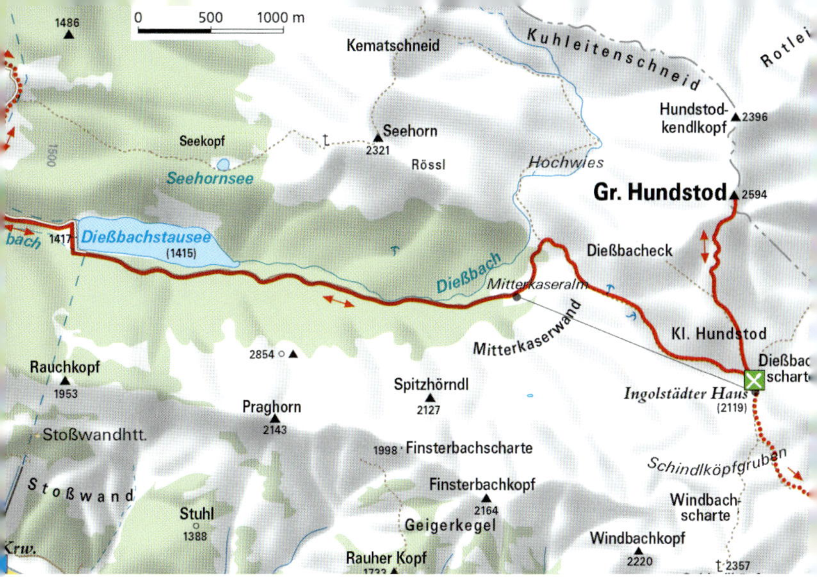

Hundstods hindurch hinauf zum Ingoldstädter Haus (2 119 m). Bis hierher muss man an die 4 Stunden Anstieg rechnen. Vom Haus nach Norden über karstiges Gelände in einen Sattel nördlich des Kleinen Hundstods und über die ziemlich steile Flanke nordwärts auf den Gipfel. Abstieg wie Anstieg.

Einkehr: www.dav-ingolstadt.de/ingolstaedter-haus, Käsehütte www.naturpark-weissbach.at/kallbrunnalm

Variante 1: Vom Parkplatz (gebührenpflichtig) Waltlmühlsäge (980 m) – Zufahrt von Weißbach bei Lofer auf der Hirschbichlstraße bis zum Fahrverbot – mit dem Mountainbike bis zum Dießbachsee (ab hier Fahrverbot) und zu Fuß weiter wie oben.

Variante 2: Ein besonders lohnender Zustieg zum Ingolstädter Haus ist der Übergang vom Riemannhaus über den Eichstätter Weg. Er führt durch die karstige Hochfläche des Steinernen Meeres. Der höchste Punkt ist die Aulhöhe mit 2 309 Meter. Anstieg Riemannhaus siehe Tour 37. (Übergang von Hütte zu Hütte T2, 3 Stunden, mit Hundstod Übernachtung empfohlen).

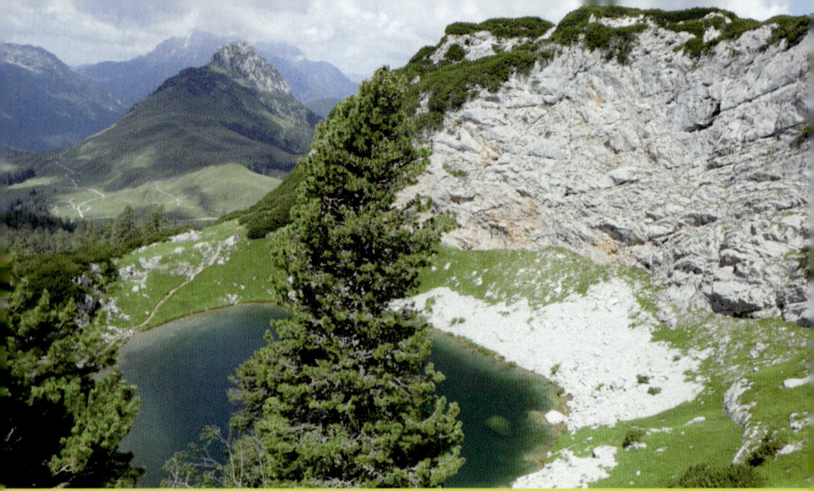

40 Seehorn 2 321 m

Weißbach bei Lofer
Hochkaltergebirge

Die Tour auf das Seehorn führt in das Herz der Berchtesgadener Alpen und mitten in die großartige Szenerie berühmter Nachbarn.

Anforderung: T2. Technisch einfache, aber konditionell anspruchsvolle Bergwanderung. Trittsicherheit notwendig. Anstieg 1 350 Höhenmeter, 4,5 Stunden.

Ausrüstung: Wanderausrüstung.

Ausgangspunkt/Anfahrt: Parkplatz (gebührenpflichtig) Waltlmühlsäge (980 m). Zufahrt von Weißbach bei Lofer auf der Hirschbichlstraße bis zum Fahrverbot.

Route: Vom Parkplatz wenige Schritte auf der Straße retour zur Abzweigung Baustadl (1 005 m). Dann auf der Almstraße hinauf bis auf den Scheitelpunkt auf der Kallbrunnalm (Wegweiser). Hier beginnt der Steig auf das Seehorn führt durch Karstgelände (lichter Wald, Latschen) nach Osten hinauf zum See, dann durch eine kurze Felsrinne auf die freie Gipfelflanke und zum Kreuz. Abstieg wie Anstieg.

Einkehr: Käsehütte www.naturpark-weissbach.at/kallbrunnalm

Der namensgebende See beim Aufstieg zum Seehorn.

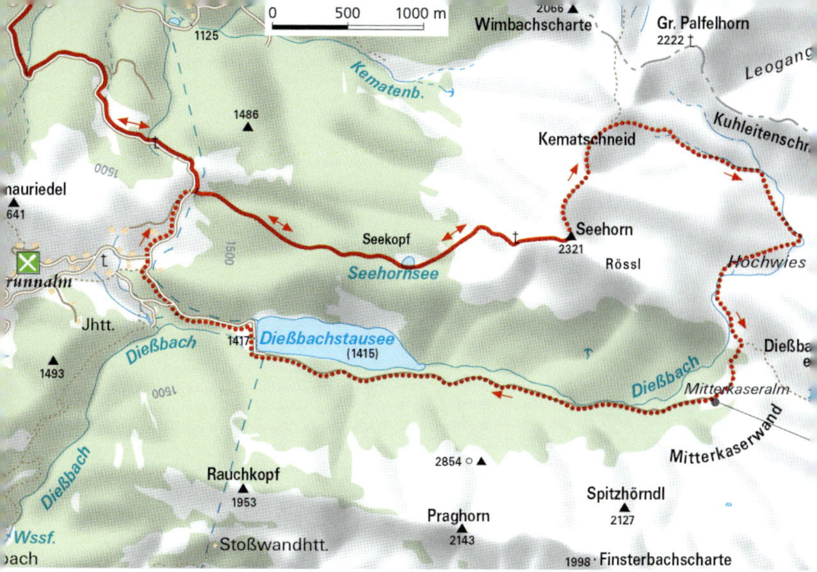

Variante 1: Sehr empfehlenswert ist der Abstieg über die Hochwies. Vom Kreuz nach Norden die Kematschneid entlang bis zum Wegweiser (2 163 m). Hier nach Osten zur schön gelegenen Gamsweide „Hochwies" absteigen. Der Steig verläuft etwas ruppig über zerklüftetes Karstgestein, am besten hält man sich entlang des Baches und quert erst kurz vor der kleinen Steilstufe auf den markierten Weg nach rechts (orographisch) aus. Von der Hochwies führt der Steig an Wasserfällen vorbei zur Abzweigung „Ingolstädter Haus" (1 725 m) und zur Mitterkaseralm (Materialseilbahn). Bergauf-bergab folgt man dem Fahrweg entlang des Südufers des Dießbachsees, quert die Staumauer und gelangt wieder auf die Kallbrunnalm. An der Käsehütte vorbei nach Norden zur Abzweigung „Seehorn" und am Anstiegsweg retour. (Gesamtrunde: 1 500 Höhenmeter, 9 Stunden).

Variante 2: An- und Abstieg vom Parkplatz Waltlmühlsäge zur Kallbrunnalm sind ziemliche Hatscher. Ein Mountainbike spart gut zwei Stunden. Die Route ist für MTB-Touren ausgeschildert. Bei der Abzweigung des Steiges zum Seehorn muss man die Bikes im Wald möglichst „kuhsicher" deponieren.

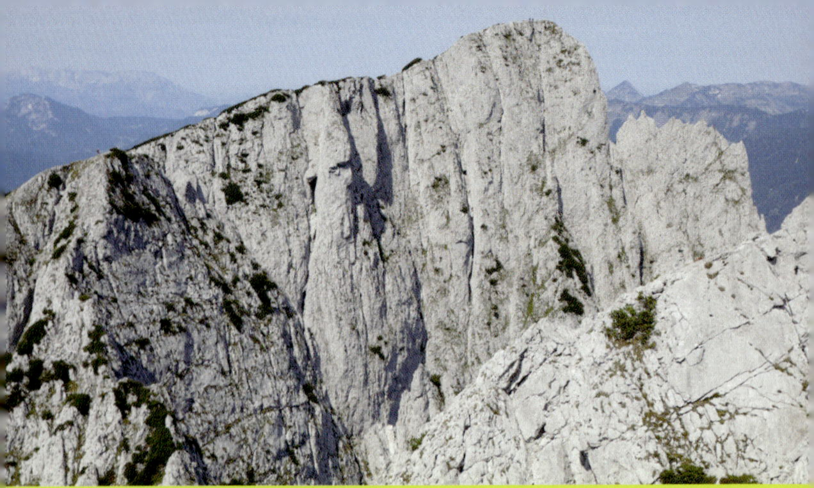

41 Donnerkogel 2 054 m

Gosau
Gosaukamm

Der Große Donnerkogel ist der westlichste Zacken im Hahnenkamm des Gosaukammes. Im Vergleich zu vielen anderen Gipfeln hier ist er eher einfach zu besteigen. Bei Nässe sollte man das Gelände aber nicht unterschätzen.

Anforderung: T3. Trittsicherheit und Schwindelfreiheit erforderlich. 600 Höhenmeter, 1,5 Stunden.

Ausrüstung: Wanderausrüstung.

Ausgangspunkt/Anfahrt: Bergstation Donnerkogelbahn. Von Gosau zum Vorderen Gosausee, dann Auffahrt mit der Seilbahn (www.dachsteinwest.at).

Route: Von der Bergstation auf dem Wanderweg an der Gablonzer Hütte vorbei hinauf in den Törlecksattel (1 618 m). Dann kurz am Austriaweg absteigen bis zu einer Wegteilung (Wegweiser). Hier links haltend anfangs durch Gebüsch und Latschen die Hänge des Kleinen Donnerkogels queren, dann dreht der Steig auf Ost und man steigt über Karren, Geröll und Felsstufen (teilweise ist der Steig hier ziemlich ruppig, kurz auch Absturzgelände) hinauf auf die Gipfelflanke, an der Abzweigung zum Strichkogel vorbei zum Kreuz. Abstieg wie Anstieg.

Der Große Donnerkogel vom Strichkogel aus gesehen.

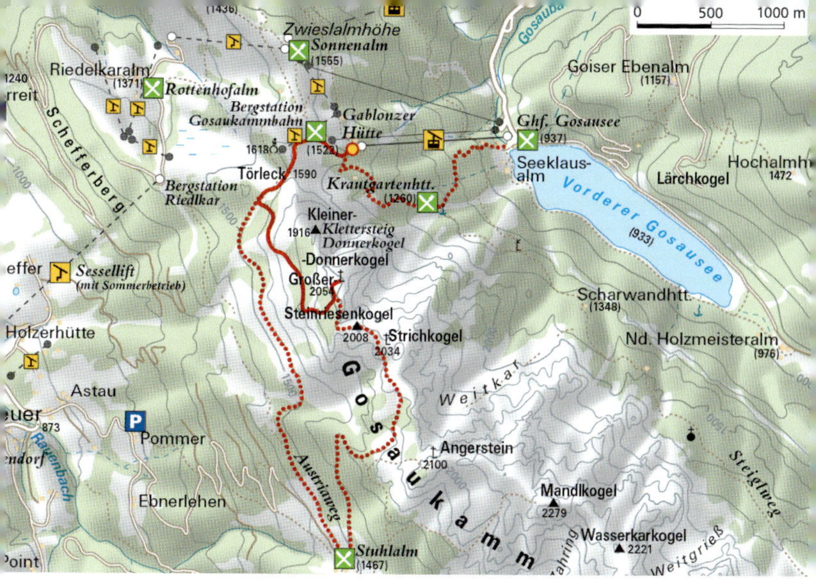

Einkehr: www.gablonzerhuette.at

Variante 1: Ohne Seilbahnunterstützung geht man vom Vorderen Gosausee über die Krautgartenhütte (1 260 m) hinauf zur Gablonzer Hütte (600 Höhenmeter, 1,5 Stunden).

Variante 2: Spannend ist der Anstieg von Süden: Vom Pommer-Bauern (Zufahrt von Annaberg bei der Abzweigung nach Astau) hinauf zur Stuhlalm (1 462 m) und auf dem markierten Steig Nr. 631 zur Strichkogelscharte (1 940 m, Warntafel). Nun eine steile Schlucht hinunter und in mäßiger Kletterei auf den Südgrat des Steinriesenkogels. Hier klettert man ziemlich ausgesetzt (bis II, Schlüsselstelle) hinauf und gelangt so auf den Steinriesenkogel (2 008 m). Der Abstieg leitet in die Scharte zwischen Steinriesen- und Donnerkogel oberhalb der Goasriesen. Der Aufschwung hinauf zum Donnerkogel-Normalweg verlangt wieder Klettergeschick (seilversichert). Am oberen Ende des Hengstfeldes trifft man auf den Normalweg. Abstieg wie oben zum Austriaweg und auf diesem retour nach Süden zur Stuhlalm (www.stuhlalm.at). (T4, II, A/B. Anspruchsvolle Bergtour. Mit Gegenanstiegen rund 1 150 Höhenmeter. Gesamtgehzeit: 6 Stunden. Kletterhandschuhe.)

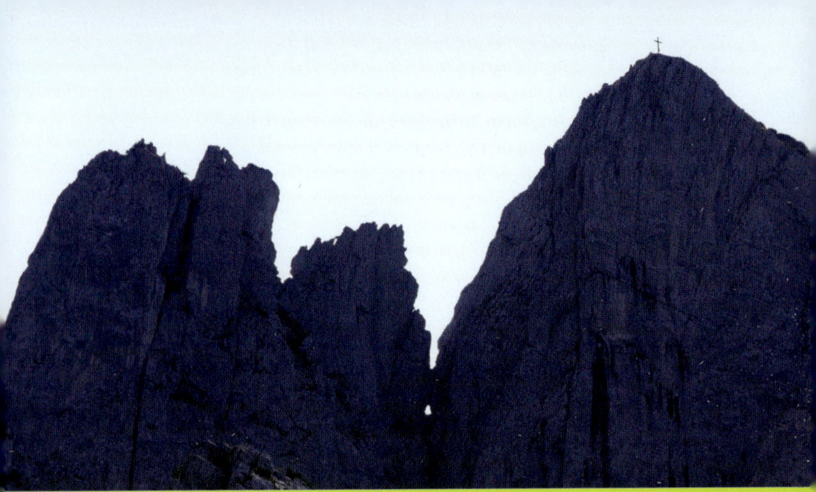

42 Angerstein 2 100 m

Annaberg
Gosaukamm

Der Angerstein gehört zu den prägenden Zacken im Hahnenkamm des Gosaukammes. Obwohl nicht ganz einfach zu besteigen, gehört er zu den „wanderbaren" Gipfeln.

Anforderung: T4. I. Anspruchsvolle Bergtour. 1 100 Höhenmeter und 3 Stunden Anstieg. Bei Vereisung sehr gefährlich. Trittsicherheit und Schwindelfreiheit obligat.

Ausrüstung: Wanderausrüstung.

Ausgangspunkt/Anfahrt: Parkplatz Pommer (980 m), Zufahrt von Annaberg Richtung Astau.

Route: Vom Pommer-Parkplatz gemütlich entlang der Almstraße hinauf zur Stuhlalm (1 467 m). Die Abkürzungen sind empfehlenswert, das letzte Stück (vorletzte Kehre, Wegweiser) geht man idealerweise den Wanderweg hinauf. Hinter der Alm die Weiden bergan, bis man auf den markierten Weg trifft. Auf dem Weg durch die Latschenfelder an der Abzweigung zum Mandlkogel (Angersteinrinne) vorbei nach Norden. Unter den Felsen des Angersteins hindurch – hier trifft man auf die nicht markierte Zustiegsvariante vom Strichkogelsteig – und auf

Steile Wände und wilde Zacken prägen den Gosaukamm.

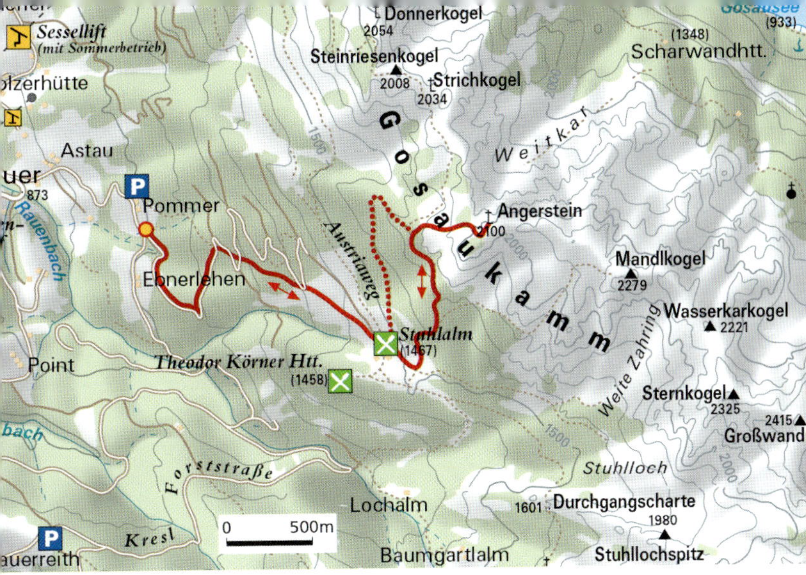

Ost drehend Richtung Große Weitscharte. Quasi aus der Scharte führt eine Steilrinne auf den Angerstein hinauf. Vorsicht, die Rinne ist nordseitig ausgerichtet, hier kann es im Herbst oft schon reifig oder gar eisig werden. Zum Hauptgipfel geht es dann sehr luftig eine kleine Scharte hinunter und steil hinauf zum Kreuz. Abstieg wie Anstieg.

Einkehr: www.stuhlalm.at, Theodor-Körner-Hütte www.koerner-huette.at

Variante: Eine andere Zustiegsvariante führt auf der Strichkogelroute von der Stuhlalm direkt nach Norden. Nach der ersten Kehre kommt man zu einem relativ freien Platz (1 700 m, hier dreht der Strichkogelsteig auf Ost). Von diesem freien Platz weist ein nicht markierter, aber gut ausgeschnittener Steig nach Südosten und man kommt so zu den Felsen des Angersteins. Weiter wie oben.

Variante 2: Gut kombinierbar mit Tour 43 auf den Mandlkogel.

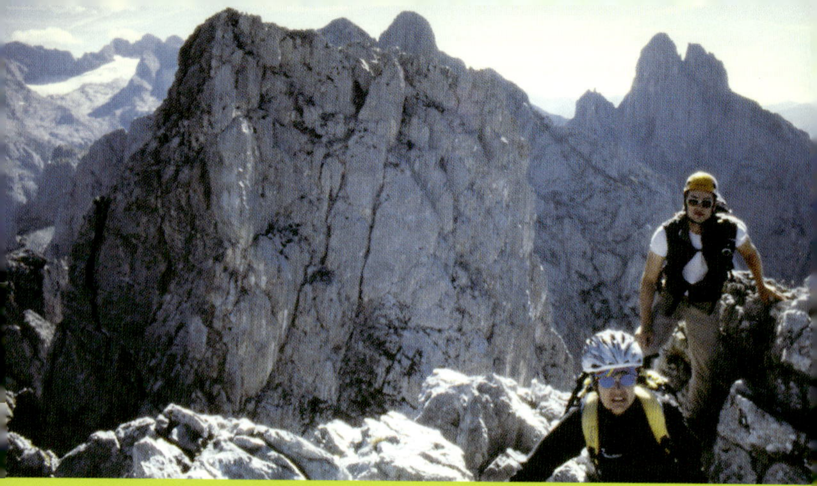

43 Mandlkogel 2 279 m

Annaberg
Gosaukamm

Die Tour auf den Mandlkogel vermittelt den besten Eindruck davon, was den Gosaukamm ausmacht: Sanfte Almen, darüber ein Latschengürtel und schließlich schuttgefüllte Kare, aus denen die wilden Zacken und Wände aufragen.

Anforderung: T4. I. Anspruchsvolle Bergtour. 1 300 Höhenmeter und 3,5 Stunden Anstieg. Trittsicherheit und Schwindelfreiheit obligat.

Ausrüstung: Wanderausrüstung.

Ausgangspunkt/Anfahrt: Parkplatz Pommer (980 m), Zufahrt von Annaberg Richtung Astau.

Route: Vom Pommer-Parkplatz gemütlich entlang der Almstraße hinauf zur Stuhlalm (1 467 m). Die Abkürzungen sind empfehlenswert, das letzte Stück (vorletzte Kehre, Wegweiser) geht man idealerweise den Wanderweg hinauf. Hinter der Alm die Weiden hinauf, bis man auf den markierten Weg trifft. Auf dem Weg durch die Latschenfelder zur Verzweigung (Angersteinrinne), hier weiter nach rechts (Osten). Der Steig führt unter den Felsen entlang, kurz geht es dann hinunter in die Gamsfeldklamm. Nun über

Mandlkogel im Herzen des Gosaukamms – links dahinter der Dachstein, rechts „die Mütze".

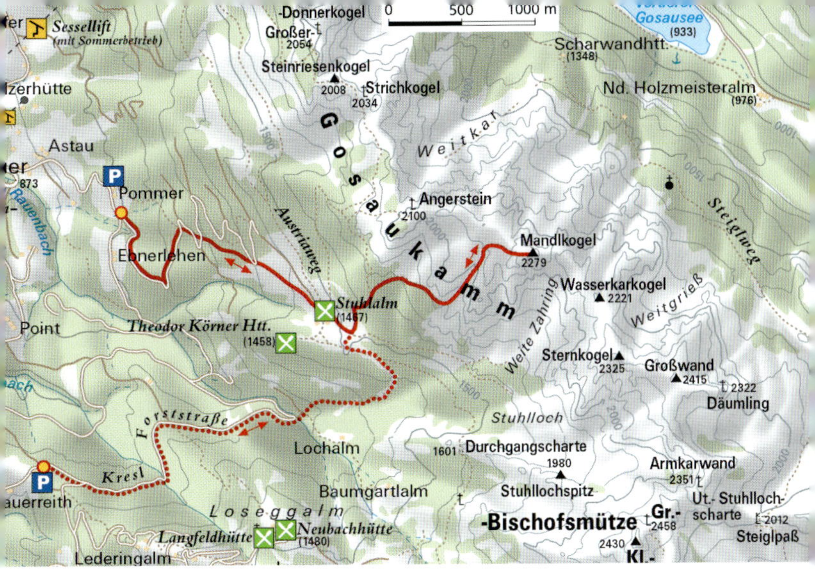

Schutt und leichte Felsstufen hinauf zu einer sehr steilen Wiese. Am oberen Ende des grünen Feldes wird es wieder felsig und man klettert (I) über einige Schrofen und Blöcke auf den Grat. Zuletzt ziemlich luftig auf dem Grat zum Gipfel. Abstieg wie Anstieg.

Einkehr: www.stuhlalm.at, Theodor-Körner-Hütte www.koerner-huette.at

Variante 1: Ein alternativer Zustieg führt von Mauerreith (1 126 m) entlang der Forst- und Almstraße nach Osten zur Lochalm. Kurz vor der Alm folgt man einem unmarkierten Steig unter das Stuhlloch, wo man dann auf den Austriaweg trifft. Diesem kurz nach Nordwesten hinauf zu den Wiesen oberhalb der Stuhlalm folgen, dann nach Norden abzweigen. Weiter wie oben. (T4. I. 1 150 Höhenmeter, 3,5 Stunden Anstieg).

Variante 2: Gut kombinierbar mit Tour 42 Angerstein.

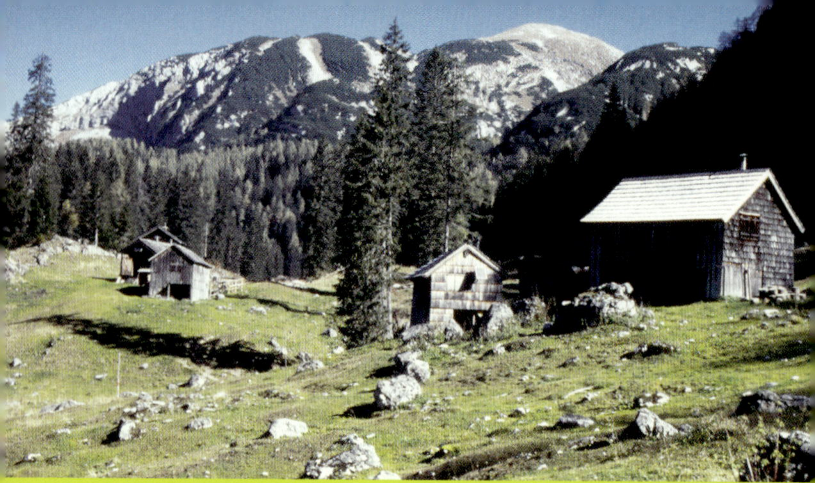

44 Schönberg 2 093 m

Bad Ischl
Totes Gebirge

Ein Blick auf die Landkarte genügt: Wer auf den Schönberg will, kann sich auf einen ausgefüllten Tag einrichten. Ein konditionelles „Schnäppchen" ist der höchste Gipfel im westlichen Toten Gebirge nämlich nicht.

Anforderung: T2. Einfache, konditionell fordernde Bergwanderung. 1 600 Höhenmeter, 4,5 Stunden Anstieg.

Ausrüstung: Wanderausrüstung.

Ausgangspunkt/Anfahrt: Parkplatz bei der Rettenbachalm (636 m) im Rettenbachtal. Zufahrt über die Umfahrungsstraße Bad Ischl, dann über die Südausfahrt den Wegweisern durch den Ortsteil Reiterndorf folgen.

Route: Auf der Straße taleinwärts, bald nach der Solestube ins Karbachtal abzweigen und nach zirka 500 Metern nach rechts (Süden) auf den Zustieg zur Ischler Hütte. Dann über den Beerensattel (1 428 m) und zur Hütte. Von dort weiter nach Nordosten bis zur Abzweigung (Wegweiser) unter dem Altarkögerl. Hier nach rechts (Nordost) und etwas mühsam im Karstgelände an einer Doline vorbei auf den West- und den Ostgipfel (2 091 m/2 093 m). Abstieg wie Anstieg.

Ischler Hütte, rechts dahinter die Kuppe des Schönbergs.

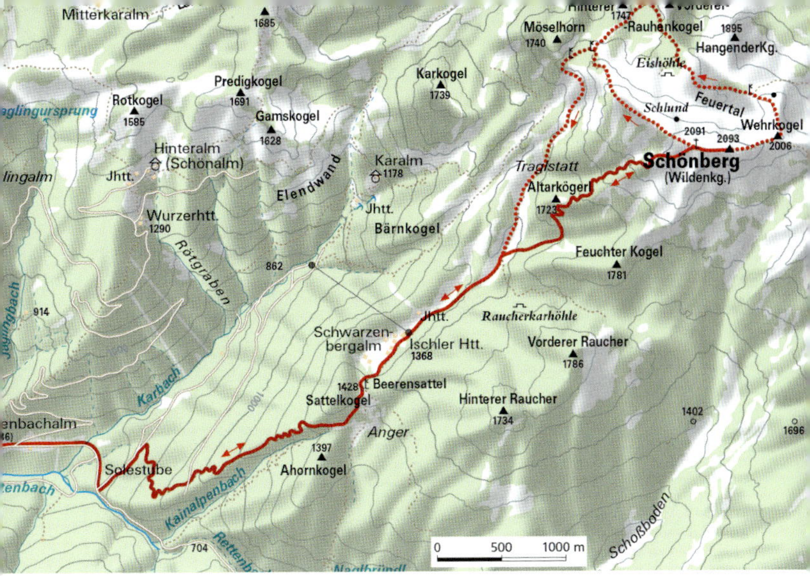

Einkehr: www.rettenbachalm.info, Ischler Hütte www.alpenverein.at/bad-ischl

Variante 1: Abstieg vom Westgipfel über den markierten Nordwestrücken in einen Sattel (Wegweiser Hochkogelhütte) und nach Süden, bis man auf den Anstiegsweg trifft.

Variante 2: Ein Leckerbissen ist die Überschreitung des Schönbergs von der Hochkogelhütte (www.hochkogelhaus-ebensee.at) aus. Vom Parkplatz Schwarzenbach (Zufahrt von der Bundesstraße Ischl-Ebensee, Abzweigung zum Ofensee, dann bei einem E-Werk rechts) über das bewirtschaftete Mittereckstüberl zum Hochkogelhaus (1 558 m). Der Anstieg führt weiter nach Südwesten an den Fuß des Rauhenkogels und bei der zweiten Weggabelung nach links (Südost) über den Nordwestrücken unschwierig auf den Gipfel. Wer die Runde fertiggeht, muss über den Ostgrat seilgesichert in einen Sattel vor dem Wehrkogel abklettern (kurz etwas luftiger). Hier die Wegabzweigung nach Norden nehmen und in einem weiten Linksbogen in das Feuertal und zurück zum Anstiegsweg (Gesamtrunde: T3, Trittsicherheit und Schwindelfreiheit, 1 600 Höhenmeter und 9 Stunden).

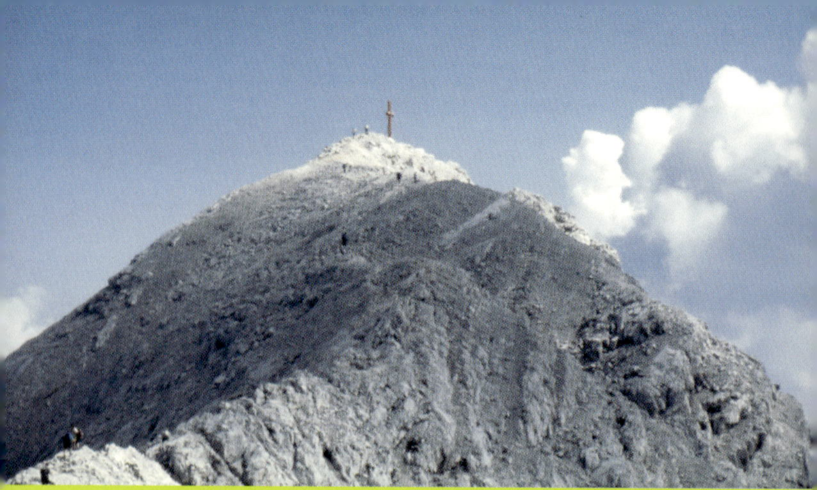

45 Großer Priel 2 515 m

Almtal/Hinterstoder
Totes Gebirge

Sagen Sie nie in Beisein eines oberösterreichischen Bergsteigers, einer oberösterreichischen Bergsteigerin etwas Abschätziges über den Großen Priel. In der oberösterreichischen Community ist der höchste Gipfel des Toten Gebirges so etwas wie ein heiliger Berg. Das überdimensionierte Gipfelkreuz zeugt von seiner Stellung in der Region.

Anforderung: T3. Konditionell anspruchsvolle, etwas ruppige Bergwanderung. Trittsicherheit erforderlich. 1 800 Höhenmeter, 5 Stunden Anstieg.

Ausrüstung: Wanderausrüstung.

Ausgangspunkt/Anfahrt: Almtalerhaus (714 m). Zufahrt über Grünau (OÖ) taleinwärts, dann Abzweigung Gasthof Jägersimmerl.

Route: Entlang des Wanderwegs Nr. 215 taleinwärts zur Materialseilbahn (942 m), dann teilweise steil nach Südosten mit kurzen versicherten Stellen zur weithin sichtbaren Welser Hütte (1 726 m). Nun weiter nach Süden Richtung Fleischbanksattel über eine seilgesicherte Stufe bis zu einem Wegweiser bei den Fleischbänken. Hier geradeaus nach Süden auf den Fleischbanksattel (2 123 m,

Auf dem Weg zum Großen Priel.

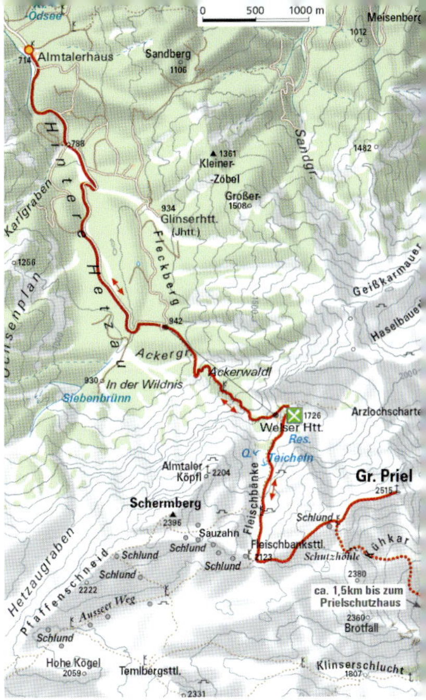

Wegweiser). Zum Priel geht es weiter nach Osten auf dem breiten Rücken bis zur Vereinigung mit dem Weg, der vom Prielschutzhaus heraufkommt. Auf dem etwas schmaleren Grat auf den Gipfel. Abstieg wie Anstieg.

Einkehr: www.welserhuette.com, www.almtalerhaus.at, www.prielschutzhaus.com

Variante: Obwohl gemeinhin als „Normalweg" bezeichnet, ist der Zustieg über das Prielschutzhaus etwas schwieriger als jener über die Welser Hütte. Ausgangspunkt ist der Parkplatz beim Johannishof (605 m, Wegweiser) an der L 552, die im Zentrum von Hinterstoder nach Süden abzweigt. Von hier auf dem Hüttenzustieg am Schiederweiher vorbei, zur Polsterlucke und über die Märchenwiese zum Prielschutzhaus (1 420 m). Von der Hütte durch Latschen nach Westen an der Spitzmauer-Abzweigung vorbei ins Kühkar. Hier über ein steiles Schneefeld zu den Felsen und seilversichert auf die Brotfallscharte hinauf. Weiter nach Norden, bis man auf den Weg von der Welser Hütte trifft und dann wie oben. Abstieg wie Anstieg. (T4. A/B. Trittsicherheit und Schwindelfreiheit obligat. 1 900 Höhenmeter, 6 Stunden Anstieg. Kletterhandschuhe)

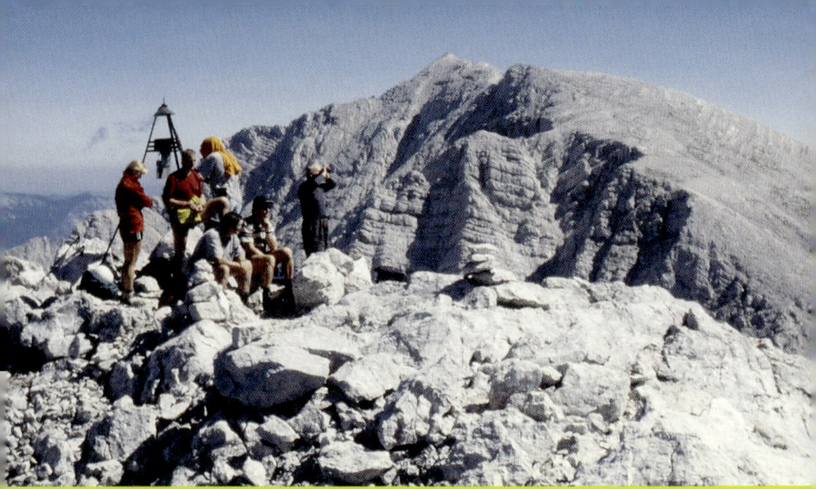

46 Schermberg 2 396 m

Almtal
Totes Gebirge

Der Schermberg im Toten Gebirge ist zwar längst nicht so prominent wie das Birnhorn in den Leoganger Steinberger (Tour 24), teilt sich mit dem Birnhorn aber eine Ehre: Mit 1 400 Metern sind sowohl die Schermberg-Nordwand als auch die Birnhorn-Südwand die zweithöchsten Felswände der Ostalpen.

Anforderung: T3. Konditionell anspruchsvolle, etwas ruppige Bergwanderung. Trittsicherheit erforderlich. 1 700 Höhenmeter, 5 Stunden Anstieg.

Ausrüstung: Wanderausrüstung.

Ausgangspunkt/Anfahrt: Almtalerhaus (714 m). Zufahrt über Grünau (OÖ) taleinwärts, dann Abzweigung Gasthof Jägersimmerl.

Route: Entlang des Wanderweges Nr. 215 geht es zuerst taleinwärts zur Materialseilbahn (942 m), dann teilweise steil nach Südosten mit kurzen versicherten Stellen zur weithin sichtbaren Welser Hütte (1 726 m). Nun weiter nach Süden Richtung Fleischbanksattel über eine seilversicherte Stufe bis zu einem Wegweiser. Jetzt westwärts über Schutt, Karren und Felsgelände auf einen Gratrücken und nach

Am Schermberg-Gipfel, dahinter der Große Priel.

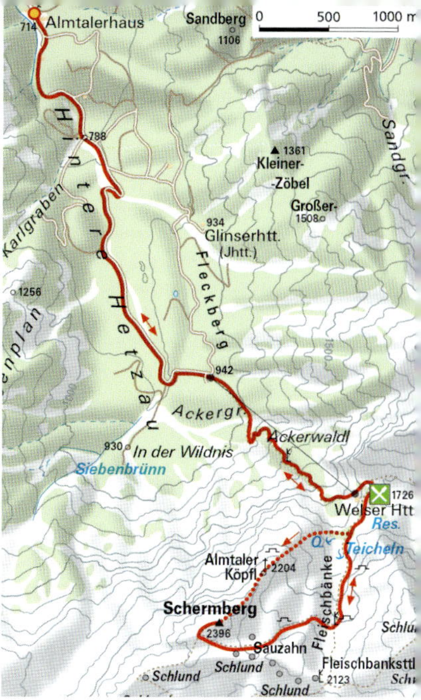

rechts hinauf zum Vermessungszeichen. Der Abstieg folgt dem Anstiegsweg.

Einkehr: www.welserhuette.com, www.almtalerhaus.at

Variante: Ein besonders reizvoller Schermberg-Anstieg mit grandiosen Blicken in die Nordwand ist der Tassilo-Klettersteig über den Nordostgrat. Er gehört zu den längsten Klettersteigen Europas. Der Zustieg erfolgt wie oben auf dem Weg Richtung Fleischbanksattel, bis man nach der Leiter in der kleinen Senke zu den Felsblöcken kommt (Wegweiser). Hier geht es über das Schuttfeld westwärts zum Einstieg. Der Steig ist schön angelegt und erreicht im unteren Bereich einmal kurz die Schwierigkeit C/D. Hier wechseln kurze Aufschwünge (C) mit grasigem Gehgelände ab. Ab dem Almtaler Köpfl (2 204 m) folgt ein langer Grat, den versierte Bergsteiger frei gehen werden. Erst zuletzt wird es noch einmal etwas steiler (B/C) auf den Gipfel. Der Abstieg erfolgt wie oben beschrieben. (T6. C/D. Klettersteigset, Helm, Kletterhandschuhe. 600 Höhenmeter und 3 Stunden am Steig. 30 Minuten Zustieg von der Hütte. Gesamtdauer 9 Stunden.)

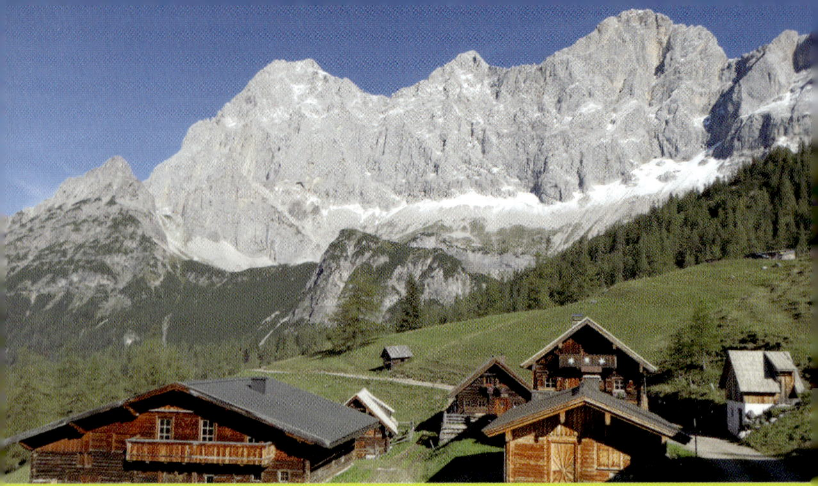

47 Dachstein 2 995 m

Ramsau
Dachsteingruppe

Der Dachstein gehört zu den prominentesten Gipfeln des Alpenraums. Durch die Erschließung mit einer Seilbahn von der steirischen Seite her ist er auch entsprechend häufig besucht. Der Dachstein ist aber auch ein Beispiel für die Auswirkungen der Erderhitzung: Der einstige Normalweg, der Randkluftsteig, ist inzwischen brandgefährlich geworden und wird deshalb an dieser Stelle auch ausdrücklich nicht empfohlen. 2010 hat sich hier durch den Gletscherschwund eine riesige Spalte aufgetan. Stattdessen gilt nun die Ostschulter als Normalweg, der erst im Felsgelände auf den alten Randkluftsteig trifft.

Anforderung: T4. I. B. F. Mittelschwere Bergtour in hochalpinem Gelände. 250 Höhenmeter und 2 Stunden Anstieg. Schwindelfreiheit und Trittsicherheit obligat.

Ausrüstung: Hochgebirgstaugliche Bekleidung, Kletterhandschuhe, Helm. Eventuell Klettersteigset.

Ausgangspunkt/Anfahrt: Bergstation Dachstein-Südwand-Bahn (www.derdachstein.at). Zufahrt zur Talstation über die

Die Dachstein-Südwand ist auch für Abgebrühte immer wieder wie ein Postkartenmotiv.

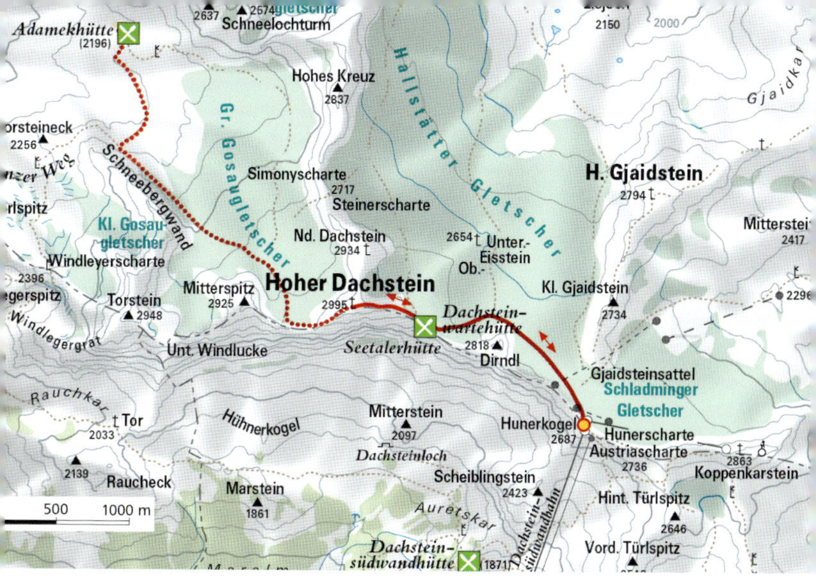

Mautstraße von Ramsau in der Steiermark.

Route: Von der Bergstation der Hunerkogelbahn auf der präparierten Spur um die Dirndln herum zur Dachsteinwarte (2 741 m). Kurz weiter nach Westen zum Einstieg des versicherten Steigs über die Ostschulter auf den Hohen Dachstein. Dieser führt (anfangs kurz B) hinauf auf die Schulter und quert dann hinüber zum Randkluftsteig. Diesen hinauf (A/B) zum Gipfelkreuz. Abstieg wie Anstieg.

Einkehr: Die 2019 eröffnete, neu gebaute Seethalerhütte/Dachsteinwarte mit sensationeller Architektur www.alpenverein.at/seethalerhuette

Variante: Eine sehr schöne Variante ist die Überschreitung des Hohen Dachstein. Vom Gipfel geht es den Westgrat-Steig (B) hinunter auf den Gosaugletscher. Hier nun (Achtung Spalten, Gletscherausrüstung) auf der orographisch linken Seite nach Nordwesten hinunter zur Adamekhütte (www.adamek.at). (T5. I. B. F+. Abstieg Dachstein-Adamekhütte 800 Höhenmeter, 3 Stunden).

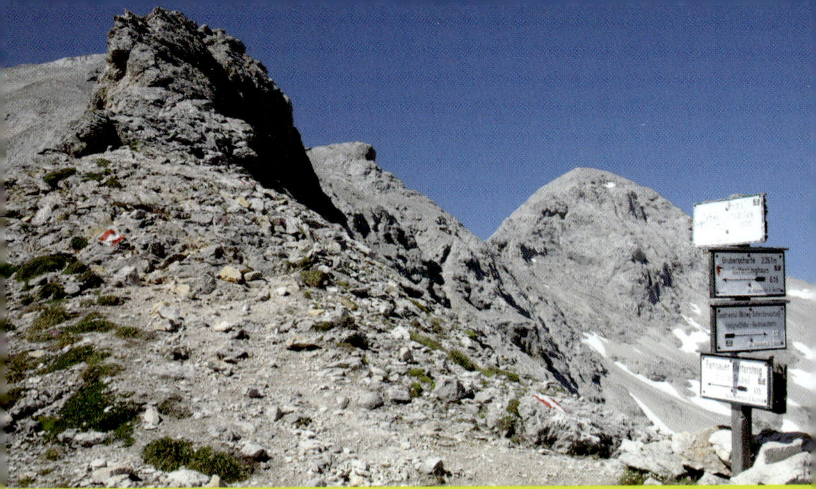

48 Scheichenspitze 2 667 m

Ramsau
Dachsteingruppe

Die Scheichenspitze ist ein mächtiger Kalkgipfel im Osten des Dachsteingebirges. Als Normalweg gilt inzwischen der Gratanstieg über die Gruberscharte. Das ist zwar nicht der einfachste Weg, die Tour über den Ostgrat bringt aber besonders schöne Tief- und Ausblicke.

Anforderung: T3. Mittelschwere Bergtour, etwas Trittsicherheit und Schwindelfreiheit. 1 550 Höhenmeter und 4,5 Stunden Anstieg.

Ausrüstung: Wanderausrüstung, Kletterhandschuhe.

Ausgangspunkt/Anfahrt: Gasthof Feisterer in der Ramsau. Zufahrt über Filzmoos oder Schladming, Abzweigung am östlichen Ortsende von Ramsau.

Route: Vom Hüttenparkplatz etwas unterhalb des Gasthofes über den Hüttenweg zur Talstation der Materialseilbahn, eine Felsstufe in ein weites grünes Kar und zum Guttenberghaus. Von der Schutzhütte nach Westen, zuletzt steiler in die Gruberscharte (2 364 m). Hier beginnt die Gratüberschreitung nach Westen über die Hohe Rams (2 551 m) auf die Scheichenspitze. Diese Strecke ist teilweise seilversichert (A/B), kann aber von Geübten ohne Sicherung

Blick von der Gruberscharte nach Westen: Hohe Rams und Scheichenspitze.

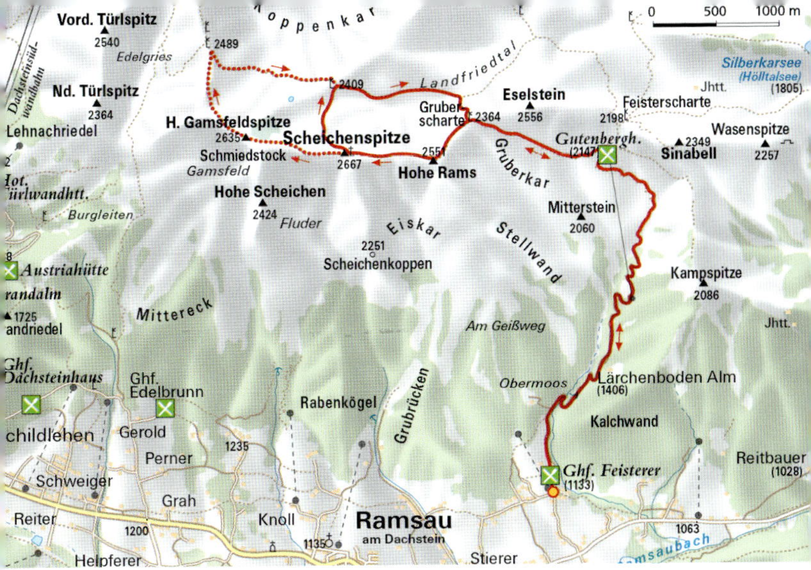

begangen werden. Abstieg von der Scheichenspitze nach Norden in einen Sattel (Wegweiser) und durch den südlichen Teil des Landfried-Tales mit 100 Meter Gegenanstieg retour in die Gruberscharte. Weiter entlang des Anstiegsweges.

Einkehr: Biogasthof Feisterer www.feistererhof.at, Gutenberghaus www.alpenverein.at/haus-im-ennstal

Variante: Ganz anders ist der Weiterweg von der Scheichenspitze auf dem Klettersteig nach Westen. Hier auf dem Ramsauer Klettersteig geht es dann schon mehr zur Sache: Vom Gipfel luftig weiter westwärts, die Schlüsselstelle (C) im Abstieg darf nur gesichert begangen werden. Dahinter noch mehrere Klettereinlagen (B/C) und zuletzt einfacher zur Edelgrießhöhe (2 489 m, Wegweiser). Zurück nach Osten durch ein Kar zum Abstiegssattel (Wegweiser) und weiter wie oben in das Landfried-Tal (T6, C, 2 Stunden von der Scheichenspitze zur Edelgrießhöhe. Klettersteigset und Helm).

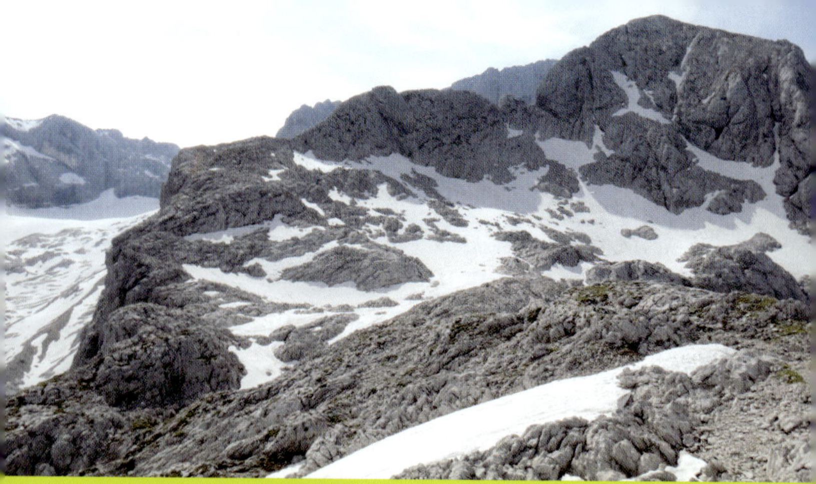

49 Hochkesselkopf 2 454 m

Filzmoos
Dachsteingruppe

Der Hochkesselkopf zwischen Dachstein und Gosaukamm ist vor allem ein klassischer Kletterberg. Die Südwest-Verschneidung (IV+) ist legendär. Seilfrei geht es auf den massigen Kalkklotz nur mehr von der Nordseite her – die Abstiegsroute der Kletterer.

Anforderung: T6. Alpine Bergtour (II, A/B). Orientierungssinn erforderlich. Bei Schnee oder Vereisung problematisch. 1 150 Höhenmeter, 3 Stunden Anstieg.

Ausrüstung: Wanderausrüstung, Kletterhandschuhe.

Ausgangspunkt/Anfahrt: Hofalmen in Filzmoos. Zufahrt von Filzmoos auf der Mautstraße nach Norden bis zu den Hofalmen.

Route: Von den Almen auf gut markierten Wanderwegen nach Nordosten durch Lärchenbestand hinauf auf das Rinderfeld, wo man auf den Linzerweg (Nr. 601) trifft. Diesem folgend kurz ostwärts bis zur Wegteilung (Wegweiser). Hier abzweigen in die Reißgangscharte. Der Steig in die Scharte (1 952 m) ist mit Stahlseilen gut gesichert. Problematisch ist aber der durch Vorausgehende ausgelöste Steinschlag. Hinter der Scharte geht es

Der Hochkessel im Frühsommer: Zu viel Schnee für einen Aufstieg.

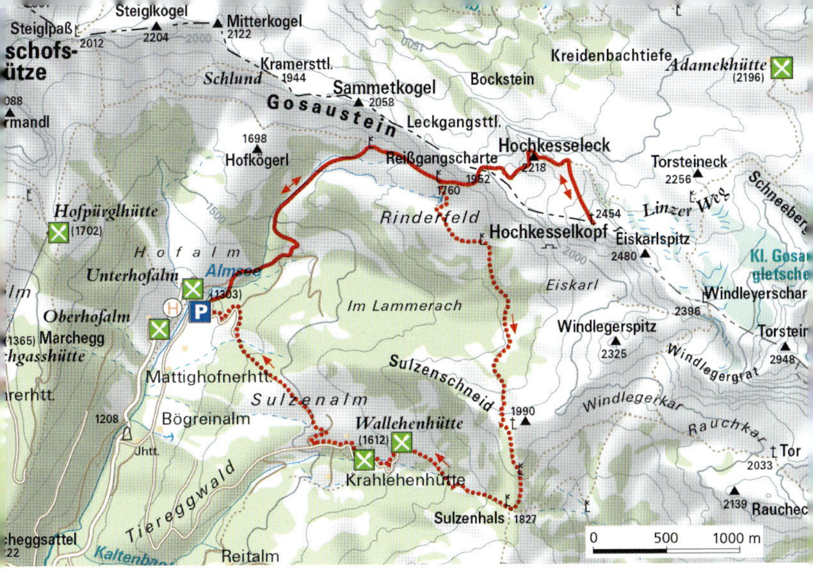

gut versichert weiter nach Osten Richtung Adamekhütte bis kurz vor das Hochkesseleck. Hier beginnt nun der Ernst der Hochkesselkopftour. Am besten geht man weglos durch den Oberen Hochkessel leicht ansteigend direkt nach Süden, bis man auf die ersten Steinmandln trifft. Diese führen zu einer deutlich ausgeprägten, oft allerdings mit Altschnee gefüllten Rinne (II, Bohrhaken), durch die man nach Süden auf die Gipfelflanke kommt. Nun auf der Nordwestflanke in mehreren Kehren auf den Gipfel. Abstieg wie Anstieg.

Einkehr: www.unterhofalm.at, www.oberhofalm.at

Variante: Für den Rückweg bei der Einmündung in den Linzerweg auf diesem weiter nach Osten und auf Süd drehend in leichtem Berg-auf-Bergab an die Nordseite der Sulzenschneid heran. Die letzten Höhenmeter geht es in einigen Serpentinen hinauf zum Kreuz, das das Zusammentreffen von Sulzenschneid und Eiskarlschneid markiert. Abstieg nach Süden in die Scharte Sulzenhals (1 827 m) und auf dem Wanderweg über die Wallehenhütte (1 612 m) zurück zu den Hofalmen.

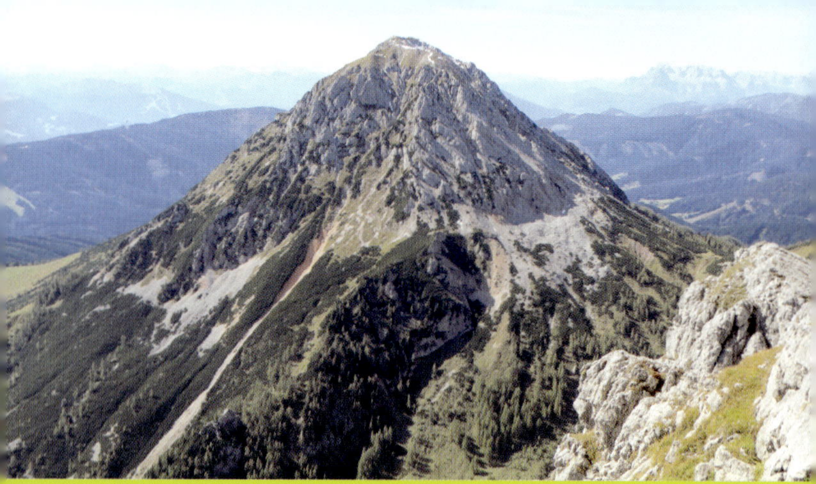

50 Rötelstein 2 247 m

Filzmoos
Dachsteingruppe

Der dem Dachstein und dem Gosaukamm vorgelagerte, frei stehende Rötelstein (auch Rettenstein genannt) ist vor allem für seine phänomenale Sicht auf Bischofsmütze und Dachsteinmassiv bekannt.

Anforderung: T3. Mittelschwere Bergwanderung, Trittsicherheit erforderlich. 1 150 Höhenmeter und 3 Stunden Anstieg.

Ausrüstung: Wanderausrüstung.

Ausgangspunkt/Anfahrt: Parkplatz an der Landesgrenze Salzburg-Steiermark. Zufahrt von Filzmoos Richtung Ramsau bis zur großen Kehre vor dem Gasthof „Dachsteinruhe".

Route: Vom Parkplatz (Wegweiser) entlang der Straße – Abschneider sinnvoll – hinauf nach Norden zur Schaidlalm (1 444 m). Hier gabelt sich der Weg (Wegweiser) und man folgt dem Weg nach Nordwesten durch Lärchenbestand zum feuchten Schnittlauchboden (Wegweiser). Linkshaltend (Westen) hinauf in den Sulzenhals-Sattel (1 827 m, Wegweiser). Nun wird die Sache etwas ernster und man steigt durch schrofiges und schottriges Gelände (Achtung Steinschlag durch Voraus-

Der Rötelstein ist von Nordosten eine Kalkpyramide. In der Bildmitte die Rote Rinne.

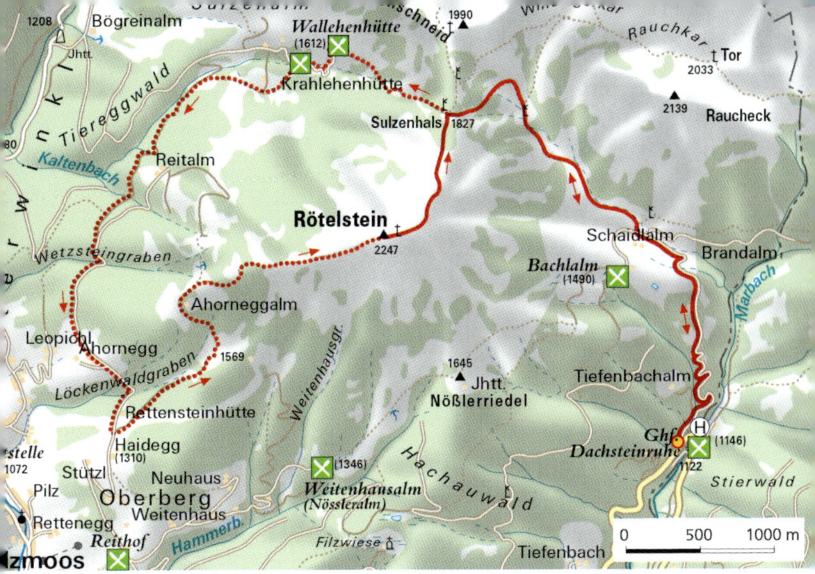

gehende, selbst keine Steine abtreten!) zu den flachen Gipfelwiesen, am Abbruch der Roten Rinne vorbei zum Kreuz. Abstieg wie Anstieg.

Einkehr: www.dachsteinruhe.at, Wallehenhütte +43 (0)6453 8289

Variante: Einen Tick anspruchsvoller ist der Anstieg von Filzmoos: Von der Rettensteinhütte (in Filzmoos beim Kreisverkehr Richtung Hofalmen und Auffahrt vom nördlichen Ortsende von Filzmoos bis zur ehemaligen Lifttrasse) auf dem Almweg (Nr. 670) über den Löckenwaldgraben nach Nordosten zur Ahorneggalm. Das Gelände wird nach der Wegteilung (hier nach Osten) steil und man kommt in den Fels. Nach einem vorgelagerten Kopf, teilweise auch etwas luftiger, geht es über den Westgrat zum Gipfelkreuz. Abstieg wie oben über die flachen Gipfelwiesen nach Norden. Hinter der Einmündung der „Roten Rinne" wie oben steil hinunter zum Sulzenhals. Aus dem Sattel nach Westen zur bewirtschafteten Wallehenalm und in weitem Borgen südwärts über den Kaltenbach bis auf die Straße und zum Ausgangspunkt retour (T4, 950 Höhenmeter, Trittsicherheit, Schwindelfreiheit, 5 Stunden gesamt).

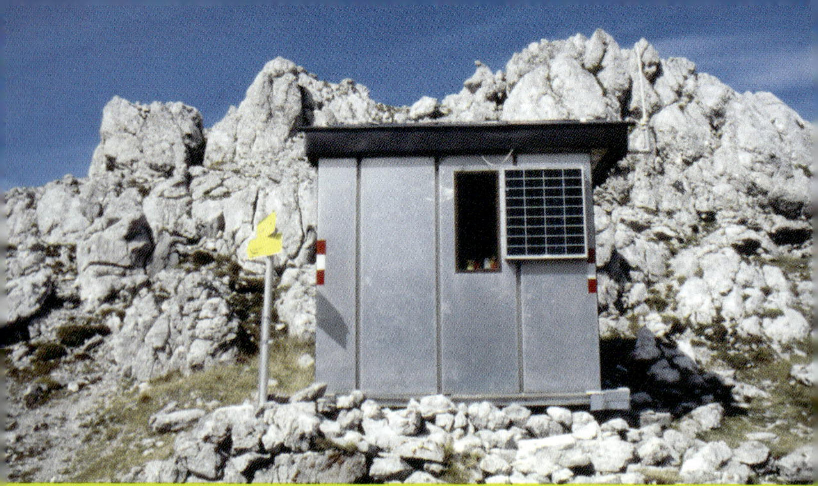

51 Grimming 2 351 m

Tauplitz
Dachsteingruppe

Der Grimming ist ein völlig frei stehender Kalkstock, der ziemlich unvermittelt aus der Ebene des Ennstals emporsteigt. Auf der Nordseite liegt der Ausgangspunkt von der Tauplitz etwas höher, auf einige Höhenmeter im Anstieg kommt man aber auch hier.

Anforderung: T4. I. Anspruchsvolle Bergtour mit mehreren seilversicherten Stellen und längere Strecken I. 1 400 Höhenmeter, 3,5 Stunden Anstieg.

Ausrüstung: Wanderausrüstung.

Ausgangspunkt/Anfahrt: Weiler Kulm (962 m) südlich des Kulmkogels. Zufahrt über Klachau von Osten entlang des Kulmbaches.

Route: Vom Parkplatz entlang des Hohlweges nach Süden in den Stribinggraben, der in ein großes Kar mündet. Hier gelangt der Steig zur ersten gesicherten Felsstufe (Steinschlag). Über diese Stufe hinauf in ein riesiges Schuttkar (Hubschrauberlandeplatz). Nun durch das Kar in einem weiten Linksbogen an das linke, obere Ende (Südosten) zu den Felsen. Der Weiterweg bietet über lange Strecken leichte Klettereinlagen (I), bis man beim Ausstieg auf eine kleine

Die kleine Biwakschachtel steht knapp unter dem Grimming-Gipfel.

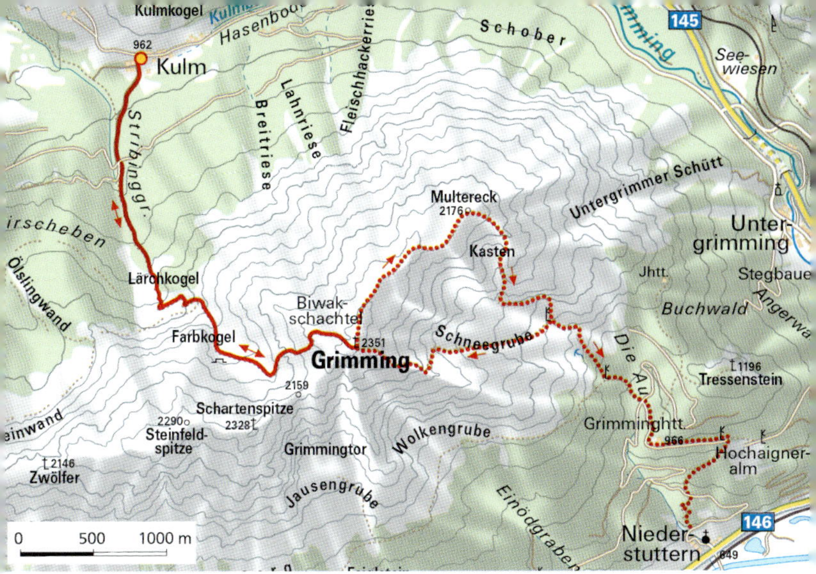

Biwakschachtel trifft. Von hier über Schroffen und Grasmatten auf den Gipfel. Abstieg wie Anstieg.

Einkehr: Gasthof Moser beim Tauplitz-Bahnhof www.gasthausmoser.at

Variante 1: Verfügt man über ein zweites Auto, ist eine Überschreitung möglich. Vom Gipfel anfangs einfach, dann über einige gesicherte Zacken auf dem Grat nach Nordosten zum Multereck (2 176 m). Jetzt auf dem Steig nach Süden über eine kurze Stufe und unterhalb des Kastens über eine versicherte Platte (B). Danach an der Abzweigung des Südostgrat-Wegs in der Schneegrube vorbei und hinunter zur Grimming-Hütte beziehungsweise nach Niederstuttern im Ennstal (T4, 1 700 Höhenmeter, 3,5 Stunden im Abstieg).

Variante 2: Ein besonderes Zuckerl ist der Grimming-Südostgrat. Abzweigung in der Schneegrube nach Westen und an die Felsen heran. In Folge wird der sehr gut markierte Grat in überwiegend gutem Fels seilfrei erklettert. Abstieg über das Multereck. (T6, viele Stellen II, fast III-. Zustieg 3 Stunden, Grat 3 Stunden und 600 Höhenmeter, Gesamtanstieg 1 700 Höhenmeter. Bei Nässe, Schnee sehr gefährlich.)

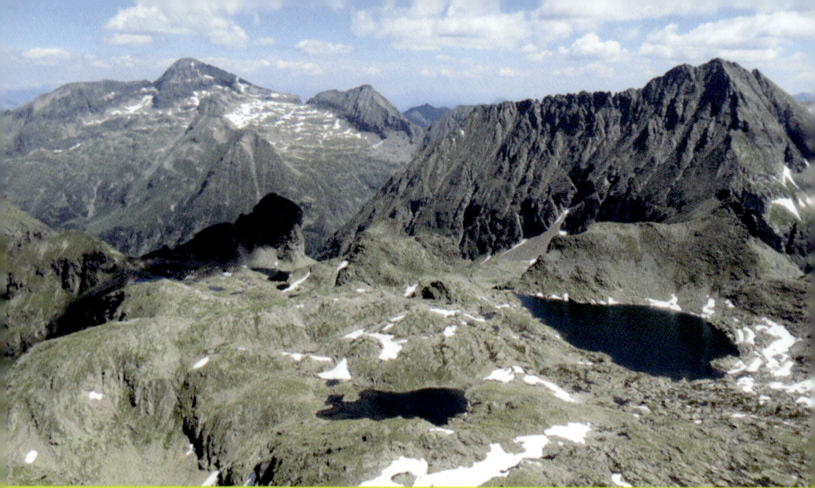

52 Hochwildstelle 2 747 m

Schladming
Schladminger Tauern

Die Hochwildstelle wird in der Alpinliteratur gerne als der höchste „rein steirische Gipfel" tituliert. Sie bietet gleich mehrere Anstiegsmöglichkeiten.

Anforderung: T4. I. 1 700 Höhenmeter, 4,5 Stunden Anstieg. Schwindelfreiheit, Trittsicherheit obligat.

Ausrüstung: Wanderausrüstung.

Ausgangspunkt/Anfahrt: Parkplatz Talschluss Untertal (1 079 m). Zufahrt über das Zentrum von Schladming nach Süden.

Route: Vom Parkplatz entlang der Straße oder weitaus schöner und spektakulärer über den gut gesicherten „Alpinsteig" hinauf zur Gfölleralm und zum Riesachsee. Gemütlich weiter taleinwärts bis zur Kerschbaumeralm (1 356 m). Von hier steil nach Nordosten in Kehren hinauf zur Neualm (1 849 m) und am Wegweiser Punkt 2 057 m vorbei in die Neualmscharte (2 347 m). Hier beginnt der Gratanstieg auf die Wildstelle. Anfangs breit zur Kleinen Wildstelle, dann schmäler und ausgesetzter weiter. Dann eine mit Klammern gesicherte steile Stelle in die Scharte hinunter und weiter recht

Im Herzen der Schladminger Tauern: Klafferkessel, Hochwildstelle (li.) und Waldhorn (re.)

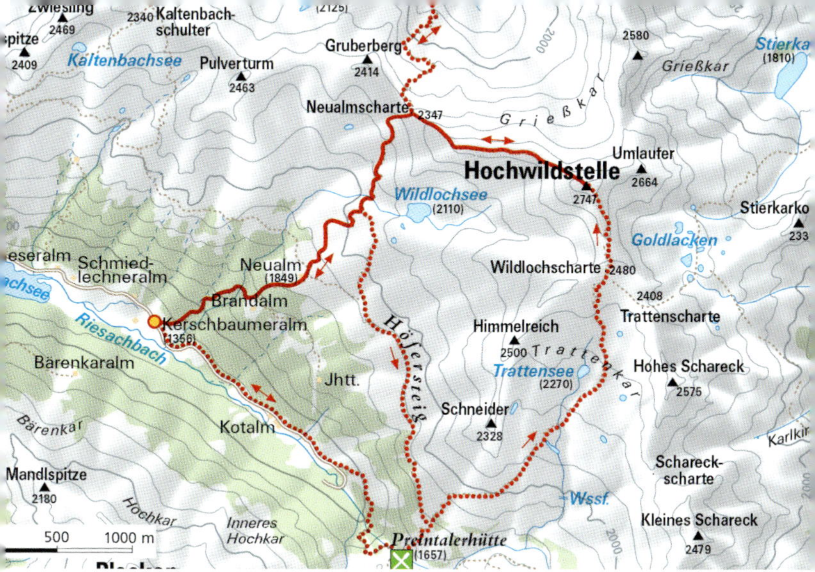

steil, teilweise ausgesetzt auf dem Grat hinauf zum Gipfel. Abstieg wie Anstieg. Wer es beim Abstieg nicht so eilig hat, kann bei Punkt 2 057 m auf den Höfersteig abzweigen und über die Preintalerhütte absteigen.

Einkehr: Almgasthof Riesachfall www.gasthaus-riesachfall.at, Wödl-Hütte und Preintaler Hütte www.preintaler.at

Variante 1: Anstieg zur Preintaler-hütte wie bei Tour 53 Waldhorn, dann gemütlich nach Nordost in das Trattenkar. Bei der Wildlochscharte (Wegweiser) hält man auf den Süd-grat zu. Über diesen geht es – kaum gesichert, sehr luftig, oft II – hinauf zum Gipfel. Abstieg über den Normal-weg. (T6. II. 1 650 Höhenmeter, 5 Stunden Anstieg.)

Variante 2: Der Nordanstieg von der Wödl-Hütte beginnt beim Parkplatz Seewigtal (1 143 m, Zufahrt von Haus/Ennstal auf der Mautstraße nach Süden). Vom Parkplatz zum Bodensee und über eine Steilstufe (versichert) zur Wödl-Hütte am Hüttensee. Von der Hütte über den Obersee in ein Kar und zum Schluss steiler in die Neualmscharte. Weiter wie beschrieben. Abstieg wie Anstieg. (T4. I. 1 600 Höhenmeter, 4,5 Stunden Anstieg)

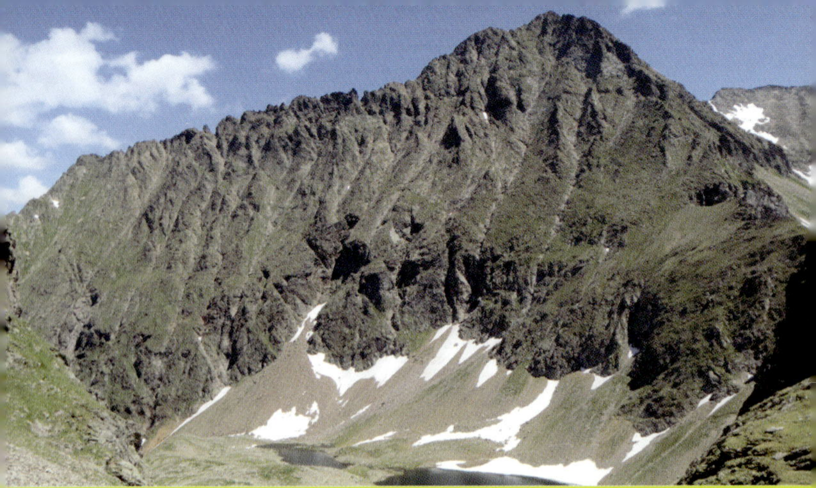

53 Waldhorn 2 702 m

Schladming
Schladminger Tauern

Hochgolling, Greifenberg, Hochwildstelle gehören im Herzen der Schladminger Tauern, dem Reich des kleinen Vereines Alpine Gesellschaft Preintaler, zu den viel besuchten Gipfelzielen. Ganz anders das Waldhorn. Das Waldhorn gehört zwar optisch wie auch von der Höhe her zu den dominanten Gipfeln der Schladminger Tauern, wird aber ausgesprochen selten besucht. Eine lange, alpine Tour für Einsamkeitsliebhaber.

Anforderung: T5 (im Abstieg gefährlich). I. 1 600 Höhenmeter, 4,5 Stunden Anstieg. Schwindelfreiheit, Trittsicherheit obligat. Nur bei absolut trockenen Verhältnissen.

Ausrüstung: Wanderausrüstung.

Ausgangspunkt/Anfahrt: Parkplatz Talschluss Untertal (1 079 m). Die Zufahrt erfolgt über das Zentrum von Schladming nach Süden.

Route: Vom Parkplatz entlang der Straße oder weitaus schöner und spektakulärer über den gut gesicherten „Alpinsteig" hinauf zur Gfölleralm und zum Riesachsee. Gemütlich weiter taleinwärts zur Materialseilbahn und auf dem Hüttenweg etwas steiler hinauf zur

Waldhorn mit Kapuzinersee.

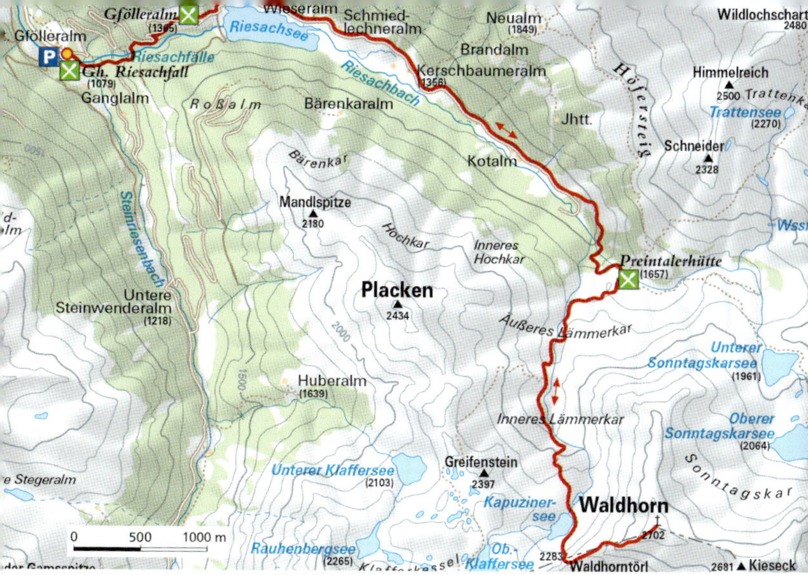

Preintalerhütte (1 657 m). Nun folgt man dem Steig nach Süden durch das Äußere Lämmerkar Richtung Klafferkessel, wandert aber dann bei der Verzweigung (Wegweiser) nach Süden ins Innere Lämmerkar. Der Weg wird fallweise blockig, dann geht es über eine steile Schuttriese zu einer Rinne und in engen Kehren hinauf ins Waldhorntörl (2 283 m). Der Weiterweg ist technisch nicht schwer (I) – man steigt durch einen Kamin und über Blöcke auf den Westgrat hinauf. Dann aber weicht das Weglein in die Südflanke aus. Hier geht es ziemlich ausgesetzt und (vor allem im Abstieg sehr unangenehm) grasig-schrofig nach Nordosten, bis die Route endlich wieder felsiger wird und man durch eine kurze Rinne auf den Ostgrat und so einfach auf den Gipfel kommt. Abstieg wie Anstieg.

Einkehr: Almgasthof Riesachfall www.gasthaus-riesachfall.at, Preintaler Hütte www.preintaler.at

Variante: Mit Übernachtung gut kombinierbar mit Tour 54 Greifenberg. Dann aber vom Waldhorntörl steil, jedoch nicht allzu schwierig (T3) nach Süden absteigen und über die Breite Scharte in den Klafferkessel nach Westen weiter.

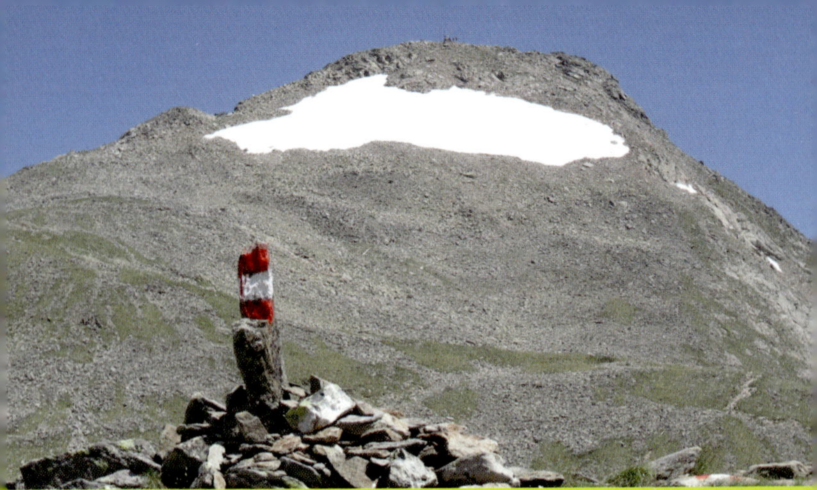

54 Greifenberg 2 618 m

Schladming
Schladminger Tauern

Der Greifenberg gehört zu den zentralen Gipfeln in den Schladminger Tauern. Mit der Gollinghütte und der Preintalerhütte gibt es zwei gemütliche Stützpunkte, entsprechend beliebt ist der Gipfel. Die eigentliche Attraktion sind aber die vielen kleinen eiszeitlichen Seen im Klafferkessel. Diese werden bei der als Variante beschriebenen Rundtour durchwandert. Die Tour kann auch in die andere Richtung unternommen werden.

Anforderung: T4. Konditionell fordernde Bergtour. 1 550 Höhenmeter und 4,5 Stunden. Trittsicherheit, Schwindelfreiheit.

Ausrüstung: Wanderausrüstung.

Ausgangspunkt/Anfahrt: Parkplatz Talschluss Untertal (1 079 m). Zufahrt über das Zentrum von Schladming nach Süden.

Route: Vom Parkplatz entlang der Straße nach Süden, dann auf dem Hüttenweg über eine Steilstufe zur Gollinghütte (1 641 m). Von der Hütte über den Bach nach Osten und in einem weiten Rechtsbogen – teilweise steil, kurz auch Stahlseile – in ein Kar, durch das der Steig etwas flacher auf den Greifenbergsattel führt. Vm Sattel nach Norden auf den Greifenberg. Abstieg wie Anstieg.

Es ist noch ein Stückerl: Der Greifenberg vom Greifenbergsattel aus.

Einkehr: Almgasthof Riesachfall www.gasthaus-riesachfall.at und www.gollinghuette.com; bei der Rundtour ferner Preintalerhütte www.preintaler.at und Gfölleralm www.gfoelleralm.at

Variante: Als Rundtour wird der Greifenberg etwas schwieriger (T5). Über den Südostgrat – Blockgelände, Stahlseile – bis zu einer Wegteilung (Obere Klafferscharte, Wegweiser), wo man nach Nordosten zwischen den in der letzten Eiszeit entstandenen Seen des Klafferkessels nach Norden zur Unteren Klafferscharte wandert und durch das Lämmerkar zur Preinthalerhütte kommt. Weiter geht's am Hüttenweg hinunter nach Norden zur Almstraße sowie an mehreren Almen und dem Riesachsee vorbei zur Gfölleralm. Hier über den sehenswerten, gut versicherten „Alpinsteig" durch die Klamm „die Höll" hinunter und entlang der Riesachfälle zum Parkplatz (Gesamtrunde 8 Stunden).

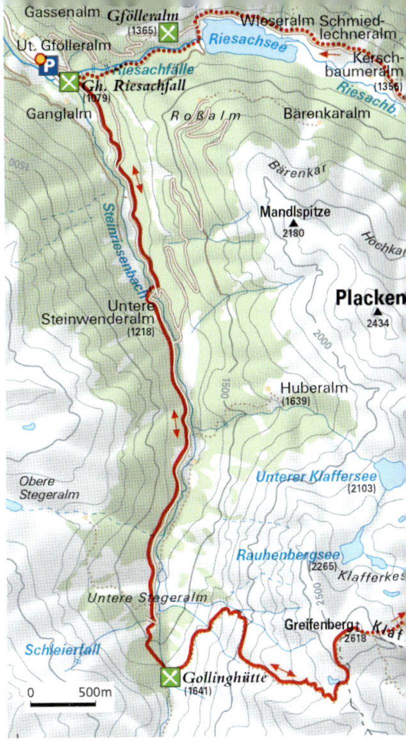

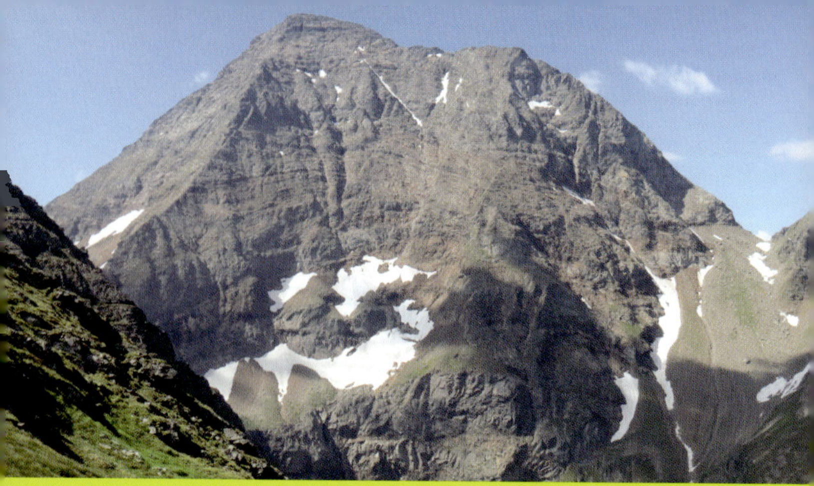

55 Hochgolling 2 863 m

Schladming
Schladminger Tauern

Der Hochgolling ist der höchste Gipfel der Niederen Tauern. Mit 1 000 Höhenmetern erreicht seine Nordwand eine imposante Höhe. Und auch wenn der Normalweg für Geübte nicht allzu schwierig scheint – unterschätzen darf man die Tour allein schon aufgrund ihrer Länge nicht.

Anforderung: T4. I. Schwierige und vor allem sehr lange Bergtour. Schwindelfreiheit und Trittsicherheit obligat. 1 800 Höhenmeter, 5 Stunden Anstieg. Vorsicht bei Altschneefeldern!

Ausrüstung: Wanderausrüstung.

Ausgangspunkt/Anfahrt: Parkplatz Talschluss Untertal (1 079 m). Zufahrt über das Zentrum von Schladming nach Süden.

Route: Vom Parkplatz entlang der Straße nach Süden, dann auf dem Hüttenweg über eine Steilstufe zur Gollinghütte (1 643 m). Von der Hütte dem Bachverlauf nach Süden in den Gollingwinkel folgen. Hier geht es über die Geröllfelder dann sehr steil in vielen Kehren hinauf in die Gollingscharte (Wegweiser, 2 326 m). Der weitere Normalanstieg führt direkt in die Westflanke. Es geht über einige Stufen und Rippen in nicht zu

Die mächtige Nordwand des Hochgolling – rechts die Gollingscharte.

unterschätzendem Steilgelände hinauf zum Gipfel. Unterwegs passiert man die Abzweigung (Wegweiser) zur Nordwestgrat-Route (siehe Variante). Abstieg wie Anstieg.

Einkehr: Almgasthof Riesachfall www.gasthaus-riesachfall.at, www.gollinghuette.com

Variante: Nach dem ersten Drittel des Normalweges hinter der Gollingscharte auf den Nordwestgrat abzweigen und über diesen in leichter Kletterei, aber stellenweise ziemlich ausgesetzt hinauf zum Gipfelkreuz. Abstieg über den Normalweg. (T6, II, 1 800 Höhenmeter, 5 Stunden Anstieg. Anspruchsvoll.)

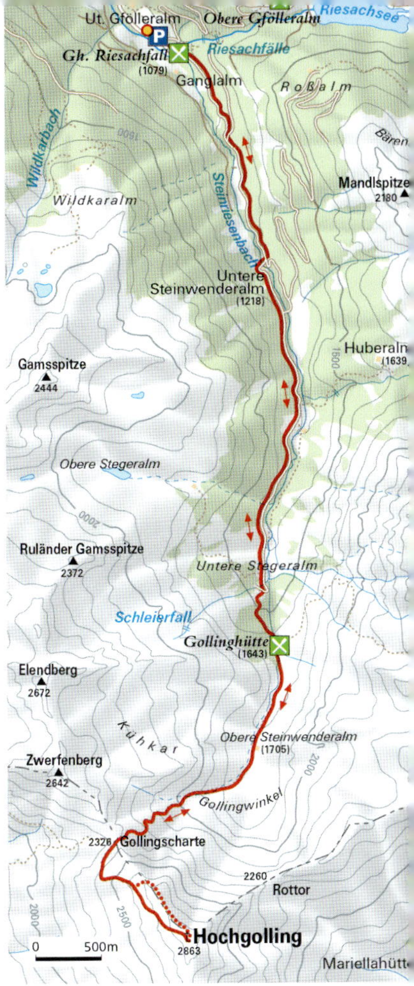

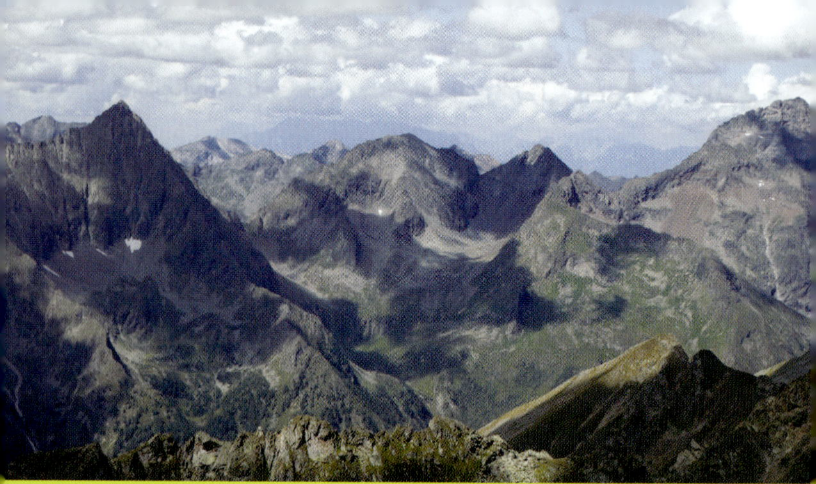

56 Preber 2 740 m

Tamsweg
Schladminger Tauern

Der Preber ist ein richtig ausgewachsener Berg. Der Gipfel an der Grenze zwischen dem Lungau und der Steiermark ist als Skitourenberg mit weiten, freien Hängen österreichweit bekannt. Aber auch im Sommer lohnt ein Anstieg auf den aussichtsreichen Berg. Am besten geht man den Preber in einer kleinen Runde von Norden über das Mühlbachtörl. An der Nordseite hat der sonst so sanft anmutende Berg ein völlig anderes Gesicht. Er erinnert uns daran, dass die Niederen Tauern so niedrig gar nicht sind.

Anforderung: T2. Technisch einfache, etwas längere Bergtour. 1 250 Höhenmeter und 4 Stunden Anstieg. Gesamt 6,5 Stunden.

Ausrüstung: Wanderausrüstung.

Ausgangspunkt/Anfahrt: Parkplatz am Prebersee (1 520 m). Zufahrt über Tamsweg auch mit dem Bus Linie 740.

Route: Vom Parkplatz entlang der Zufahrtsstraße (Abkürzungen sinnvoll) über die Prodingeralm hinauf zur bis Mitte September bewirtschafteten Preberhalterhütte (1 862 m). Bei der Hütte nach

Berge, Berge, Berge. Blick vom Preber nach Nordwesten in die Niederen Tauern.

Norden hinauf zu einem Bildstock, dann über schönes Almgelände zur ersten Wegverzweigung (Wegweiser), wo es nach links (West) zum Preberkessel geht. Der Anstieg führt aber weiter nach Norden hinauf bis zur Quelle am Roßboden (2 200 m). Nun weiter auf Nordwest drehend, an der Abzweigung zur Roßscharte vorbei und in langer Hangquerung leicht fallend zum oberen Ende des Preberkessels. Aus diesem geht es weiter steil hinauf in das Mühlbachtörl (2 478 m) und etwas blockig am Nordgrat hinauf zum Gipfelkreuz. Abstieg nach Süden in die Roßscharte (Wegweiser) und den Hang südwestwärts hinab, bis man wieder auf den Anstiegsweg trifft.

Einkehr: Preberhalterhütte, Ludlalm www.ludlalm.at

Variante: Landschaftlich sehr lohnend ist auch der Anstieg ab der ersten Abzweigung nach links durch den Preberkessel hinauf ins Mühlbachtörl (dauert zirka 15 Minuten länger).

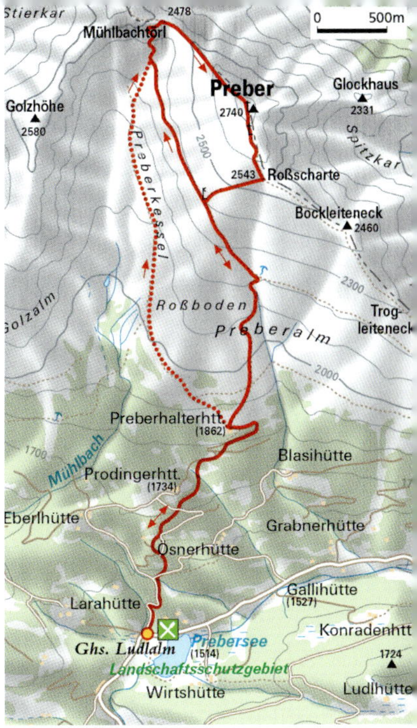

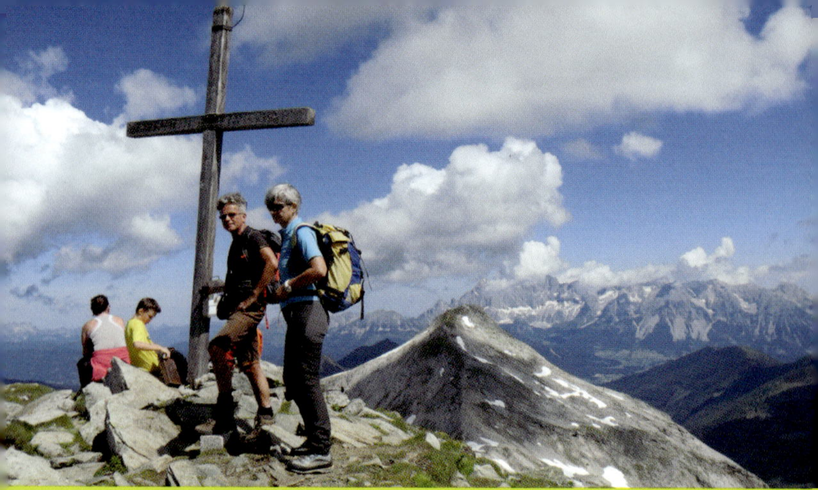

57 Kalkspitzen

Pichl/Preunegg
Schladminger Tauern

Die zwei Grenzberge zwischen der Steiermark und Salzburg treten immer im Doppelpack auf, sie sind die Zwillinge der Niederen Tauern – wie Castor und Pollux im Schweizer Wallis, nur deutlich niedriger und auch einfacher zu erreichen.

Steirische Kalkspitze: 2 459 m
Lungauer Kalkspitze: 2 471 m

Anforderung: T3. I. Trittsicherheit erforderlich. 1 000 Höhenmeter, für beide Gipfel 3,5 Stunden Anstieg.

Ausrüstung: Wanderausrüstung.

Ausgangspunkt/Anfahrt: Parkplatz Ursprungalm (1 580 m). Zufahrt über eine Mautstraße von der B 320 knapp nach der Grenze Salzburg-Steiermark auf der steirischen Seite.

Route: Von der Ursprungalm auf dem Almweg nach Südosten zur Giglachseehütte und einfach weiter nach Süden in den Znachsattel (Wegweiser, 2 059 m). Hier an der Landesgrenze dreht der Weg auf West. Anfangs geht es bergauf, dann fast flach nach Nordwesten in die Akarscharte (2 315 m), die genau zwischen den beiden

Auf der Lungauer Kalkspitze. Dahinter ihre steirische Schwester.

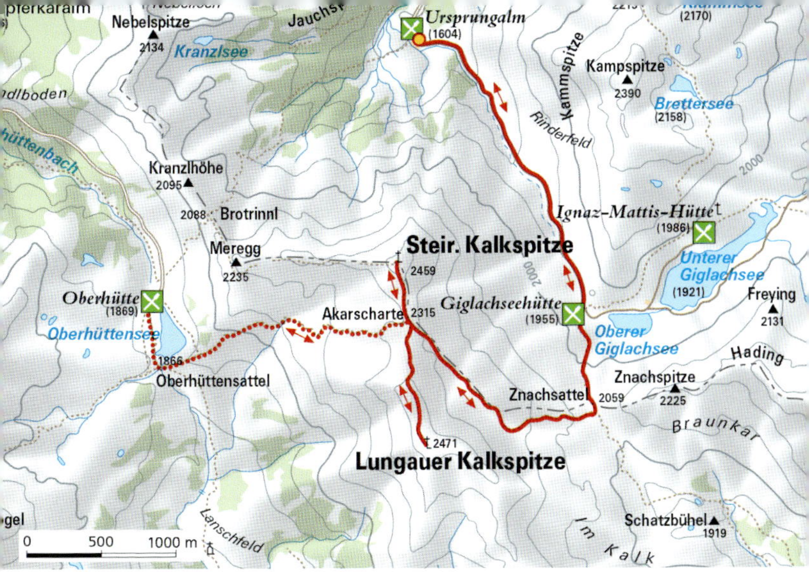

Kalkspitzen liegt. Die Lungauer Kalkspitze erreicht man bequem nach Süden auf einem breiten Rücken, dann geht's wieder retour in die Akarscharte. Die Steirische Kalkspitze macht es einem nicht ganz so leicht, der Anstieg über den Südgrat zum Gipfel erfordert schon etwas Handeinsatz (I). Abstieg retour in die Akarscharte und dann wie Anstieg.

Einkehr: www.ursprungalm.at, www.giglachsee-huette.at, www.oberhuette.at

Variante: Alternativ kann man auch von der Westseite ansteigen. Mit dem Pkw von Forstau nach Süden zur Vögeialm (1 356 m). Von hier auf dem Hüttenzustieg gemütlich nach Südosten zur Oberhütte (1 869 m) und am See vorbei zum Oberhüttensattel (Wegweiser, 1 866 m). Vom Sattel scharf nach Osten, anfangs durch Latschen, dann flacher durch Mulden und über einige Buckel in die Akarscharte – weiter wie oben. Abstieg wie Anstieg. (T3, 1 250 Höhenmeter, für beide Gipfel 4,5 Stunden Anstieg).

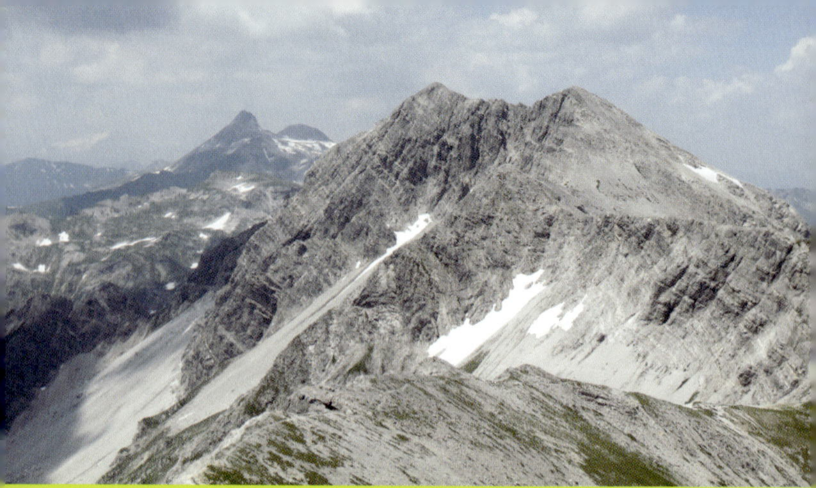

58 Großer Pleißlingkeil 2 501 m

Obertauern
Radstädter Tauern

Der Große Pleißlingkeil führt direkt auf den Alpenhauptkamm. Am besten kommt man von der Obertauern-Seite hierher. Zurück geht es über die einladende Südwienerhütte.

Anforderung: T4. I. Anspruchsvollere Bergtour. Trittsicherheit und Schwindelfreiheit erforderlich. 1 350 Höhenmeter, 4 Stunden Anstieg.

Ausrüstung: Wanderausrüstung.

Ausgangspunkt/Anfahrt: Parkplatz an der Straße über den Radstädter Tauern-Pass bei der Abzweigung zur Felseralm (1 520 m).

Route: Entlang der Zufahrtsstraße hinauf zum Jugendhotel Felseralm, dahinter durch lichten Lärchenwald nach Süden und an der Einmündung des Hirschwandsteiges (Wegweiser) vorbei steil nach Süden zum Wildsee. Weiter nach Süden an der Westseite des Sees durch zunehmend felsig-schrofiges Gelände auf den Tauernhauptkamm zwischen Glöcknerin und Großwandspitzen. Hier nach Westen und durch die Südflanke des Gipfelaufbaus der Hinteren Großwandspitze auf den

Der Doppelgipfel des Großen Pleißlingkeils. Links dahinter der Zacken des Mosermandls.

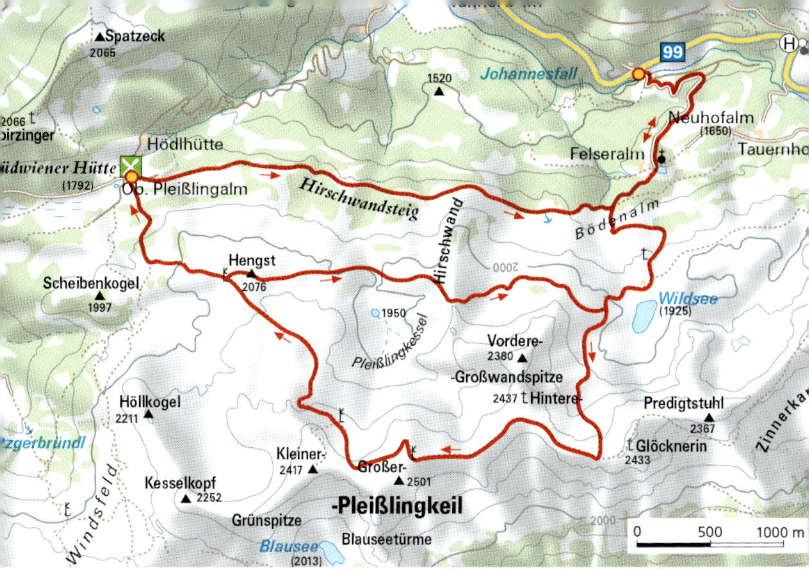

Grat zum Pleißlingkeil. In wenigen Schritten nach Norden zum Gipfel der Hinteren Großwandspitze (2 437 m). Nun am Grat hinüber zum Großen Pleißlingkeil nach Westen: Der Weg verläuft immer etwas rechts des Grates und führt dann zu einem schottrigen Aufschwung auf den Ostgipfel und über mehrere leichte Kletterstellen nach Westen auf den Hauptgipfel. Abstieg vom Gipfel nach Norden über Schuttfelder zum Steig und an der Ostseite des Kleinen Pleißlingkeils vorbei zur Abzweigung (Wegweiser). Hier noch ein Stück nach Nordwest, dann über viele Kuppen und durch Mulden zum Hengst und hier nach Osten zurück zum Wildsee oder vom Hengst hinunter durch Lärchenwald zur Südwiener Hütte. Retour geht es dann am landschaftlich besonders schönen Hirschwandsteig bergauf-bergab zur Abzweigung oberhalb der Felseralm.

Einkehr: www.suedwienerhuette.gebirgsverein.at

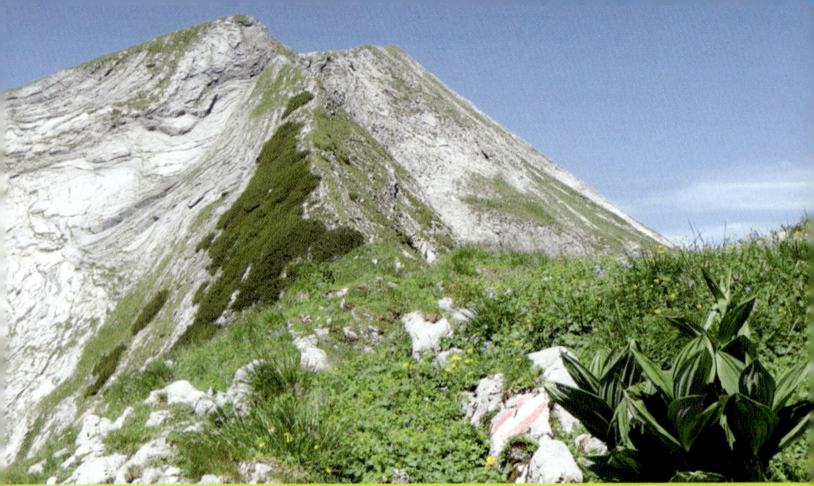

59 Steinfeldspitze 2 344 m

Zauchensee
Radstädter Tauern

Die Steinfeldspitze ist ein Felsriegel, der das Zauchtal nach Süden abschließt. Sie gehört zu den bestimmenden Gipfeln in den Radstädter Tauern.

Anforderung: T3. Anspruchsvolle Bergtour. Schwindelfreiheit und Trittsicherheit obligat. 1 000 Höhenmeter und 3 Stunden Anstieg.

Ausrüstung: Wanderausrüstung.

Ausgangspunkt/Anfahrt: Parkplatz Skigebiet Zauchensee (1 360 m).

Route: Entlang der Almstraße zur Oberzauchenseealm und durch Lärchenwald weiter nach Süden auf die Stubhöhe (1 739 m). Ab hier teils in Kehren über schrofige Stellen in den Sattel zwischen Bärenstaffl (Abstecher zum Kreuz lohnend) und Steinfeldspitze, ehe der weitere Weg vom Ostgrat der Steinfeldspitze vorgegeben wird. Dieser wird kurz luftig, über eine seilgesicherte Stelle geht es auf den grasbewachsenen Gipfel. Abstieg wie Anstieg.

Einkehr: Felseralm in Zauchensee www.felseralm-zauchensee.at

Variante 1: Auf die Stubhöhe kommt man auch von der Vorder-

Steinfeldspitze: Anstieg über den Ostgrat.

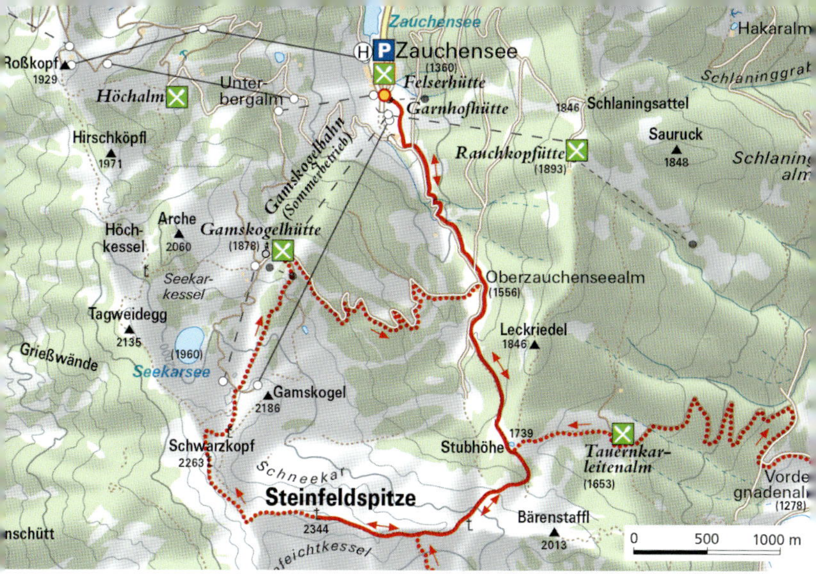

gnadenalm (1 272 m) an der Straße über den Radstädter Tauern. Der Weg führt über die Tauernkarleitenalm. (T3, 1050 Höhenmeter, 3 Stunden Anstieg).

Variante 2: Abstieg vom Gipfel über den felsigen Gratsteig nach Nordwesten in das Schneekar und aus diesem mit einem Gegenanstieg von etwa 100 Höhenmetern auf den Schwarzkopf (2 263 m). Der Abstieg vom Schwarzkopf führt ein kurzes Stück über den Nordrücken, dann verlässt der Steig den Berg nach Osten und man wandert über die Gamskogelbergstation auf dem markierten Steig hinunter zur Gamskogelhütte. Zurück nach Zauchensee geht es entlang der Almstraße (T3, 1150 Höhenmeter und 6 Stunden gesamt).

Variante 3: Auf den Ostgrat der Steinfeldspitze kommt man auch von der Hafeichtscharte auf einem markierten Steig. Zustieg von der Talstraße Flachauwinkl (Durchlass unter der Autobahn, Wegweiser „Südwienerhütte" über die sehenswerte Hafeichtkapelle.

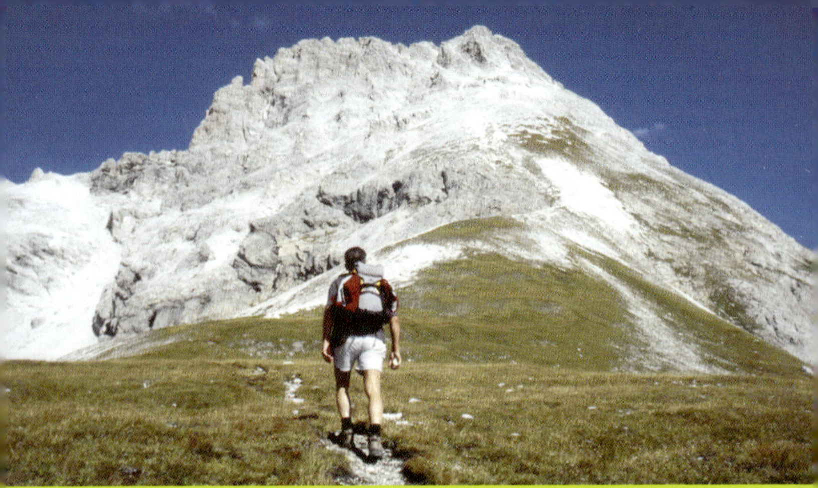

60 Mosermandl 2 680 m

Zederhaus
Radstädter Tauern

Das Große Mosermandl ist zwar nicht der höchste Gipfel der Radstädter Tauern, es ist aber die dominierende Berggestalt der Region mit zentraler Lage. Ein „Must-Have" für jeden ambitionierten Bergwanderer.

Anforderung: T3. Anspruchsvollere Bergwanderung, 1 200 Höhenmeter und 3 Stunden Anstieg.

Ausrüstung: Wanderausrüstung.

Ausgangspunkt/Anfahrt: Schliereralm (1 495 m) im Naturpark Riedingtal (www.naturpark-riedingtal.at). Zufahrt von Zederhaus nach Norden zum Talschluss und auf der Mautstraße ins Riedingtal.

Route: Von der Schliereralm auf der Straße einige Meter talauswärts, dann (Wegweiser) hinauf Richtung Jakoberalm. Kurz vor der Jakoberalm zweigt vom Almweg (Wegweiser) der Zentralalpenweg 02 ab. Diesem nach Westen an die Ausläufer eines Rückens, der vom Mosermandl herunterzieht, folgen. Hier teilt sich der Weg. Zum Mosermandl geht es nach Nordosten durch ein kleines Kar auf den Rücken und auf diesem direkt zum felsigen Gipfelaufbau. Der Gipfelanstieg selbst

Anstieg über einen grasigen Rücken zum Felsaufbau des Großen Mosermandls.

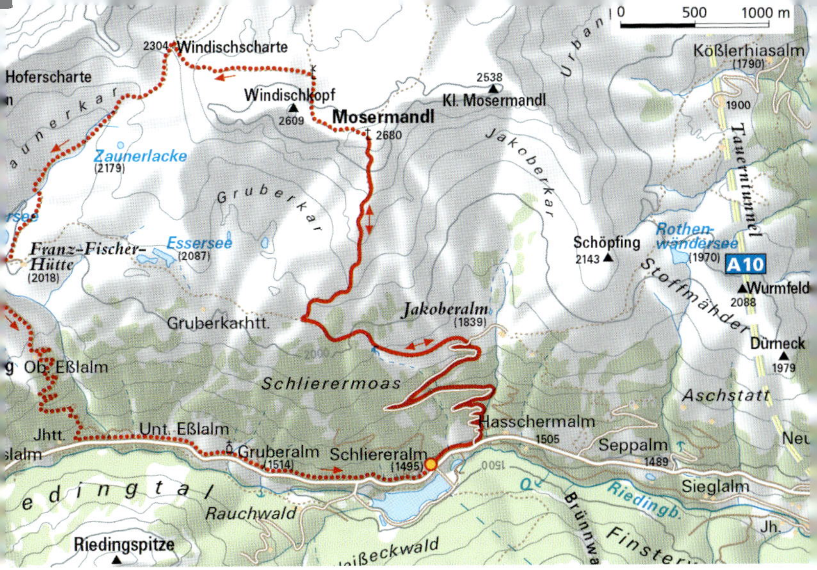

verlangt dann im Fels Trittsicherheit – man steigt durch eine kleine Rinne entlang von Seilsicherungen auf. Abstieg wie Anstieg.

Einkehr: www.schliereralm.at, Kirchenwirt in Zederhaus www.alpingasthof-kirchenwirt.at

Variante: Vom Gipfel nach Westen zu einer steilen Rinne. Diese entlang von Stahlseilen und Stiften hinunter in die Senke zwischen Mosermandl und Windischkopf (2 609 m, unmarkierter Gipfelanstieg lohnend). Nun durch das Karstgelände nach Westen in die Windischscharte (2 304 m) und hinunter in das Zaunerkar zur Franz-Fischer-Hütte (www.franzfischerhuette.at). Nun auf dem Hüttenweg nach Süden in das Riedingtal und am Talboden (gesperrte Straße) retour zur Schliereralm. Dort wo der Hüttenweg die Riedingtalstraße erreicht, ist auch ein Tälerbus-Haltepunkt. Der Bus verkehrt aber nur in der Hauptsaison (www.taelerbus.at, T4, Gesamtrunde 7,5 Stunden).

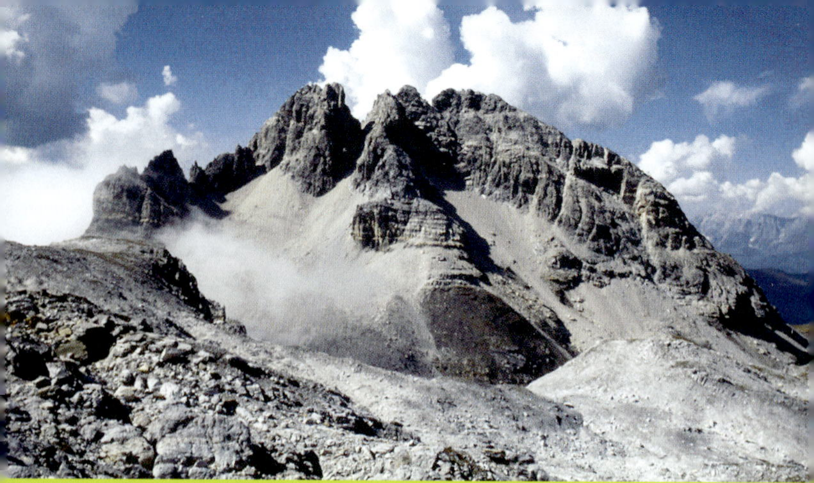

61 Faulkogel 2 654 m

Flachauwinkl
Faulkogel

Dass der Name des Faulkogels vom mürben Gestein herrührt, aus dem der Gipfel besteht, ist naheliegend. Jedenfalls muss man sich hier auf ziemlich viel Geröll einstellen. Die Schlüsselstellen sind aber alle gut gesichert. Dass der Faulkogel auf diversen Klettersteigplattformen auftaucht, ist freilich übertrieben. Der Normalweg ist ein gesicherter Steig, kein Klettersteig.

Anforderung: T4. I. A/B. Anspruchsvolle Bergtour. Trittsicherheit, Schwindelfreiheit obligat. 1 550 Höhenmeter, 4,5 Stunden Anstieg.

Ausrüstung: Wanderausrüstung, Kletterhandschuhe.

Ausgangspunkt/Anfahrt: Tauernautobahn bis Flachauwinkl und auf der Talstraße nach Süden rund 4 Kilometer bis zu einem Parkplatz bei der Abzweigung der Straße zu den Marbachalmen (Wegweiser, Punkt 1 106 m).

Route: Auf der Almstraße dem Marbach entlang nach Süden, an den gefassten Quellen vorbei zu den gleichnamigen Almen. Von hier auf dem Wanderweg hinauf zur Ursprungalm (1 531 m). Der Weg führt weiter an die Felsen heran und

Ein morscher Backenzahn: Der Faulkogel.

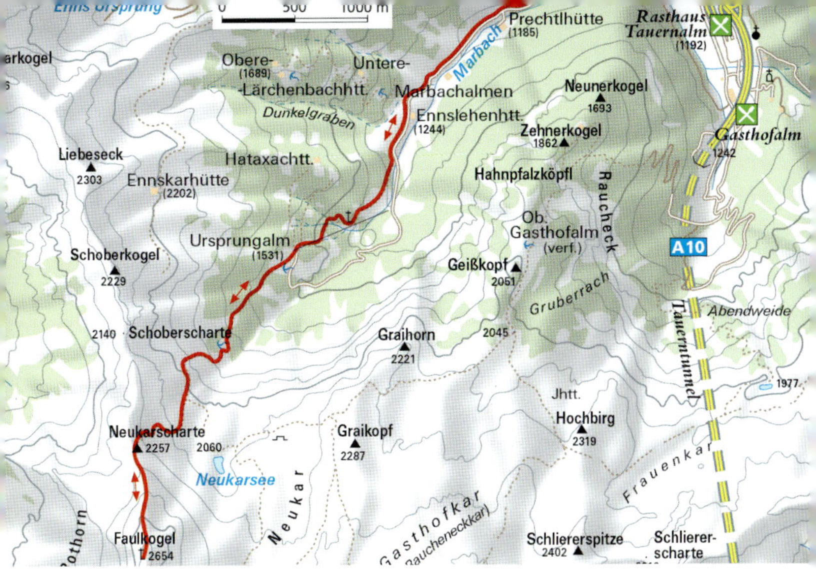

es folgt eine felsige Querung, die mit einem Seil gesichert ist. Dahinter wieder einfacher zu einer Wegteilung (Wegweiser). Links geht es zum Neukarsee (2 060 m, Abstecher eventuell zum Füße-Abkühlen im Abstieg), rechts hinauf in die Neukarscharte (2 257 m). Nun südwärts und hier wird es langsam ernster: Zuerst eine kurze seilgesicherte Rinne entlang, dann durch einen Kessel zu einem seilgesicherten, steilen Kamin. Nach dieser anspruchsvolleren Stelle folgen viele Schrofen und Schutt, zuletzt müssen am Nordgrat zum Gipfel hin noch zwei kleinere Zacken überklettert werden (I). Abstieg wie Anstieg.

Einkehr: Der Schauphof an der Straße von Flachauwinkl nach Süden bietet Köstliches aus der bäuerlichen Produktion www.schauphof.at

Variante: Alternativ kann man aus dem Marbachtal gleich bei der ersten Hütte nach den Quellen auf dem Almweg nordwestwärts zur Ranstlalm (1 502 m) ansteigen. Von hier weglos (Steigspuren) nach Nordwesten in den Sattel zwischen Schilchegg und Benzegg und am Rücken nach Nordosten auf das Benzegg (2 076 m). Abstieg wie Anstieg. (T2, 1 000 Höhenmeter, 2,5 Stunden Anstieg).

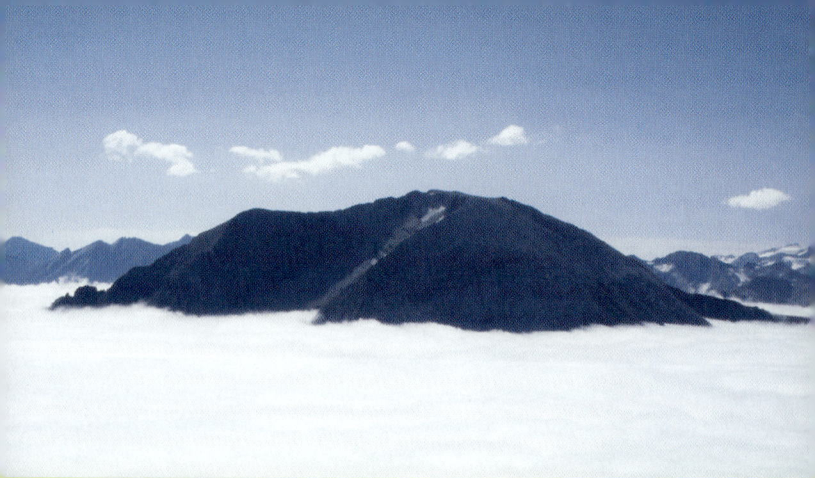

62 Weißeck 2 711 m

Zederhaus/Muhr
Radstädter Tauern

Das Weißeck ist der Höchste in den Radstädter Tauern. Charakteristisch ist das nach Norden gerichtete Ödenkar – eines der schönsten Kare in der heimischen Bergwelt. Die Zustiege von Norden wie von Süden erfolgen über die Riedingscharte. Sie sind einfach und landschaftlich ebenbürtig.

Anforderung: T2. Einfache Bergwanderung auf einem nicht markierten Steig. 1 200 Höhenmeter, 3 Stunden Anstieg.

Ausrüstung: Wanderausrüstung.

Ausgangspunkt/Anfahrt: Schliereralm (1 495 m) im Naturpark Riedingtal (www.naturpark-riedingtal.at). Zufahrt von Zederhaus nach Norden zum Talschluss und auf der Mautstraße ins Riedingtal.

Route: Auf der Straße vom Parkplatz kurz taleinwärts, bis gleich nach dem See eine Straße nach links unten abzweigt. Dieser folgt man an einer Wildfütterung vorbei bis zur letzten Kehre, hier in der Kurve auf einem Fahrweg hinauf zur Stieralm (1 805 m). Hinter der Almhütte folgt man durch den lichten Lärchenwald einem nicht markierten Steig, der anfangs etwas steiler, dann flach als lange Hangquerung nach Süden an den

Trüb im Tal – hell in der Höhe: Das Weißeck ragt aus der herbstlichen Nebelsuppe.

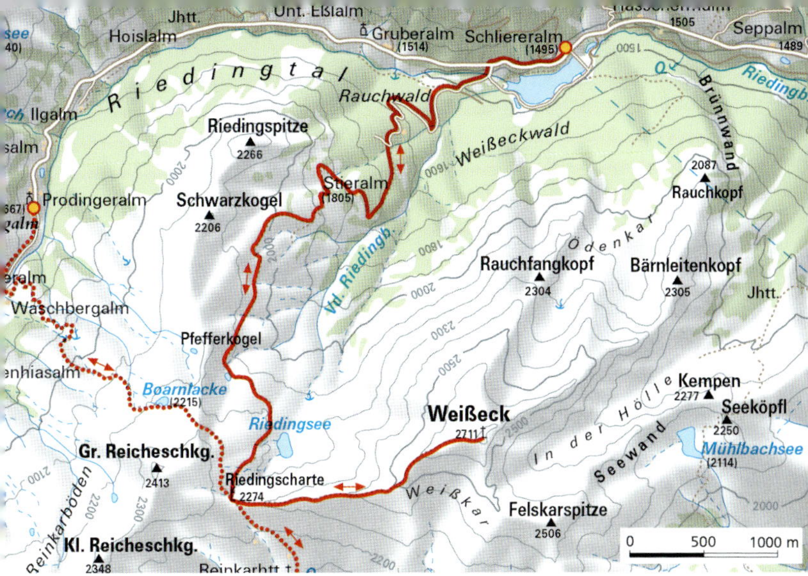

malerischen Seen vorbei in die Riedingscharte (2 274 m, Wegweiser) führt. Nun auf dem breiten Rücken und ohne Schwierigkeiten hinauf auf das fußballfeldgroße Gipfelplateau. Abstieg wie Anstieg oder aber von der Riedingscharte auf dem markierten Weg nach Nordwesten über die Boarnlacke zur Zauneralm und auf der Straße hinaus zur Königalm. Retour mit dem Tälerbus zur Schliereralm (www.naturpark-riedingtal.at).

Einkehr: www.schliereralm.at, www.koenigalm.at, Kirchenwirt in Zederhaus www.alpingasthof-kirchenwirt.at, Sticklerhütte www.alpenverein.at/sticklerhuette

Variante: Ähnlich ist der Anstieg von Süden. Zufahrt zum Talschluss im Murtal zur Arsenhütte (1 341 m) und weiter zum Schranken bei der Muritzenalm (1 565 m). Nun zu Fuß auf der gesperrten Zufahrt zur Sticklerhütte (1 750 m) und über die Reinkarhütte (Kreuz, Quelle) in die Riedingscharte (T2. 1 150 Hohenmeter, 3,5 Stunden Anstieg).

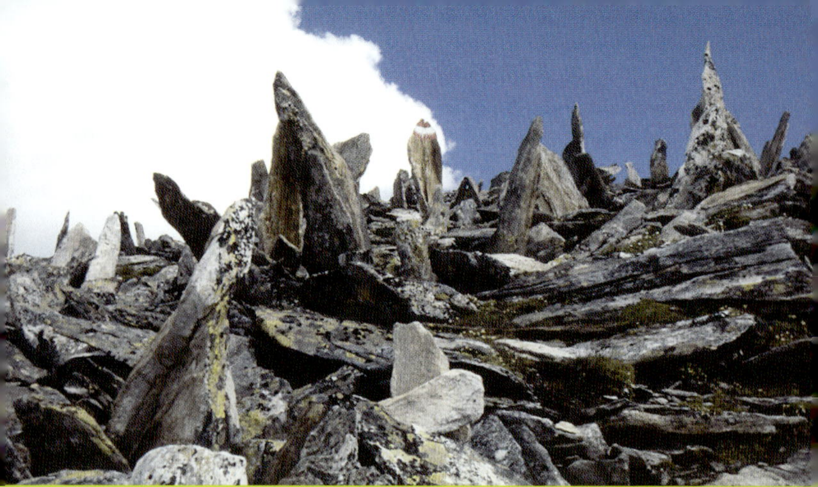

63 Großer Hafner 3 076 m

Malta
Hafnergruppe

Der große Hafner gilt in der Literatur als östlichster „wanderbarer" Dreitausender. Bekannt ist er vor allem durch sein außergewöhnliches Panorama. Die zwei hier vorgestellten Normalwege sind nahezu gleichwertig – auch wenn die „Salzburger-Variante" einen Tick schwieriger ist.

Anforderung: T4. I. A/B. F. Konditionell anspruchsvolle Bergtour, 1 200 Höhenmeter und 4,5 Stunden Anstieg.

Ausrüstung: Wanderausrüstung. Hochgebirgstaugliche Bekleidung.

Ausgangspunkt/Anfahrt: Ende der mautpflichtigen Maltatal-Hochalmstraße (1 930 m).

Route: Vom Sporthotel Malta am Hüttenzustiegssteig nach Südosten etwas langwierig zur Kattowitzer Hütte (2 321 m, hierher auch direkt von der empfehlenswerten Gmündner Hütte an der Maltastraße). Nun nach Norden ins Ochsenkar und ziemlich steil hinauf auf die Marschneid. In der Scharte trifft man auf den Steig von der Salzburger Seite (Wastlkarscharte/Variante). Der weitere Weg folgt in etwa dem Grat über plattige Stellen und

Charakteristische Steinmandl-Galerie am Weg zum Hafner.

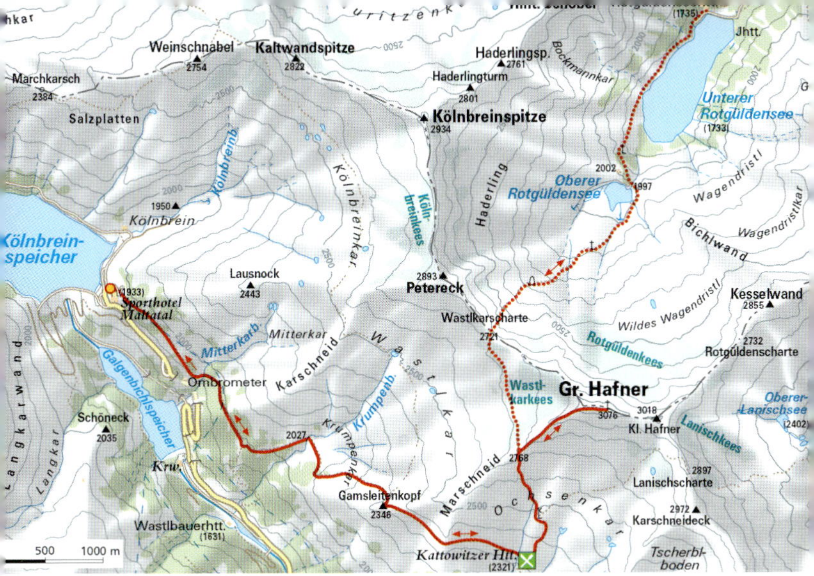

Blöcke (kurze Stellen I oder auch mit Seilen gesichert), bis man nach einem Sattel zum Gipfelaufbau kommt. Einfach hinauf zum Kreuz. Abstieg wie Anstieg.

Einkehr: Kattowitzer Hütte +43 (0)664 9148021, Gmündnerhütte an der Maltastraße www.gmuendnerhuette.at

Variante: Zufahrt zum Talschluss im Murtal zur Arsenhütte (1 341 m). Vom Parkplatz auf der Zufahrtsstraße (Abschneider nehmen) zur Rotgüldenseehütte (1 735 m). Am See entlang dann eine Stufe hinauf auf den oberen Rotgüldensee und weiter nach Südwesten über Geröll in die Wastlkarscharte. Diese wird entlang von Stahlseilen und Trittbügeln erklettert (A/B). Durch das Wastlkar gemütlich nach Süden auf die Marschneid. Weiter wie oben. Abstieg wie Anstieg. (T4, I. A/B. F. Konditionell anspruchsvoll, 1 750 Höhenmeter und 5 Stunden Anstieg. Kletterhandschuhe angenehm.)

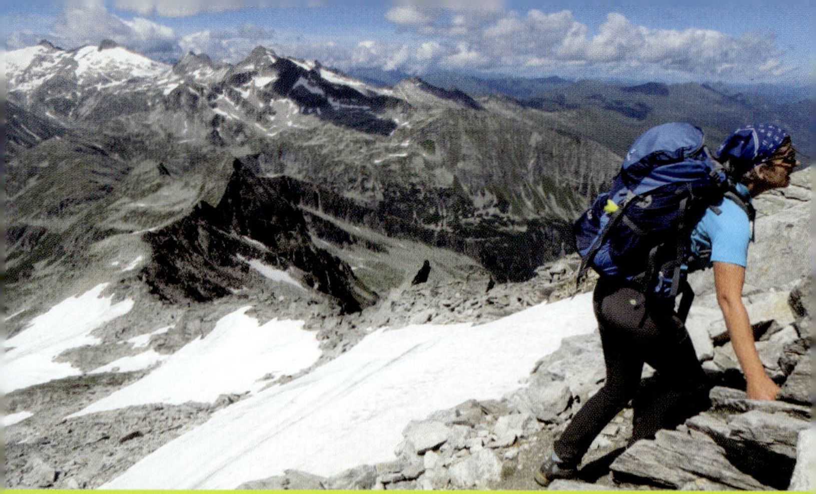

64 Weinschnabel 2 754 m

Malta
Hafnergruppe

Die Kölnbreinsperre im Kärntner Maltatal ist Österreichs größter Stausee. Von hier starten die Anstiege auf Weinschnabel und Keeskogel (Tour 65) an der Grenze zwischen Kärnten und Salzburg. Die Szenerie ist gewaltig, sie wird von den Dreitausendern Hochalmspitze (Tour 66), Ankogel (Tour 68) und Hafner (Tour 63) bestimmt.

Anforderung: T4. Technisch mittelschwere Bergwanderung, im Gipfelbereich kurz I. Trittsicherheit notwendig. 850 Höhenmeter und 3,5 Stunden auf den Weinschnabel.

Ausrüstung: Wanderausrüstung. Bekleidung für das hochalpine Gelände.

Ausgangspunkt/Anfahrt: Ende der mautpflichtigen Maltatal-Hochalmstraße (1930 m).

Route: Vom Parkplatz entlang der Straße an der Nordseite des Stausees flach bis zur Abzweigung „Jagasteighütte". Hier beginnt der steile Weg nach Norden Richtung Arlscharte und Hüttschlag. Bald nach der kleinen Hütte zweigt der Weg zum Weinschnabel

Dynamischer Anstieg auf den Weinschnabel.

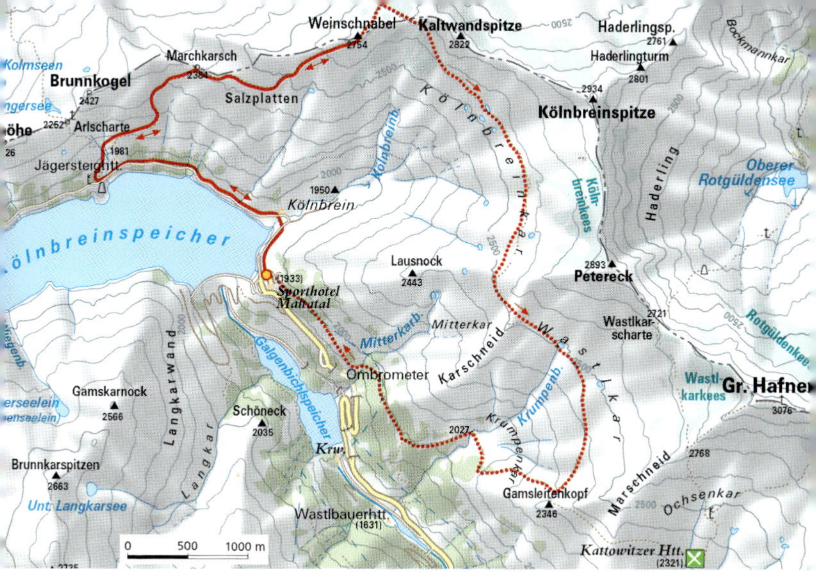

(Wegweiser) nach Nordosten ab. Nun auf dem Zentralalpenweg „02" in die Marchkarscharte (2384 m) und weiter nach Nordosten auf den Weinschnabelgipfel, wo man die letzten Meter etwas in den Fels greifen muss. Abstieg wie Anstieg.

Einkehr: Gmünderhütte an der Maltatal Hochalmstraße www.gmuenderhuette.at

Variante: Vom Gipfel nach Nordosten Richtung Schwarzseen, bis es bei einem Wegweiser wieder bergan nach Südosten in eine Scharte bei der Kalten Wand geht. Dahinter steil durch Blockgelände hinunter ins Kölnbreinkar und durch dieses bergauf-bergab südwärts (Schneefelder, Blockgelände, teilweise schwach markiert) ins Wastlkar, bis man auf den Hüttenweg zur Kattowitzer Hütte trifft (Wegweiser). Ab hier wird der Steig besser, man wandert retour nach Nordwesten ins Krumpenkar, durch das der Krumpenbach seine bilderbuchhaften Mäander zieht. Zum Schluss ohne großen Höhenverlust oberhalb der Maltatalstraße retour zur Kölnbreinsperre (250 Höhenmeter zusätzlich, Orientierungssinn erforderlich, 4,5 Stunden vom Gipfel zur Kölnbreinsperre).

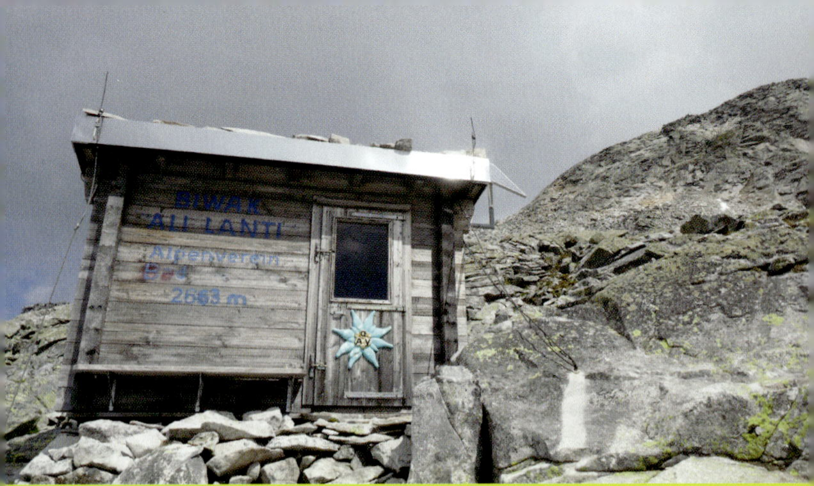

65 Keeskogel 2 886 m

Malta
Hafnergruppe

Wahrzeichen des Keeskogels ist das Ali-Lanti-Biwak auf der Kleinelendscharte. „Ali Lanti" kommt aus dem Althochdeutschen und bedeutet so viel wie „anderes Land" – steht also für den Übergang von Nord nach Süd. Einst aus alten Seilbahngondeln zusammengeschweißt ist das Biwak heute eine moderne Notunterkunft mit viel Komfort. Der Keeskogel selbst ist ein Berg, bei dem die Klimakrise gut zu beobachten ist: Der ehemals leichtere Anstieg über das Gstößkees ist völlig verschwunden, man muss die anspruchsvollere Variante über den Nordgrat nehmen.

Anforderung: T5. Anspruchsvolle Bergtour, Stellen I, kurz II. 1 000 Höhenmeter und 4 Stunden Anstieg.

Ausrüstung: Wanderausrüstung.

Ausgangspunkt/Anfahrt: Ende der mautpflichtigen Maltatal-Hochalmstraße (1 930 m).

Route: Vom Parkplatz an der Nordseite des Kölnbreinspeichers entlang – fast eben – bis zur Brücke des Kleinelendbaches (Wegweiser). Hier entlang des markierten Steigs – nie steil, aber stetig steigend nach Nordwesten. Oberhalb der Steinkarwand wird das Gelände sogar fast flach, bevor es dann über die glatten Felsen

Das neue Ali-Lanti-Biwak, rechts dahinter der Keeskogel.

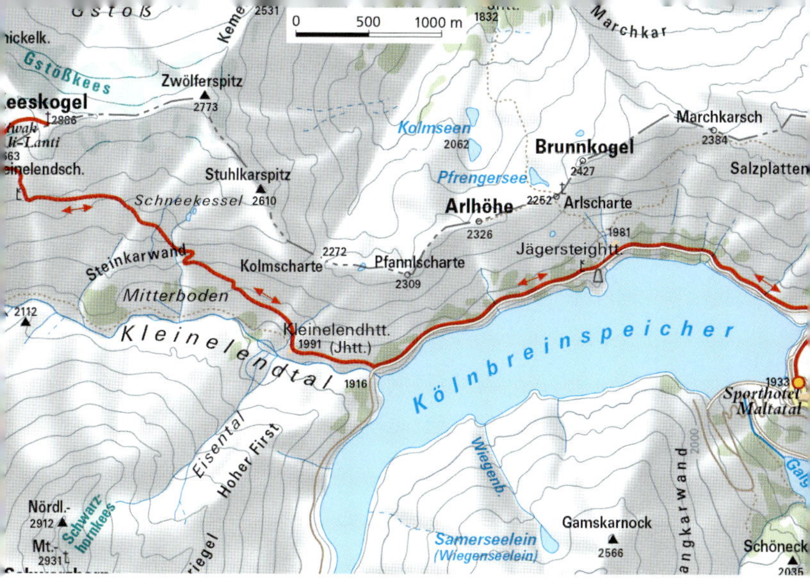

und Schutt in die Kleinelendscharte (2 663 m, Wegweiser) und zur Biwakhütte geht. Hinter dem Hütterl weglos (anfangs noch Steinmandln) nach Nordosten in unangenehm blockiges, mühsames Gelände und hinauf auf den Grat. Am Nordgrat in leichter Kletterei kurz hinauf, dann einfacher zum Kreuz. Abstieg wie Anstieg.

Einkehr: Gmünderhütte an der Maltatal Hochalmstraße www.gmuenderhuette.at

Variante: Ein landschaftlich sehr schöner Anstieg führt auch von Gastein über den Gasthof Prossau (1 279 m) im Kötschachtal herauf. Das ist allerdings weit, man muss ab der Prossau mindestens 4,5 Stunden veranschlagen. Am besten als Überschreitung machbar.

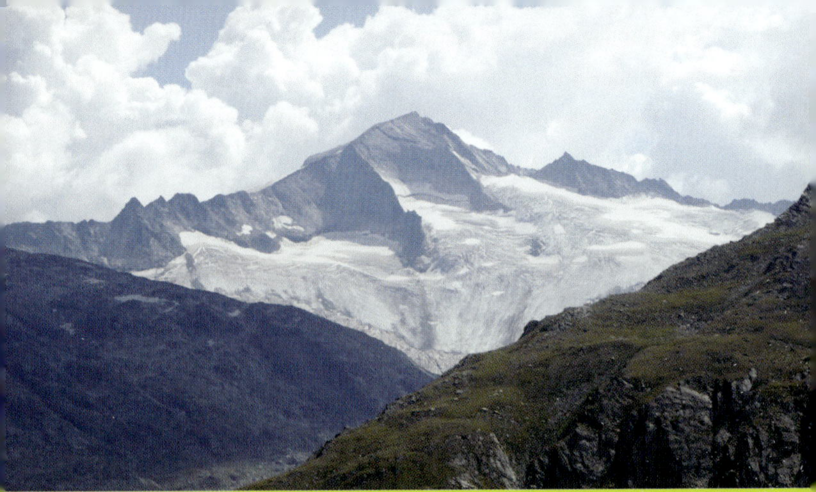

66 Hochalmspitze 3 360 m

Malta
Ankogelgruppe

Die Paradetour auf die Hochalmspitze ist die Überschreitung von Süden. Aber der Anstieg auf die Hochalmspitze ist durch den starken Gletscherrückgang in den vergangenen Jahren deutlich schwieriger und auch gefährlicher geworden. Vor dem Start unbedingt Bedingungen auf der Gießener Hütte erfragen!

Anforderung: T6. II. C. PD+. Ernste, kombinierte Hochtour mit Klettersteig. Übernachtung empfohlen. 1 700 Höhenmeter Anstieg, Gesamtrunde ab der Hütte 10 Stunden.

Ausrüstung: Gletscherausrüstung, Helm, Kletterhandschuhe, Klettersteigset. Hochgebirgstaugliche Bekleidung.

Ausgangspunkt/Anfahrt: Parkplatz Gößkarspeicher (1 640 m). In das Maltatal Richtung Malta, dann weiter Richtung Kölnbreinspeicher und bei Koschach in den Gößgraben.

Route: Vom Parkplatz entlang des markierten Hüttenzustieges (Zufahrtsstraße und Abschneider) nach Norden zur Gießener Hütte (2 215 m). Von der Hütte nach Norden, bei der Verzweigung nach

Gewitterstimmung über der Hochalmspitze, oft auch Tauernkönigin genannt.

Nordwesten (Schwarzenburger Weg) bis zur nächsten Verzweigung. Hier nach Norden in die Lassacher Winkelscharte (2 856 m). Nun folgt der Anstieg dem Detmolder Grat (ab der Winkelspitze seilgesichert) und führt zunehmend steil hinauf zum Kreuz. Sind die Sicherungen eingeschneit, ist selbst zu sichern. Abstieg vom Kreuz ostwärts, ausgesetzt am Fels und teilweise versichert zu den Steinernen Mandln. Nun sehr steil (abseilen!) hinunter zum Trippkees (Übergang auf den Gletscher unter Umständen schwierig. Sichern!) dann weiter nach Süden an einem kleinen See vorbei und am Rudolfstädter Weg retour zur Hütte.

Einkehr: www.giessener-huette.de

Variante: In die Lassacher Winkelscharte kommt man auch vom Säuleck (Tour 67) über den Detmolder Grat. Dieser teilweise seilversicherte Steig (T6, II, C) führt nach Nordosten einigermaßen exponiert über die Gussenbauer Scharte und die Schneewinkelspitze in die Lassacher Winkelscharte.

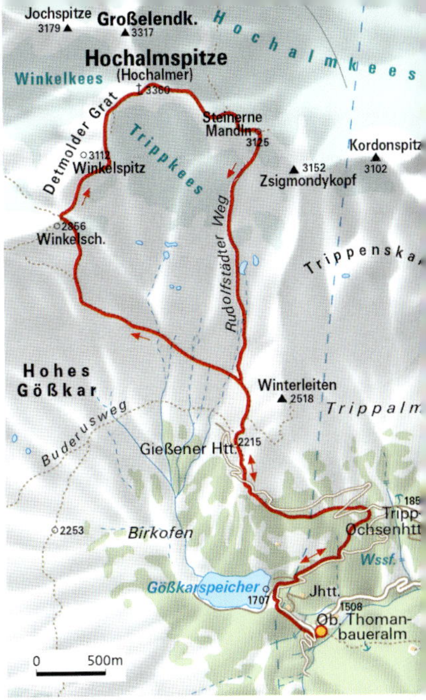

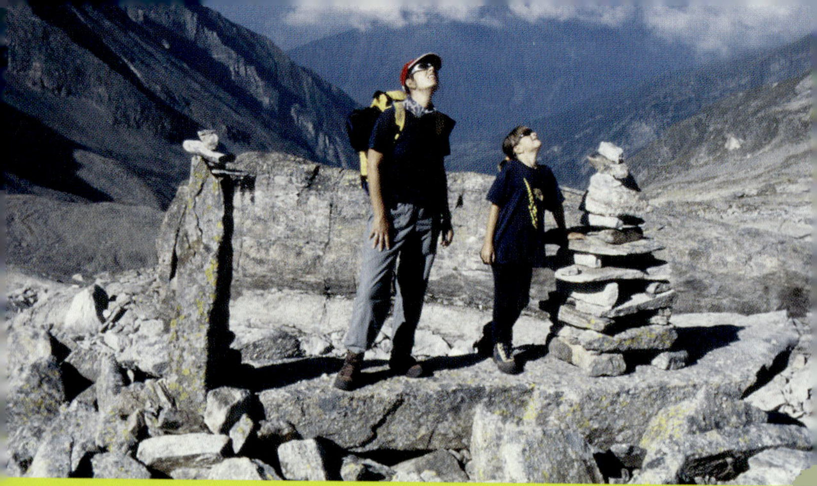

67 Säuleck 3 086 m

Mallnitz
Ankogelgruppe

Vielen gilt das Säuleck als der leichteste Dreitausender in den Hohen Tauern. Durch den etwas längeren Zustieg darf man das Säuleck als Tagestour dennoch nicht unterschätzen. Gut dass das gemütliche Arthur-von-Schmid-Haus am Weg liegt.

Anforderung: T3. Mittelschwere Bergwanderung in hochalpiner Umgebung. 800 Höhenmeter und 2,5 Stunden von der Hütte. Hüttenzustieg 850 Höhenmeter und 2,5 Stunden.

Ausrüstung: Wanderausrüstung, hochalpine Bekleidung.

Ausgangspunkt/Anfahrt: Nationalpark-Parkplatz Dösental (1 441 m). Mit dem Pkw hinter dem Bahnhof nach Osten in das Dösental. Das Säuleck gehört zu den wenigen Bergzielen, die wirklich gut mit Öffis erreichbar sind. Mallnitz-Obervellach wird auch von Fernzügen angefahren (www.oebb.at). Dann weiter mit dem Wanderbus ins Dösental. Infos bei Tourismusverband Mallnitz +43 (0)4784 290.

Route: Am Weg Nr. 510 vom Parkplatz nach Osten an der

Ein kritischer Blick. Aber das Säuleck ist zwar ein Dreitausender, aber nicht schwierig.

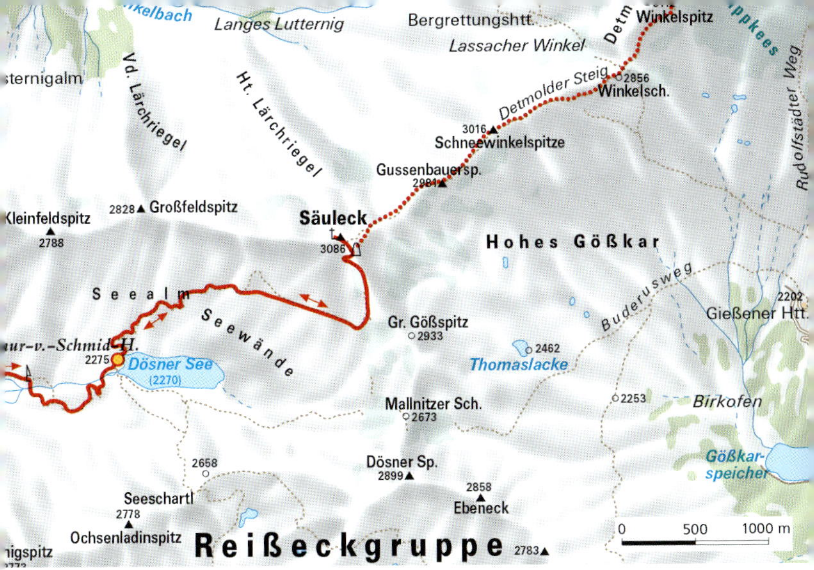

Konradlacke vorbei einfach hinauf zum Schmid-Haus. (Übernachtung empfohlen, sonst kommt die Tour auf etwas über 1 600 Höhenmeter.) Von der Hütte steil nach Norden auf die weiten Böden der Seealm und flacher werdend unter die Südwestabstürze des Säulecks. Am Ende der Felsengalerie öffnet sich unverhofft eine breite Rampe (im Frühsommer Firnflecken), die in blockigem Gelände bis unter den Gipfel leitet. Abstieg wie Anstieg.

Einkehr:
www.arthurvonschmidhaus.at

Variante: Ein ganz anderes Kapitel beginnt am Säuleck-Gipfel mit dem Detmolder Grat. Dieser teilweise seilversicherte Steig (T6, II, AD-) führt nach Nordosten einigermaßen exponiert über die Gussenbauer Scharte und die Schneewinkelspitze in die Lassacher Winkelscharte (Ein- beziehungsweise Ausstieg von/zu der Gießener Hütte, vergleich Tour Nr. 66) und weiter hinauf zur Hochalmspitze.

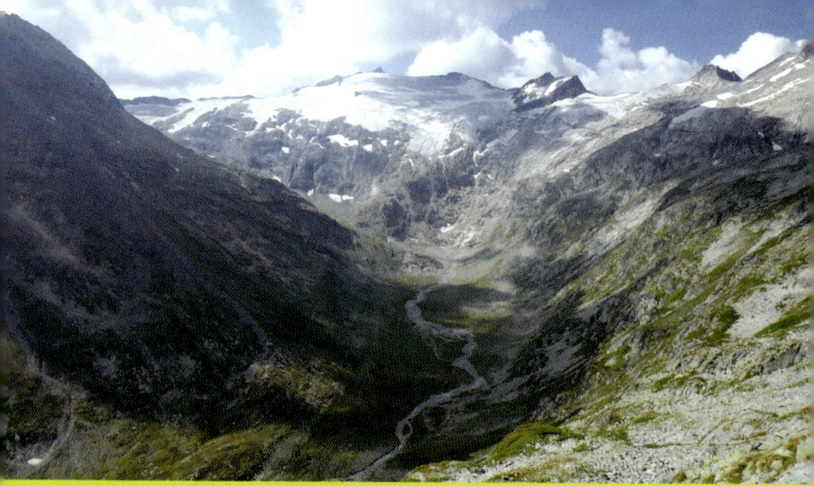

68 Ankogel 3 252 m

Mallnitz
Ankogelgruppe

Es kommt selten vor, in dem Fall ist es aber so: Der der Ankogelgruppe namensgebende Gipfel ist nicht der höchste Gipfel der Gruppe. Das ist die Hochalmspitze (Tour 66). Eine Mahnung vorneweg: Der Ankogel ist trotz Seilbahnnähe ein ernstes Unternehmen auf einen großen Dreitausender.

Anforderung: T4. Anspruchsvolle Bergtour. Stellen im I. Grad, Trittsicherheit und Schwindelfreiheit obligat. 750 Höhenmeter und 3 Stunden Anstieg.

Ausrüstung: Wanderausrüstung, hochalpine Bekleidung, eventuell Leichtsteigeisen.

Ausgangspunkt/Anfahrt: Bergstation Ankogelbahn www.ankogel-ski.at. Der Ankogel gehört zu den wenigen Bergzielen, die gut mit Öffis erreichbar sind. Mallnitz-Obervellach wird auch von Fernzügen angefahren (www.oebb.at.) Dann weiter mit dem Linien- oder mit dem Wanderbus zur Ankogel-Seilbahn. Infos bei Tourismusverband Mallnitz +43 (0)4784 290. Mit dem Pkw durch die Tauernschleuse Böckstein-Mallnitz, dann nach Norden zum Parkplatz der Seilbahn.

Blick aus dem Kleinelendtal nach Westen auf den Ankogel.

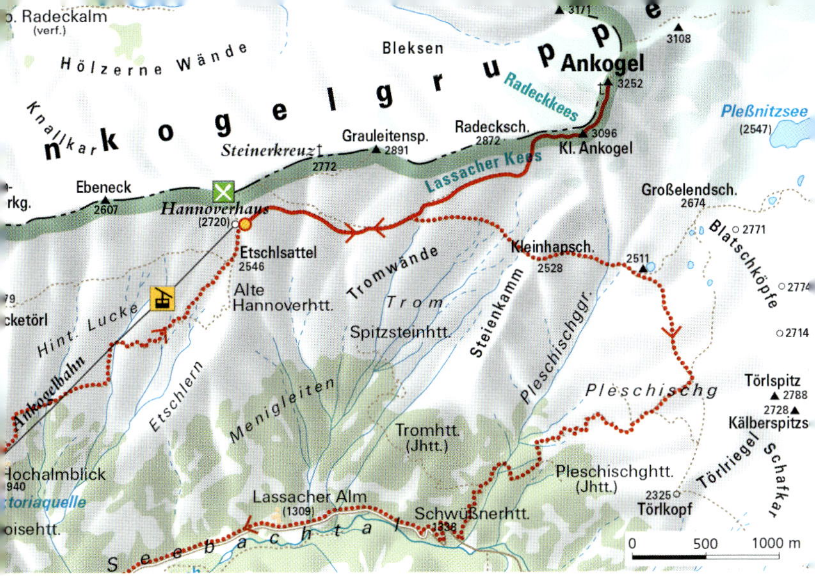

Route: Von der Bergstation (2 630 m) beziehungsweise dem Hannover Haus am Tauernhöhenweg 502 nach Osten bis zur Abzweigung „Ankogel" (Wegweiser). Von hier etwas steiler bergan über die spaltenfreien Reste des Lassacher Keeses bis unter die Radeckscharte und über Blockwerk zum Kleinen Ankogel (3 096 m). Von hier in die flache Ankogelscharte und auf dem Weg in die Ostflanke. Durch diese steil (I), im Gipfelbereich auch luftig (I), zum Kreuz. Abstieg wie Anstieg.

Einkehr: www.hannoverhaus-ankogelgruppe.at, Gasthof Alpenrose an der Talstation der Ankogelbahn www.alpenrose.peak.at

Variante: Sehr empfehlenswert ist „Ankogel by fair means": Anstieg über die Wege 517 und 518 zum Hannoverhaus in rund 4 Stunden. Nächtigung, und noch vor den ersten Seilbahntouristen auf den dann ziemlich einsamen Gipfel. Abstieg retour zum Tauernhöhenweg und auf dem Goslarer Weg weiter nach Osten bis zur Verzweigung auf 2 511 m (Wegweiser). Hier nach Süden und über das Seebachtal hinaus zum Parkplatz. Für diese Runde braucht es stabiles Wetter, man benötigt inklusive Gipfel einen ganzen Tag.

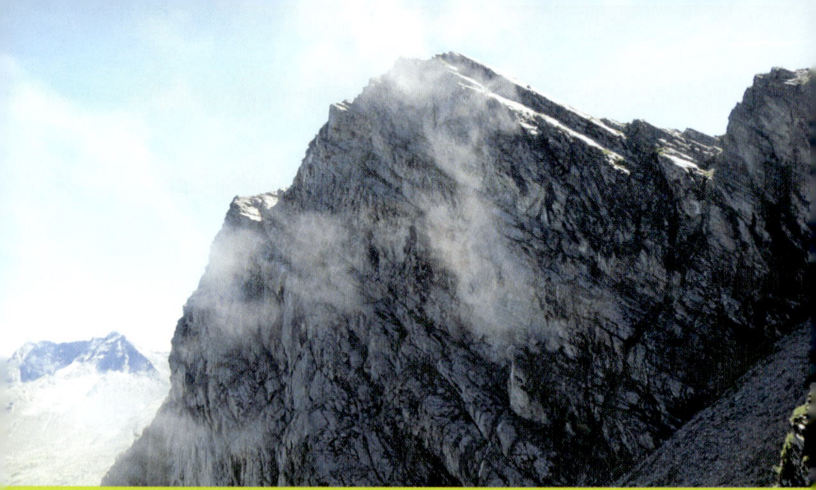

69 Graukogel 2 492 m

Bad Gastein
Ankogelgruppe

Der Graukogel ist quasi der Hausberg von Bad Gastein und durch den Sessellift leicht zu erreichen. Aber Obacht: Trotz Liftunterstützung ist auch der Normalweg kein Spaziergelände und der Südgrat ist dann schon echtes Bergsteigen.

Anforderung: T3. 500 Höhenmeter und 2 Stunden Anstieg. Trittsicherheit und Schwindelfreiheit erforderlich.

Ausrüstung: Wanderausrüstung.

Ausgangspunkt/Anfahrt: Bergstation Graukogellift (1 954 m) www.skigastein.com

Route: Von der Bergstation direkt hinauf auf den Nordrücken (eventuell schnell den 2 231 Meter hohen Hüttenkogel „mitnehmen"), dann nach Süden auf bequemem Weg ansteigen. Zuletzt steilt sich das Gelände etwas auf, der Weg dreht auf Osten und es geht kurz auch durch Absturzgelände zum Kreuz. Abstieg wie Anstieg.

Einkehr: www.gasteinertal.com/graukogelhuette

Die abweisende und finstere Nordseite des Graukogels.

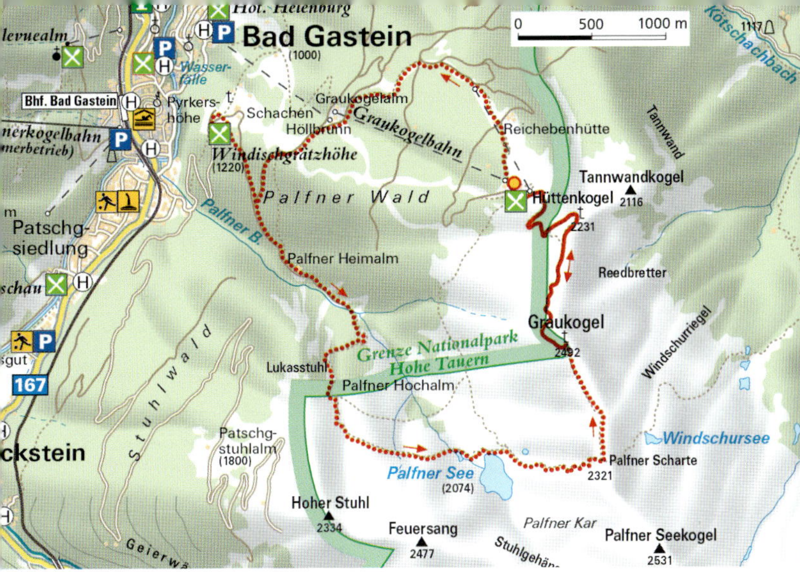

Variante: Weitaus knackiger ist der Graukogel-Südgrat (T5, Stellen I). Er führt von der Palfner Scharte (2 321 m) stellenweise etwas luftig entlang alter Markierungen und zahlreicher Steinmandln meist direkt über den Grat (der erste Aufschwung wird ostseitig umgangen) über einige kurze Stellen im I. Grad bis zum Gipfel. Zugang zur Palfner Scharte vom Parkplatz (Holzplatz, 1 250 m) oberhalb des Berggasthofes Windischgrätzhöhe (Zufahrt über Gastein, nach dem Bahnhof nach Osten abzweigen.) Dann entlang der Almstraße (Abschneider sind markiert) zur Wegteilung „Palfner Heimalm" (Wegweiser) nach Süden und weiter südwärts zum Straßenende. Hier über den Bach und eine steile Schneise in Serpentinen über Kehren hinauf zur verfallenen Hochalm (Wegweiser). Hier den oberen Weg nehmen und über flaches Almgelände nach Osten drehend zum Palfnersee (2 074 m), dann zwei Absätze hinauf in die Palfner Scharte. Abstieg über den Normalweg zur Bergstation des Sesselliftes. Weiter entlang der Markierungen – anfangs parallel zum Reichebenschlepplift über die Pisten zur Mittelstation und auf der Straße retour zur Wegteilung „Heimalm". Dann auf dem bekannten Weg retour (1 250 Höhenmeter und 4 Stunden im Anstieg. Gesamt 6,5 Stunden).

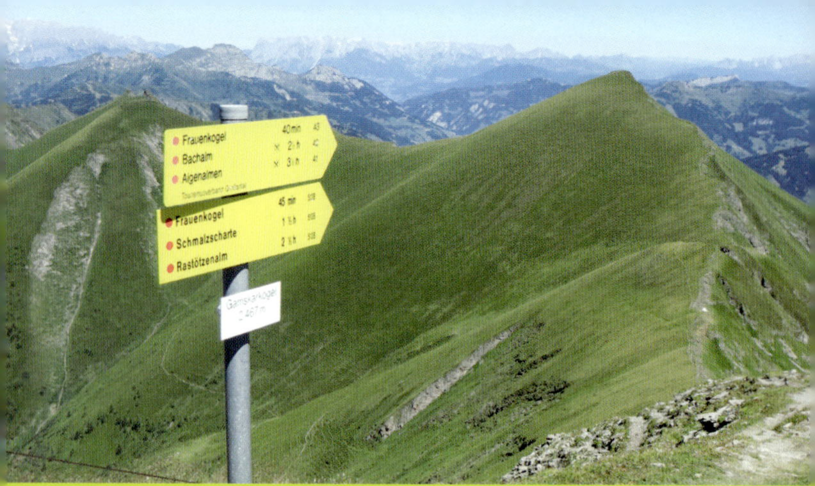

70 Gamskarkogel 2 467 m

Bad Gastein
Ankogelgruppe

Mit beinahe 2 500 Metern ist der Gamskarkogel schon ein ausgewachsener Berg. Trotzdem ist er – wie auch der benachbarte und nur um ein paar Meter niedrigere Frauenkogel – bis oben hin grün. Er bietet feines, relativ einfaches Wandergelände, noch dazu mit einer bewirtschafteten Hütte obendrauf. Man kann sich dem Gamskarkogel vom Großarltal oder vom Gasteinertal nähern. Wir haben uns hier für die (näherliegende) Gasteiner Seite entschieden.

Anforderung: T2. Einfache Bergwanderung, Vorsicht bei Nässe. 1 400 Höhenmeter, 4 Stunden Anstieg.

Ausrüstung: Wanderausrüstung.

Ausgangspunkt/Anfahrt: Von Bad Hofgastein nach Osten in den Rastötzengraben (Kronwaldgüterweg) bis zum Ende der Straße nahe der Annenkapelle.

Route: Vom Parkplatz am besten entlang des Steigs (etwas kürzer als die Straße) hinauf zur Rastötzenalm (1 740 m). Von der bewirtschafteten Rastötzenalm auf dem Weitwanderweg 02 in einem Rechtsbogen auf Süd drehend, dann etwas

Blick vom Gamskarkogel auf Tennkogel und Frauenkogel.

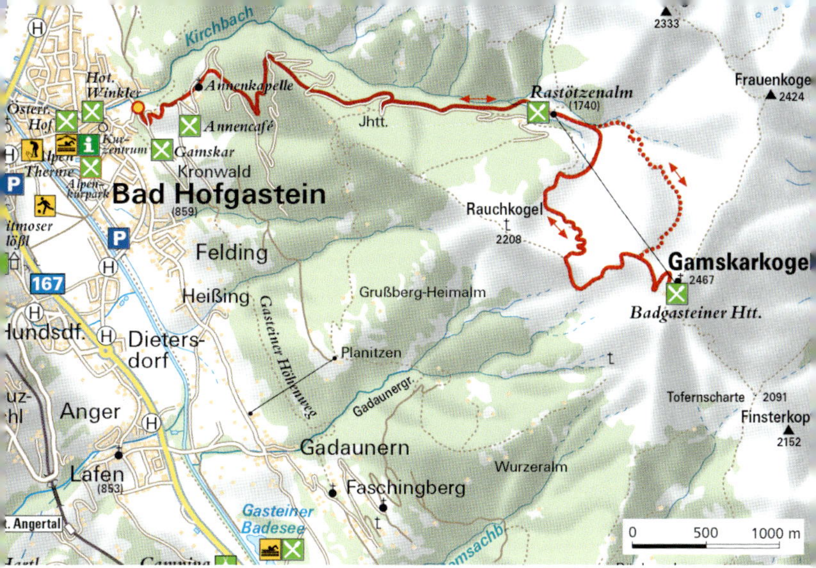

steiler hinauf in die Rauchkogelscharte und nach Osten auf den Gipfel. Abstieg wie Anstieg.

Einkehr: Poserhöhe www.gasteinertal.com/poserhoehe, www.gamskarkogelhuette.at, Rastötzenalm www.gasteinertal.com/rastoetzenalm

Variante 1: Zur Rastötzenalm auf der Almzufahrt mit dem Mountainbike (ausgeschilderte MTB-Route); dann nur mehr 700 Höhenmeter und 2 Stunden auf den Gipfel.

Variante 2: Von der Rastötzenalm nach Osten, bei der ersten Wegverzweigung links (Ost) und bei der zweiten Wegverzweigung wieder links (Ost) auf den Rücken zwischen Frauenkogel und Gamskarkogel. Darauf nach Süden zum Gipfel.

Variante 3: Wer von Bad Gastein kommt, fährt ins Kötschachtal, Parkplatz vor dem Hotel Grüner Baum. Direkt vom Grünen Baum geht es etwas steiler nach Norden hinauf zur Poserhöhe (1 505 m) und dann nach Nordosten über einige Gräben und auf Nord drehend in die Toferscharte (2 091 m). Von hier direkt nach Nordwesten in Kehren hinauf zum Gipfel. (T2, 1 350 Höhenmeter, 4 Stunden). Abstieg wie Anstieg.

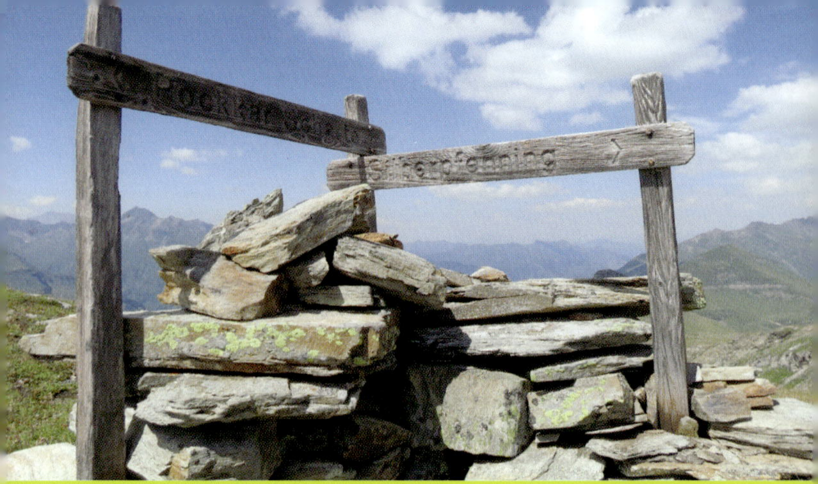

71 Silberpfennig 2 600 m

Rauris/Bad Gastein
Goldberggruppe

Von Rauris oder von Gastein? Der Silberpfennig ist aus beiden Tälern ein beliebter Wanderberg. Sein Name verweist auf die Bergbaugeschichte – die Abraumhalden aus dem 19. Jahrhundert sind immer noch sichtbar.

Anforderung: T2. Mittelschwere Bergwanderung, 1 050 Höhenmeter, 3 Stunden Anstieg.

Ausrüstung: Wanderausrüstung.

Ausgangspunkt/Anfahrt: Parkplatz Lenzanger. Zufahrt über die Mautstraße am Talschluss von Rauris.

Route: Direkt vom Parkplatz durch den romantischen Rauriser Urwald nach Osten hinauf zu den ebenen Flächen der Durchgangalm. Dann zur bewirtschafteten Filzenalm und wechselnd steil in das Filzenkar und hinauf zur Bockhartscharte (2 226 m, Wegweiser, Kreuz). Der Anstieg dreht auf Nordost und es geht entlang eines steilen Hanges in die Baukarlscharte (2 492 m, Wegweiser). Zuletzt etwas felsiger über den Rücken auf den Gipfel. Abstieg wie Anstieg.

Einkehr: www.bockhartseehuette.at, Filzenalm +43 (0)664 1219630, www.gasteinertal.com/valeriehaus

Wegweiser am Silberpfennig-Normalweg.

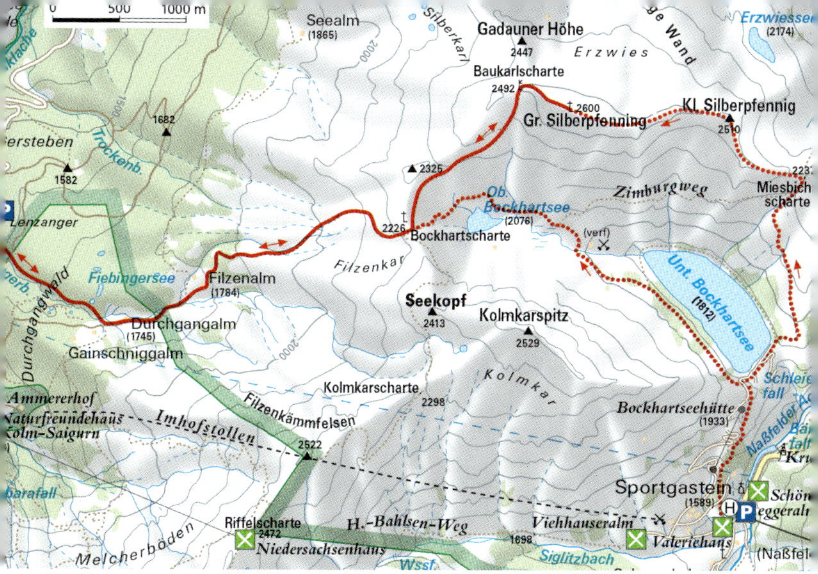

Variante: Vom Parkplatz Sportgastein, Valeriehaus (1 588 m, Zufahrt über die mautpflichtige Gasteiner Alpenstraße) über den Hüttenweg nach Norden bis zur Bockhartseehütte. Hier auf der Straße hinunter zum Staudamm und über diesen zu einem Hütterl (Wegweiser). Hier beginnt der Anstieg in die Miesbichlscharte. In der Scharte (2 237 m) angelangt weglos (fallweise Trittspuren und Steinmandln) am bogenförmigen Südost-Grat hinauf zum Kleinen Silberpfennig. Die Schwierigkeiten im Blockgelände sind moderat (Stellen I), Steilaufschwünge können rechts umgangen werden; nur kurz vor dem Gipfel selbst muss man direkt in den Fels greifen. Vom Plateau des Kleinen Silberpfennigs geht es dann auf dem breiten Grasrücken nach Westen zum Großen Silberpfennig. Der Abstieg folgt dem Normalweg in die Baukarlscharte, dann hinunter nach Südwesten in die Bockhartscharte. Von hier entlang des gemütlichen Wegs am Oberen Bockhartsee vorbei, den Bach auf die rechte Seite queren und oberhalb des Sees bis zur Bockhartseehütte. (T5. I. Trittsicherheit, Schwindelfreiheit und Gespür für wegloses Gelände. 1 100 Höhenmeter und 4 Stunden im Anstieg. Gesamt 7 Stunden.)

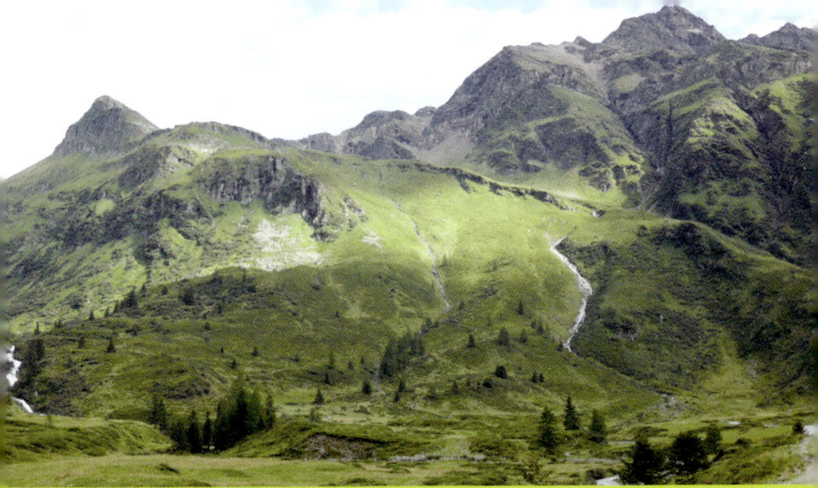

72 Vorderer Geißlkopf 2 974 m

Bad Gastein
Goldberggruppe

Der Vordere Geißlkopf schrammt nur knapp an der magischen Dreitausender-Grenze vorbei. Der Leider-Nein-Dreitausender ist trotzdem eine Herausforderung. Für einen reinen Wanderberg ist er deutlich zu schwierig – sowohl technisch als auch konditionell; gerade bei etwas widrigen Verhältnissen (Nebel, Vereisung) sollte man sich auf dem Gipfelgrat oder in der Gipfelflanke nicht spielen.

Anforderung: T5. Sehr anspruchsvolle Bergtour, 1 400 Höhenmeter und 4,5 Stunden im Anstieg. Schwindelfreiheit und Trittsicherheit obligat. Kletterstellen bis in den II. Grad. Bei Vereisung gefährlich.

Ausrüstung: Wanderausrüstung, Bekleidung fürs Hochgebirge.

Ausgangspunkt/Anfahrt: Parkplatz Nassfeld/Sportgastein – Valeriehaus (1 588 m). Zufahrt über die mautpflichtige Gasteiner Alpenstraße.

Route: Vom Parkplatz geht es flach die gesperrte Talstraße nach Süden zum Talschluss (Infotafel). Weiter in vielen Kehren am Hüttenanstieg zur Hagener Hütte hinauf bis zu einer

Nassfeld-Talschluss mit Blick auf die Hänge des Geißlkopfes.

Unterstandshütte (2 099 m) am Beginn des Eselkares. Das Kar wird an seinem östlichen Rand in einem weiten Bogen durchmessen und man gelangt so zur Hagener Hütte auf dem Mallnitzer Tauern (2 448 m). Nun nach Südwesten (Wegweiser) anfangs flach, dann zunehmend steil und unangenehm schottrig in einen Sattel („Überstieg") südlich des Westerfrölkekogels. Einige Meter absteigen in eine Senke (Toteisreste) und um eine Felsnase herum wieder auf den Nordostrücken hinauf. Auf diesem dann bis zu einer auffallenden Felsformation – dem „Schwammerl". Hier (2 850 m) teilen sich die Anstiege: Entweder geht es immer weiter auf dem Grat, teils ausgesetzt in leichter Kletterei (I, kurz II) bis zum Kreuz oder rechts die schottrig, rutschige Flanke querend zu einem auffallenden Felsen (Steinmann) und von diesem nach Süden auf den Gipfel. Welche Route man nimmt, ist von den Bedingungen abhängig. Die Route durch die Flanke ist technisch leichter, im Frühsommer bei Hartschnee aber gefährlich. Der Grat ist luftig und bei Vereisung gefährlich. Abstieg wie Anstieg.

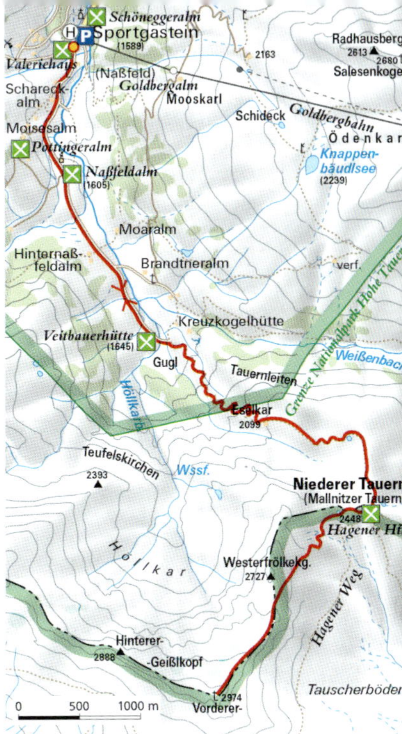

Einkehr: Hagener Hütte
www.dav-hagen.de

Variante: Mit dem Bike vom Valeriehaus zum Talschluss spart man gut 30 Minuten Gehzeit.

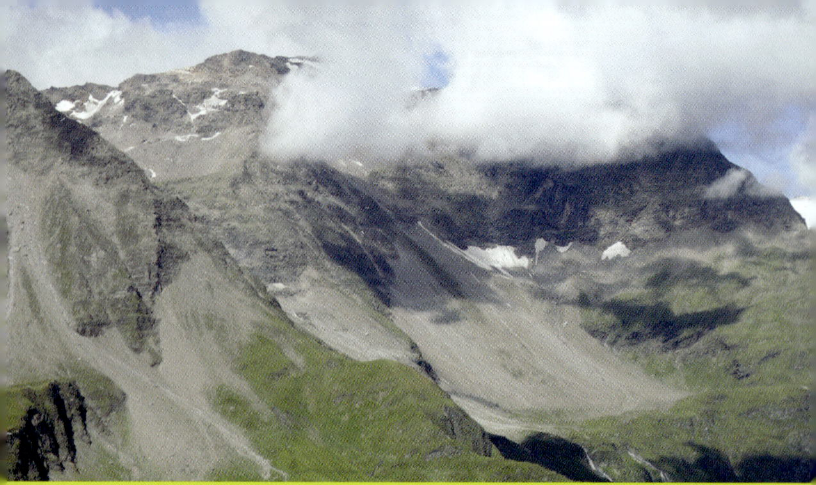

73 Schareck 3 123 m

Bad Gastein
Goldberggruppe

Auch wenn auf der Kärntner Seite das Schareck durch das Gletscherskigebiet am Mölltaler Gletscher (Wurtenkees) landschaftlich ziemlich entwertet wurde, von der Salzburger Seite ist der stattliche Dreitausender immer noch eine lohnende Herausforderung.

Anforderung: T4. F. I. Anspruchsvolle Bergtour, Trittsicherheit und Schwindelfreiheit obligat. 1 550 Höhenmeter und 4,5 Stunden Anstieg.

Ausrüstung: Wanderausrüstung, hochgebirgstaugliche Bekleidung, Kletterhandschuhe, Helm.

Ausgangspunkt/Anfahrt: Sportgastein, Parkplatz beim Valeriehaus. Zufahrt über die Gasteiner Alpenstraße (Maut).

Route: Vom Valeriehaus auf der Straße taleinwärts zur Genossenschaftsalm (1 603 m), dann scharf rechts (Westen) über die Gasteiner Ache, bis man auf den markierten Neuwirthweg trifft. Dieser führt anfangs noch im Grasgelände, später dann steil und oft seilversichert direkt über den Nordostgrat auf das Apere Schareck. Von diesem über die Reste des Schareck-Keeses (flacher Firnrücken) direkt nach Südwesten auf den Gipfel. Abstieg wie Anstieg.

Dunstfetzen umwabern das Schareck. Es wird ein schöner Bergtag.

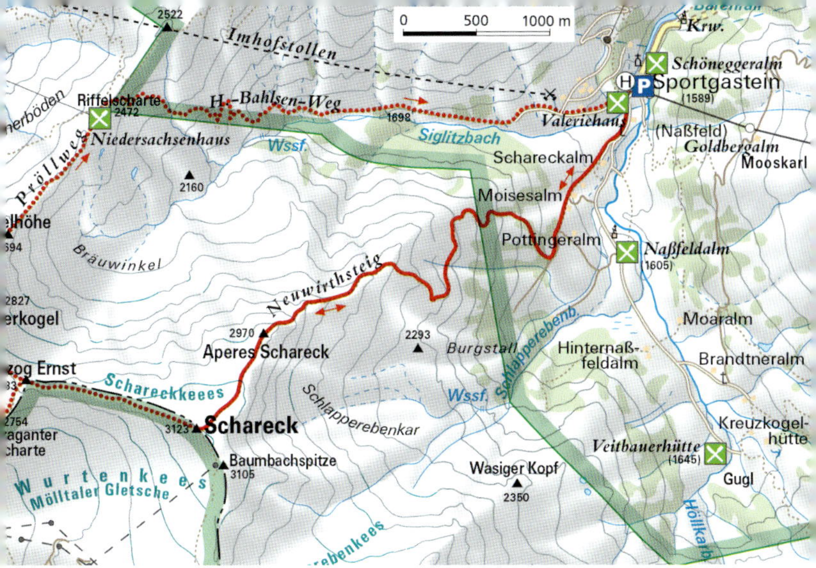

Einkehr: www.gasteinertal.com/valeriehaus

Variante 1: Vom Schareck kann man ziemlich einfach die Baumbachspitze (3 105 m) „mitnehmen". Nach Süden in einen Sattel und weiter auf den Gipfel. Zurück und Abstieg wie oben.

Variante 2: Beliebt ist der Weiterweg auf dem Grat nach Westen zur Herzog-Ernst-Spitze (2 933 m). Dabei folgt man meist dem Gratverlauf in teilweise recht luftiger Kletterei. Fallweise ist der Übergang seilgesichert und es wurden Trittstifte gesetzt. In Summe ist dieser Grat aber deutlich schwieriger als der Anstieg auf das Schareck (T6, B, II, PD-, knapp 1 Stunde). Vom Herzog Ernst kann man dann über den Pröllweg (teilweise ausgesetzt, rutschig, seilgesichert) über den Neunerkogel (2 827 m) und das Niedersachsenhaus (2 472 m) zum Valeriehaus (Gesamtrunde 8,5 Stunden) oder aber einfacher nach Südwesten in die Fraganter Scharte (2 754 m, Wegweiser) absteigen. Von der Fraganter Scharte geht es dann auf dem Wanderweg hinunter zum Naturfreundehaus Neubau und weiter nach Kolm Saigurn.

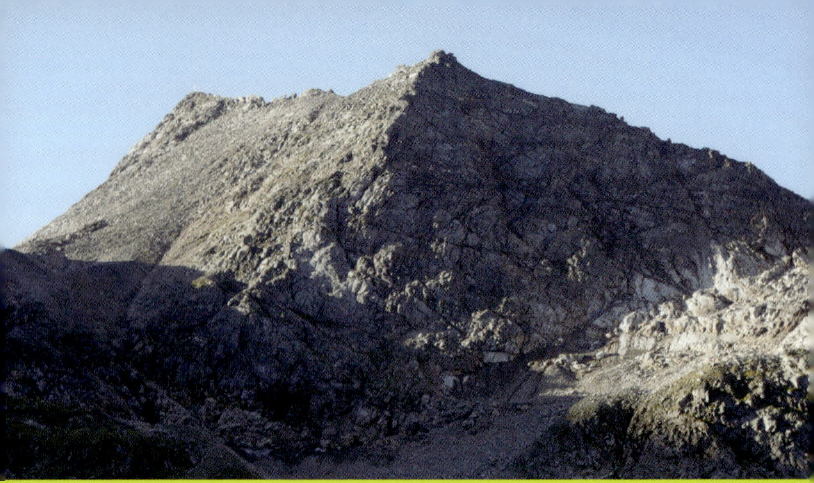

74 Alteck 2 942 m

Rauris
Goldberggruppe

Warum soll man – noch dazu etwas mühsam – auf das Alteck steigen, wenn rundherum viel prominentere Dreitausender stehen? Erstens, weil das Alteck ein famoser Aussichtsberg ist (und man am Sonnblick den Sonnblick eben nicht sieht); zweitens weil man auf dem Alteck fast immer allein unterwegs ist und drittens, weil man hier auch abseits der Lehrpfade direkt in die alte Bergbaugeschichte von Kolm Saigurn eintaucht.

Anforderung: T4. I. Anspruchsvolle Bergtour im hochalpinen Ambiente. Trittsicherheit und Schwindelfreiheit obligat. Orientierungssinn im weglosen Gelände. 1 550 Höhenmeter, 4,5 Stunden Anstieg.

Ausrüstung: Wanderausrüstung. Hochgebirgstaugliche Bekleidung. Stöcke angenehm.

Ausgangspunkt/Anfahrt: Parkplatz Lenzanger. Zufahrt über die Mautstraße am Talschluss von Rauris.

Route: Von Lenzanger spaziert man auf der Straße nach Süden nach Kolm Saigurn. Hinter den Häusern geht es dann steil am Barbarafall vorbei und über die Melcherböden zum Naturfreundehaus Neubau

Das selten bestiegene Alteck ist ein mächtiger Felsriegel.

(2 176 m). Hinter dem Neubau am Gletscherpfad bis zum Gletschertor beim immer weiter zurückweichenden Goldbergkees. Nun ist etwas Orientierungssinn gefragt. Gleich bei der ersten Felsschwelle des Abflusses vom Gletscher weist ein begrünter Moränenrücken nach Süden. Auf diesem weglos hinauf, bis man zu Resten ehemaliger Bergbautätigkeit kommt. Nun (einzelne Steinmänner) durch die Felsen über Graspolster nach Süden, bis man wieder auf dem (schwach) markierten Weg in die Niedere Scharte (2 696 m) steht. Von der Niederen Scharte (Wegweiser) geht es dann durch die Ostflanke hinauf auf den Nordgrat des Altecks. Der Anstieg ist technisch nicht allzu schwierig, aber (zugegeben) mühsam und holprig. Es geht über Platten und Blöcke, fast alles hier ist irgendwie lose. Erst auf dem Grat selbst wird es dann wieder einfacher und man kommt südwärts (luftig, kurz seilgesichert und I) zum Gipfel. Abstieg wie Anstieg.

Einkehr:
www.schutzhaus.neubau.at

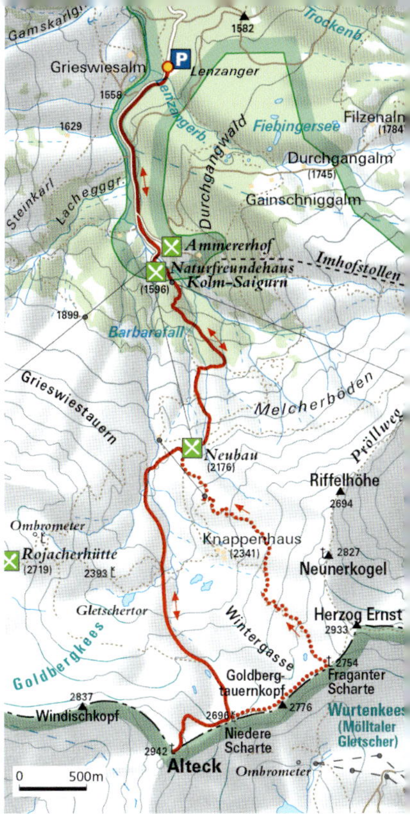

Variante: Beim Abstieg von der Niederen Scharte nach Osten auf den Goldbergtauernkogel (2 776 m). Weiter in die Fraganter Scharte (Wegweiser) und entlang des gut gepflegten Wandersteiges zurück zum Neubau.

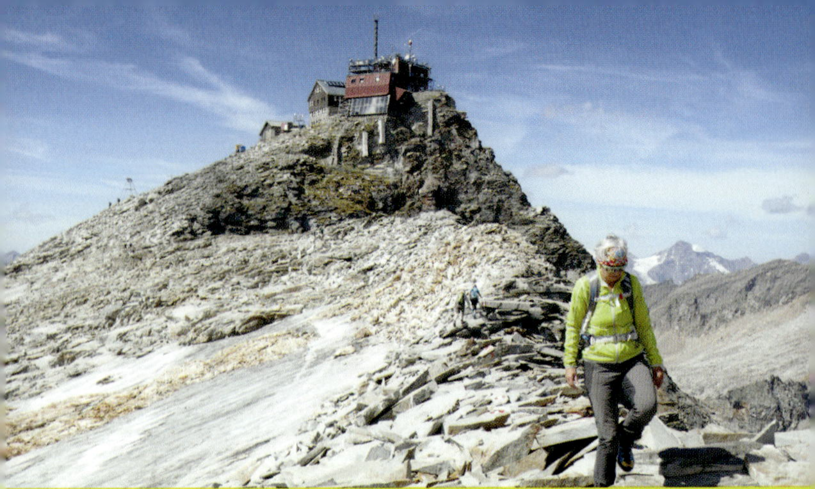

75 Hoher Sonnblick 3 106 m

Rauris
Goldberggruppe

Der Rauriser Sonnblick ist berühmt für sein Observatorium – immerhin Österreichs höchste Wetterstation. Der Sonnblick ist aber auch eines der vielen Beispiele für die konkreten Auswirkungen der Klimakrise. Der einst übliche Anstieg über die Gletschertrasse beim Schlussanstieg zum Gipfel ist längst dahin – man muss durchgehend auf dem Grat bleiben.

Anforderung: T5. I. F. Anspruchsvolle Bergtour im hochalpinen Ambiente. Trittsicherheit und Schwindelfreiheit obligat. 1550 Höhenmeter, 4,5 Stunden Anstieg.

Ausrüstung: Wanderausrüstung. Hochgebirgstaugliche Bekleidung.

Ausgangspunkt/Anfahrt: Parkplatz Lenzanger. Zufahrt über die Mautstraße am Talschluss von Rauris.

Route: Von Lenzanger spaziert man auf der Straße nach Süden nach Kolm Saigurn. Hinter den Häusern geht es dann steil am Barbarafall vorbei und über die Melcherböden zum Naturfreundehaus Neubau (2 176 m). Vom Neubau weiter in das alte Bergbaugebiet, über den Gletscherbach und in weiten Kehren den Hang nach Westen hinauf. Zuletzt folgt eine lange Querung, es geht an

Abstieg vom Hohen Sonnblick, im Hintergrund Zittelhaus und Observatorium.

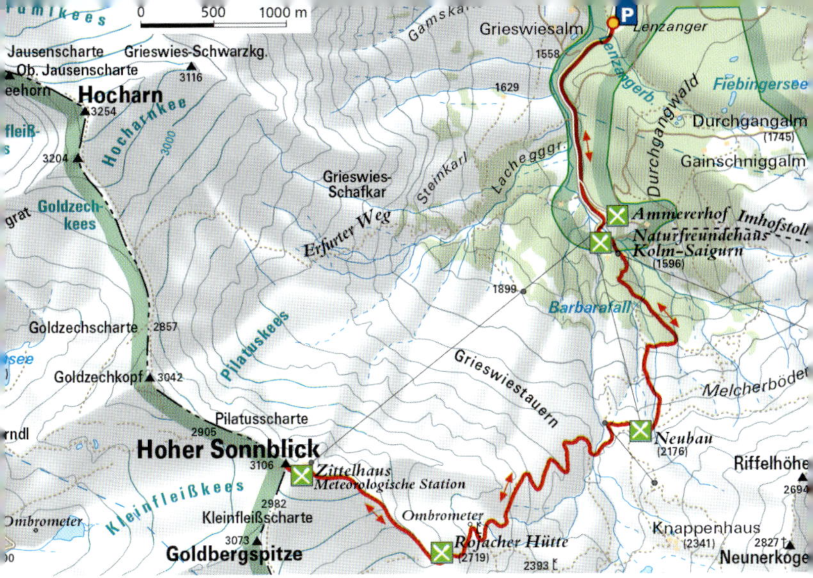

einem Wegweiser vorbei und etwas mühsam hinauf zur kleinen Rojacher Hütte (2 719 m). Bald nach der Hütte steilt sich der Südostgrat auf. Dieser ist gut markiert, einige Stellen sind auch mit Klammern und Stiften versehen, er darf aber dennoch nicht unterschätzt werden. Fallweise geht es hier auch recht luftig zu. Nach einem letzten, schmalen und luftigen Aufschwung steht man dann auf einem plattigen, flachen Rücken, der direkt auf den verbauten Gipfel leitet. Abstieg wie Anstieg.

Einkehr: www.zittelhaus.at, www.schutzhaus.neubau.at, www.alpenverein.at/rojacherhuette

Variante: An einem Schönwetter-Wochenende und mit Nächtigung am gemütlichen Neubau sehr gut kombinierbar mit Tour 74 auf das Alteck.

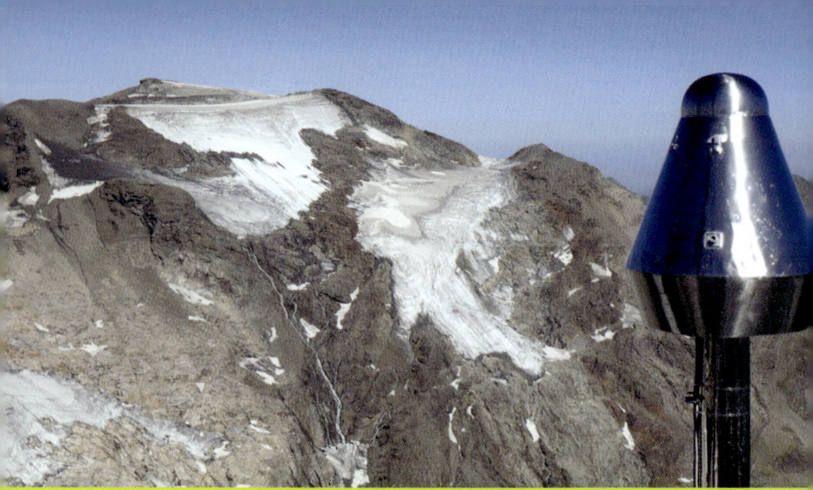

76 Hocharn 3 254 m

Rauris
Goldberggruppe

Der Hocharn ist der mit Abstand Höchste in der Goldberggruppe. Er genießt vor allem unter Skibergsteigern einen hervorragenden Ruf. Im Sommer ist der „hohe Narr" weit weniger oft besucht. Der „Hatscher" von 1 700 Höhenmetern mit anständiger horizontaler Distanz rauf und runter klingt nicht verlockend. Das ist etwas ungerecht, denn der Hocharn bietet einiges an Vielfalt; von den grünen Almmatten in Kolm hinauf ins (noch) vergletscherte Hochgebirge.

Anforderung: T5. F. II. Hochalpine, technisch nicht allzu schwierige, aber sehr lange Tour. 1 700 Höhenmeter und 6 Stunden Anstieg.

Ausrüstung: Wanderausrüstung, hochalpine Bekleidung, Stöcke angenehm. Eventuell Steigeisen.

Ausgangspunkt/Anfahrt: Parkplatz Lenzanger. Zufahrt über die Mautstraße am Talschluss von Rauris.

Route: Vom Parkplatz Lenzanger auf der gesperrten Straße taleinwärts, bis man beim Lachegggraben auf den Erfurter Weg (Wegweiser) trifft. Nun weiter in Serpentinen bergan, eine

Der Hocharn und seine Gletscherreste vom Sonnblick-Observatorium aus.

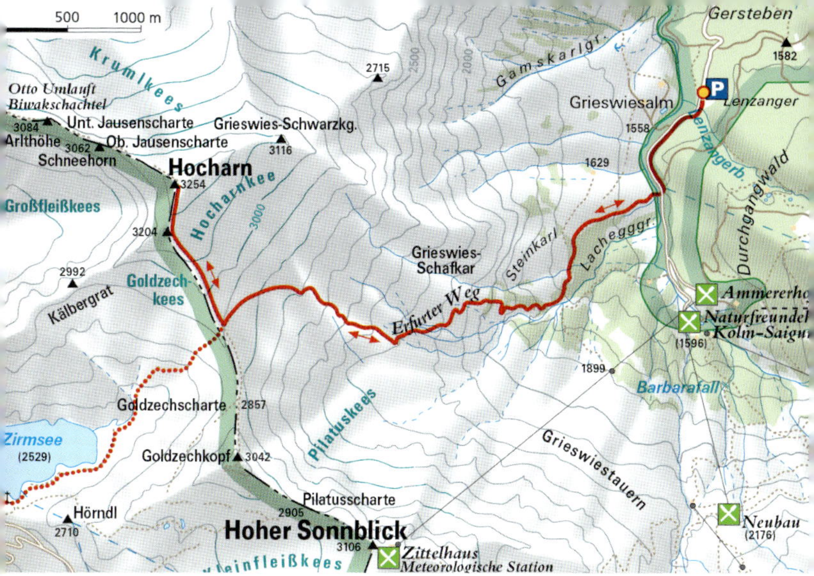

kurze versicherte Steilstufe, dann einfacher über Grasmatten und Blockgeröll zur oberen Goldzechscharte. Die Gletscherreste sollten kein Problem darstellen, allerdings könnten Steigeisen von Vorteil sein. Nun befindet man sich am Klagenfurter Jubiläumsweg und folgt dem Grat nach Norden (markiert) bis zum Gipfel. Dabei ist ein Steilaufschwung zu überwinden (II), dieser stellt aber das einzige Hindernis Richtung Gipfel dar. Abstieg wie Anstieg.

Einkehr: Ammererhof in Kolm Saigurn ammererhof.at, Gasthof Bodenhaus am Beginn der Mautstraße +43 (0)6544 8111

Variante: Der Anstieg von der Kärntner Seite vom Gasthof Alter Pocher ist mit 1 350 Höhenmetern deutlich kürzer. Man fährt vom Pocher mit dem Moutainbike zum Zirmsee, dann am Steig Richtung Goldzechscharte. Der Steig endet und man folgt den Steinmandln über Schutt und Geröll (mühsam) in die obere, nördliche Goldzechscharte. Weiter wie oben. (T5, II, F, 1 350 Höhenmeter 5 Stunden Anstieg).

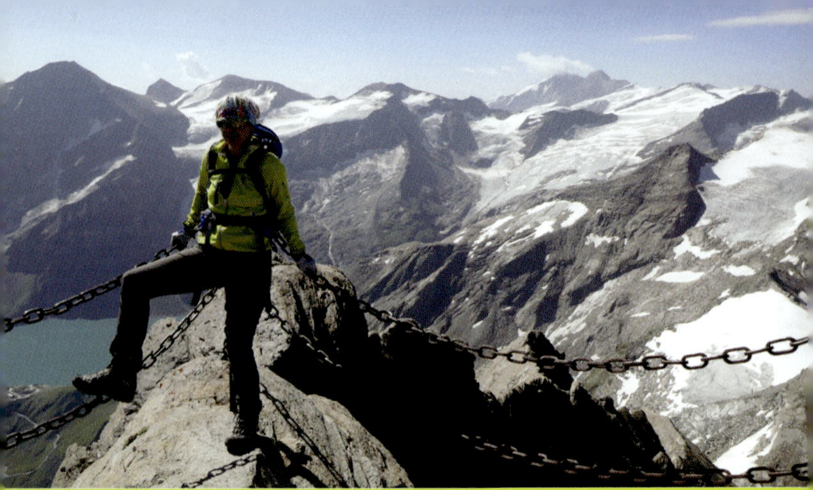

77 Kitzsteinhorn 3 203 m

Kaprun
Glocknergruppe

30 Minuten Gehzeit und schon auf 3 200 Metern – das Kitzsteinhorn gehört zu den alpinistisch „billigen" Dreitausendern. Die Seilbahnen machen's möglich. Allerdings: Die Schotterwüste und die Dauerbaustellen im Gletscherskigebiet sind wirklich kein besonderer Anblick. Dass ein Ausflug auf das „Kitz" lohnt, liegt an der phänomenalen Aussicht. Das Kitzsteinhorn liegt derart günstig, einen schöneren Logenplatz für die gesamte Glocknergruppe kann man sich kaum vorstellen.

Anforderung: T3. Kurzer seilgesicherter Anstieg, 170 Höhenmeter, 30 Minuten. Trittsicherheit und Schwindelfreiheit obligat.

Ausrüstung: Wanderausrüstung, Kleidung fürs Hochgebirge, Kletterhandschuhe.

Ausgangspunkt/Anfahrt: Auffahrt mit den Gletscherjets zur Bergstation, dann durch den Barbarastollen gehen und mit der Schrägseilbahn zum höchsten verbauten Punkt der Seilbahnanlagen auf 3 029 Meter. Der Einstieg befindet sich auf der Terrasse unterhalb der Lawinen- und Steinschlagverbauungen (Wegweiser).

Am Gipfel breitet sich die Gletscherwelt der Hohen Tauern vor dem Betrachter aus.

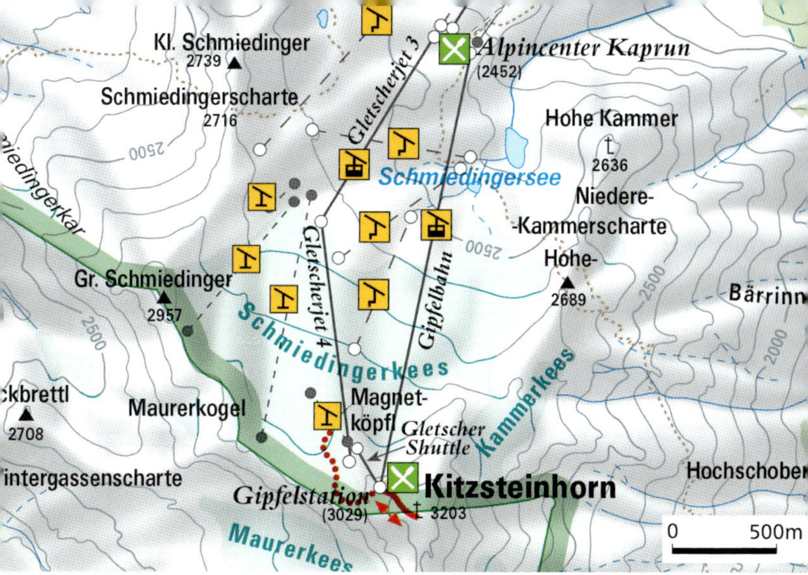

Route: Ein durchgehendes Stahlseil windet sich im Zickzack durch die Bergflanke. Der Steig ist stellenweise etwas ausgesctzt und führt zum Schluss über einen ebenfalls gut gesicherten kurzen Grat zum Gipfel. Das Gipfelplateau selbst ist mit schweren Ketten abgesichert. Abstieg wie Anstieg.

Einkehr: Krefelder Hütte www.krefelderhuette.com, Restaurant Gletschermühle www.kitzsteinhorn.at

Variante: Bei der Bergstation angelangt durch den langen Tunnel der „Nationalparkgalerie" weiter absteigen. Man kommt zu einer weiteren Aussichtsplattform und kann dann über einen gut ausgebauten Spazierweg zur „Eisarena" absteigen. Hier kommt es für viele Gäste aus dem arabischen Raum zum Erstkontakt mit dem Medium Schnee. Sehenswert. Von der Eisarena in wenigen Metern hinüber zur Bergstation des Gletscherjets.

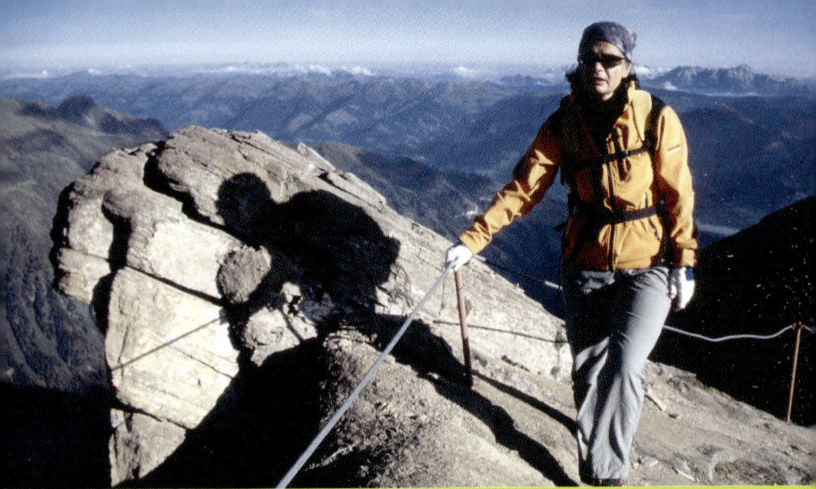

78 Hoher Tenn 3 368 m

Kaprun
Glocknergruppe

Hoch, konditionell fordernd, auch auf dem Normalweg technisch anspruchsvoll und ein gewaltiges Bergerlebnis. Der Hohe Tenn ist ein Dreitausender für routinierte Bergsteiger und Bergsteigerinnen.

Anforderung: T6, PD-, III-, C. Sehr anspruchsvolle, hochalpine Felstour. Nur bei trockenen Verhältnissen! 2 700 Höhenmeter, 1,5 Tage.

Ausrüstung: Hochtourentaugliche Bekleidung, Kletterhandschuhe, eventuell Klettersteigset.

Ausgangspunkt/Anfahrt: Zentrum Fusch an der Glocknerstraße (813 m). Zweiter Pkw beim Parkplatz Kesselfall in Kaprun sinnvoll.

Route: Von Fusch auf dem gut ausgebauten Hüttenzustieg entlang des Hirzbaches über die gleichnamige Alm und zuletzt über freie Böden hinauf zur Gleiwitzer Hütte (2 174 m, 1 350 Höhenmeter, 3,5 Stunden, Übernachtung). Weiter auf dem Gleiwitzer Höhenweg gemütlich über Wiesen auf Südwest drehend in das Ochsenkar. Dann entlang von Sicherungen und künstlichen Tritten hinauf in die Untere Jägerscharte (2 470 m). Nun folgt ein schwieriger Übergang in die Obere Jägerscharte (2 752m)

Seilversichert und hochalpin auf dem Gleiwitzer Höhenweg.

mit einer sehr ausgesetzten Steilhangquerung (bei Nässe extrem gefährlich). Dahinter wieder einfacher entlang eines bratschigen Rückens (Seilsicherungen) bis zum Kempsenkopf (3 090 m, 900 Höhenmeter, 2,5 Stunden von der Hütte). Weiter nach Süden auf dem Rücken auf den Bauernbrachkopf (3 125 m), steil hinunter ins Hirzbachtörl bis an den Kleinen Tenn (3 158 m). Dieser muss überklettert werden. Der Kleine Tenn ist zwar mit Stahlseilen gut versichert, die Kletterstellen erreichen aber die Klettersteigskala C und sind exponiert. Hinter dem Kleinen Tenn wieder deutlich einfacher auf dem Nordwestgrat auf Südost drehend zur Schneespitze (3 317 m).
Der Übergang hinüber zur Bergspitze (3 368 m) folgt dem Verbindungsgrat nach Süden und erfordert wieder etwas mehr Kletterei, wobei eine Stelle (III, Gendarm) eher heikel und exponiert ist (350 Höhenmeter, 2 Stunden ab Kempsenkopf). Abstieg wie Anstieg zum Kempsenkopf, dann aber idealerweise den langen, seilgesicherten Weg, der die Bratschenhänge des Bauernbrachkopfes quert, hinunter zum Stausee Mooserboden (2,5 Stunden Abstieg, gesamt ab Gleiwitzer Hütte 8–9 Stunden.

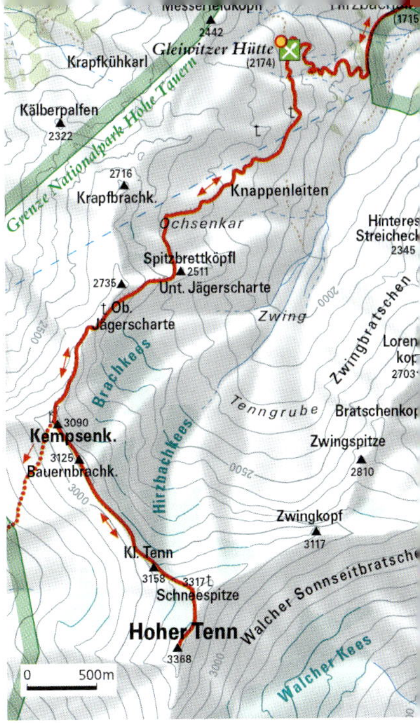

Busfahrplan zum Parkplatz Kesselfall www.verbund.com)

Einkehr: www.gleiwitzerhuette.at

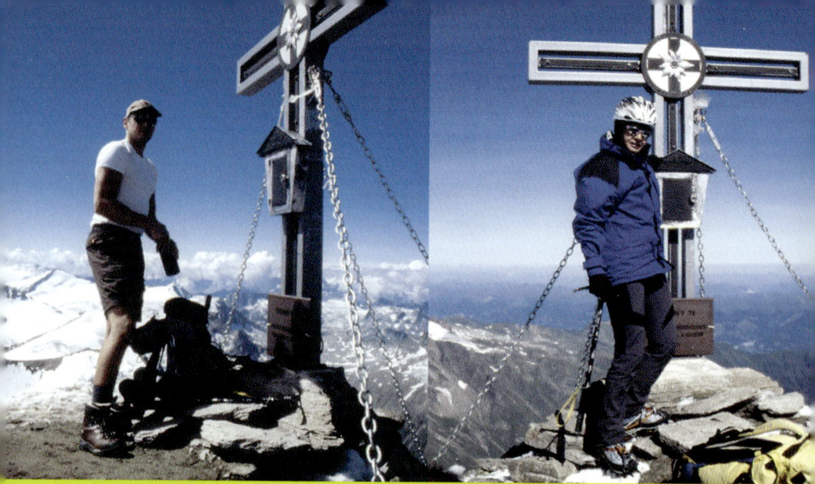

79 Wiesbachhorn 3 564 m

Kaprun
Glocknergruppe

Das Große Wiesbachhorn gehört zu den schönsten Ostalpenbergen überhaupt. Es sei „der Rivale des Großglockners" heißt es in der älteren Führerliteratur. Bekannt war das Wiesbachhorn vor allem auch durch seinen schön geschwungenen Firngrat, den Kaindlgrat. Dieser ist im Zuge der Erderhitzung aber inzwischen abgeschmolzen, es gibt sogar schon Sommer, wo man das Wiesbachhorn ganz ohne Schneekontakt erklimmen kann.

Anforderung: T6. F+. I. B. Einfache Hochtour, längere Firnstrecken. Schwindelfreiheit, Trittsicherheit obligat. Als Tagestour anstrengend und zeitlich knapp bemessen (Busfahrplan). 1 500 Höhenmeter, 5,5 Stunden Anstieg.

Ausrüstung: Hochgebirgsausrüstung, Kletterhandschuhe, Helm, Steigeisen, Pickel.

Ausgangspunkt/Anfahrt: Parkplatz Kesselfall am Talschluss von Kaprun. Auffahrt mit Aufzug und Bus zum Stausee Mooserboden und dem Busparkplatz Heidnische Kirche (2 040 m, www.verbund.com).

Route: Von der Heidnischen Kirche über die Staumauern an der Höhenburg (ehemalige Hochgebirgsschule Fritz Moravec) vorbei bis zum

Auf dem Wiesbachhorn können die Bedingungen ziemlich unterschiedlich sein.

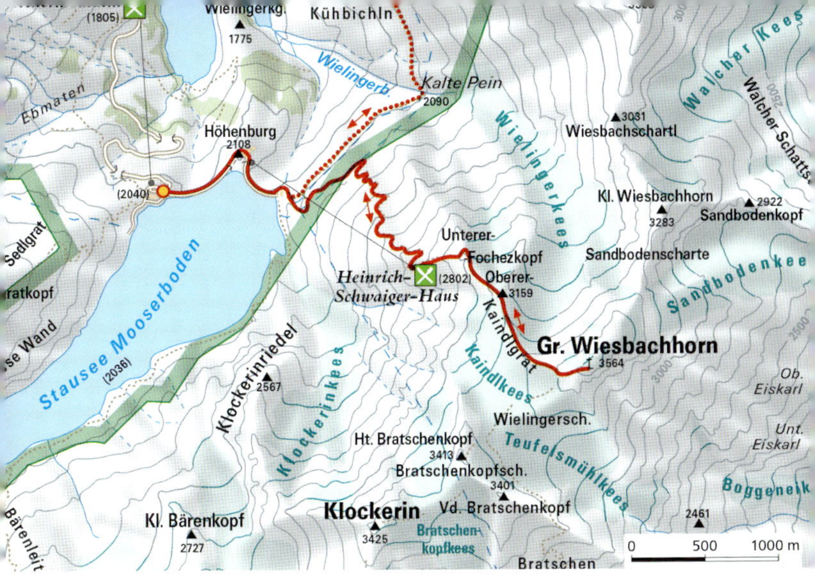

Aufschwung der steilen Bratschenflanke des unteren Fochezkopfes. Der weitere Weg ist gut markiert (Nr. 718) und führt nach einer langen Querung nach Nordost in Kehren hinauf zum Heinrich-Schwaiger-Haus (2 802 m. 750 Höhenmeter, 2,5 Stunden Anstieg). Der Gipfelanstieg führt hinter dem Haus zum Felsaufbau des Unteren Fochezkopf. Dieser Felsriegel wird durch eine Rinne (Stahlseil) durchklettert. Dahinter gelangt man auf eine sandige Flanke und über diese auf den Oberen Fochezkopf (3 159 m). Hier beginnt der Kaindlgrat, der Anstieg ist nicht mehr markiert. Die Route folgt dem Grat etwa auf Höhe der Wielingerscharte und dreht dann allmählich breiter und weniger steil rückenartig zum Gipfelaufbau. Abstieg wie Anstieg.

Einkehr:
Heinrich-Schwaiger-Haus www.alpenverein-muenchen-oberland.de

Variante: Vom Mooserboden ist auch der Hohe Tenn in Reichweite. Die Route führt dabei – wie in Tour Nr. 78 als Abstiegsvariante beschrieben – schräg die Hänge des Bauernbrachkopfes querend auf den Kempsenkopf und weiter auf den Tenn.

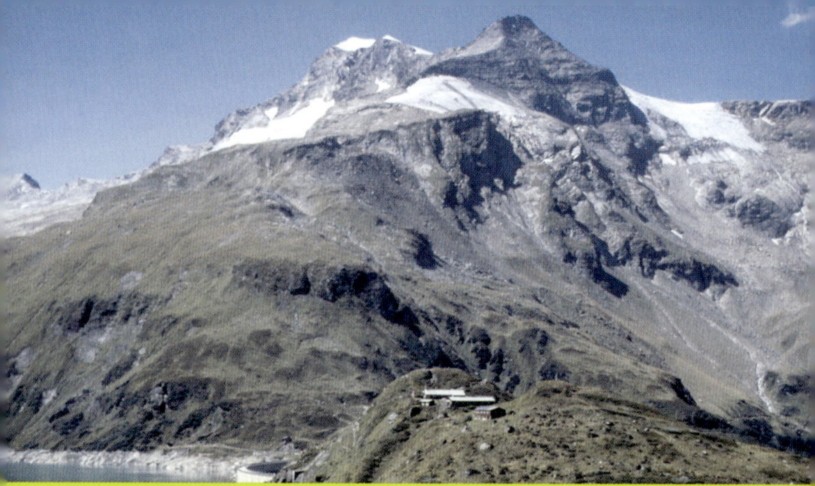

80 Hocheiser 3 206 m

Kaprun
Glocknergruppe

Der Hocheiser ist vielen vermutlich als Skitourenberg von der Westseite, vom Enzingerboden her, ein Begriff. Im Sommer wird er öfter von der Ostseite, vom Stausee Moserboden aus, bestiegen. Der Hocheiser selbst ist für sichere Geher (eventuell mit Steigeisen) kein allzu großes Problem. Die technischen Schwierigkeiten sind überwiegend beim Zu- beziehungsweise beim Abstieg über den Großen Grießkogel zu finden.

Anforderung: T4. F. I. Einfache Hochtour. 1 300 Höhenmeter, 4,5 Stunden Anstieg. Trittsicherheit und Schwindelfreiheit obligat.

Ausrüstung: Wanderausrüstung. Hochgebirgstaugliche Bekleidung. Steigeisen, Stöcke oder Pickel.

Ausgangspunkt/Anfahrt: Parkplatz Kesselfall am Talschluss von Kaprun. Auffahrt mit Aufzug und Bus zum Stausee Mooserboden zum Busparkplatz Heidnische Kirche (2 040 m, www.verbund.com)

Route: Von der Heidnischen Kirche kurz nach Süden und in angenehmer Steigung auf einem schönen Wanderweg nach Südwesten zu einem kleinen Zwischengipfel. Hier dreht der Steig auf Nordwest, es

Zwei „echte" Dreitausender auf einen Streich: Hocheiser und Grießkogel.

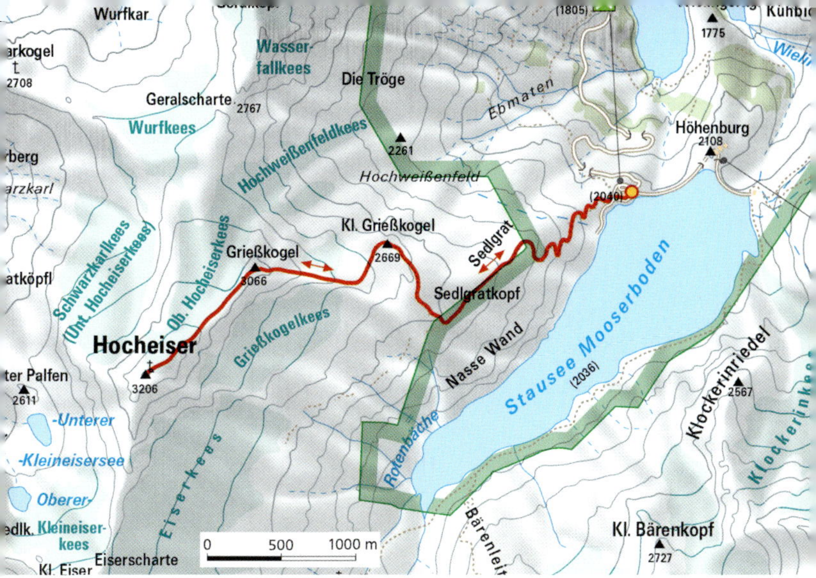

wird etwas steiler und man erreicht den Kleinen Grießkogel (2 669 m). Von diesem Gipfel kurz nach Süden hinab, man wechselt so auf den Ostgrat des Großen Grießkogels. Diesen Grat geht es nun steil – fallweise etwas nach links ausweichen – und in leichter Blockkletterei nach Westen hinauf bis zum Großen Grießkogel (3 066 m). Weiter leicht fallend nach Südwesten und so auf den Firngrat, der ohne Schwierigkeiten zum Hocheiser leitet. Je nach Bedingungen können hier Steigeisen notwendig sein. Abstieg wie Anstieg.

Einkehr: Restaurant Mooserboden
www.mooserboden.at

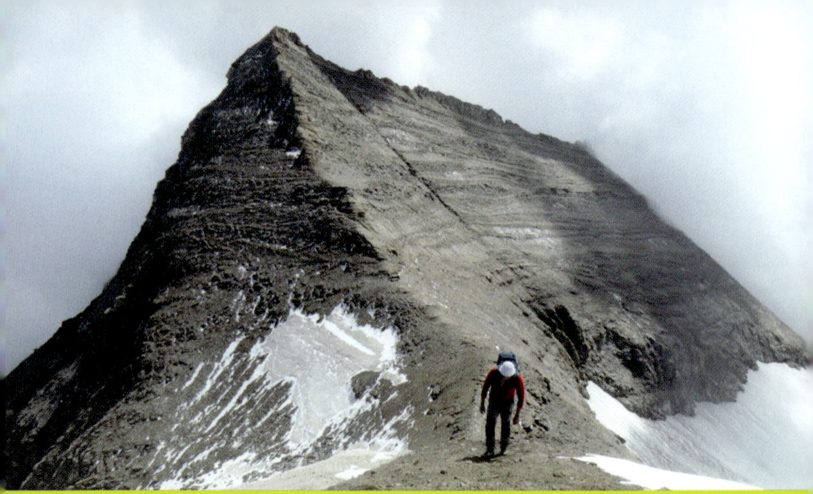

81 Hohe Dock 3 348 m

Ferleiten
Glocknergruppe

Mächtig ragt das Felstrapez der Hohen Dock in den Himmel. Der grobe Klotz bietet eine der schönsten Felstouren in der Glocknergruppe.

Anforderung: T6, PD-. Sehr anspruchsvolle, hochalpine Bergtour. 1,5 Tage.

Ausrüstung: Hochalpine Bergausrüstung, Helm, Kletterhandschuhe. Für Ungeübtere eventuell Selbstsicherung oder Seilsicherung im Abstieg. Je nach Bedingungen (auf den Hütten erfragen) für die Überschreitung Pickel und Steigeisen erforderlich.

Ausgangspunkt/Anfahrt: Gasthof Tauernhaus (1 152 m) in Ferleiten bei Mautstelle Großglocknerstraße.

Route: Vom Tauernhaus auf der Straße taleinwärts bis zur Abzweigung (Wegweiser) bei der Vögerlalm. Nun auf dem Mainzer Weg in vielen Kehren bergauf. Spektakulär ist die Hängebrücke über dem Abfluss des Hochgrubenkeeses (1 150 Höhenmeter, 3,5 Stunden, Übernachtung Schwarzenberghütte). Morgens auf dem markierten Weg (bei der Wegteilung links nach Süden) zuerst über Gras, dann über Schutthalden ins Remsschartl (2 671 m). Hier beginnt der Gipfelanstieg. Die Strecke ist weitgehend

Das mächtige Felsttrapez der Hohen Dock von der Dockscharte aus gesehen.

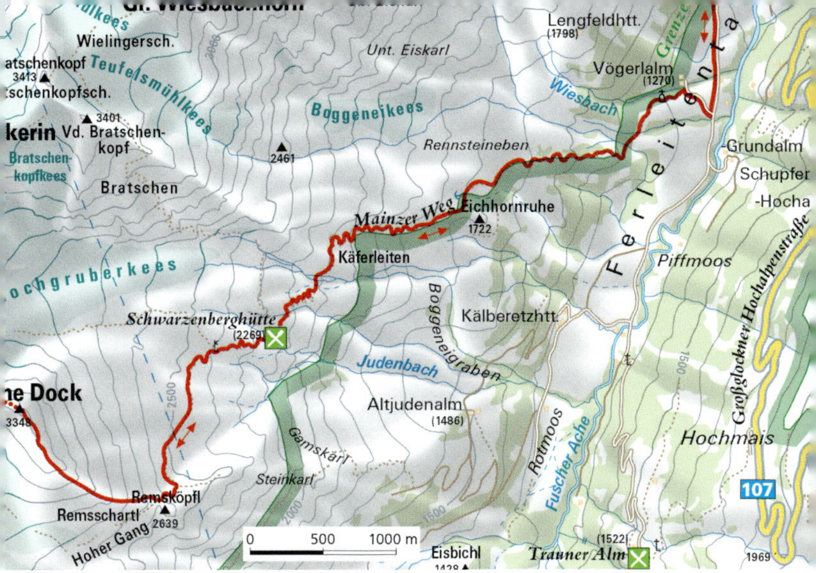

mit Seilen versichert, fast immer steil, aber technisch nicht schwierig (kurz B und I). Man sollte sich jedoch nicht vollständig auf die Sicherungen verlassen, wiederholt trifft man auf instabile Verankerungen. Zum Schluss etwas luftiger zum Gipfelkreuz (1 100 Höhenmeter, 3,5 Stunden von der Hütte). Abstieg wie Anstieg.

Einkehr: www.alpenverein.at/schwarzenberghuette, www.oberwalderhuette.at (Variante)

Variante: Die inzwischen eisfreie Überschreitung zum Bärenkopf ist besonders lohnend. Die Schlüsselpassage der Tour ist der Abstieg in die Dockscharte (3 234 m). Auch hier sind Stahlseile vorhanden, dennoch sind Passagen (ein steiler und luftiger Aufschwung wird rechts, nordseitig umgangen) bis in den II. Grad zu meistern (F+). Der Weiterweg ist einfach mit Stellen im I. Grad: Man folgt dem Schutt- oder Firngrat (Steigeisen!) auf den Großen Bärenkopf (3 396 m), steigt in die Keilscharte hinab und kommt entlang der Steigspuren auf den Mittleren Bärenkopf (3 359 m). Nun auf gut erkennbarem Weg entlang des Eiswandbichels nach Süden zur Oberwalderhütte. (1 450 Höhenmeter, 7,5 Stunden ab Schwarzenberghütte). Weiter wie bei Tour 82.

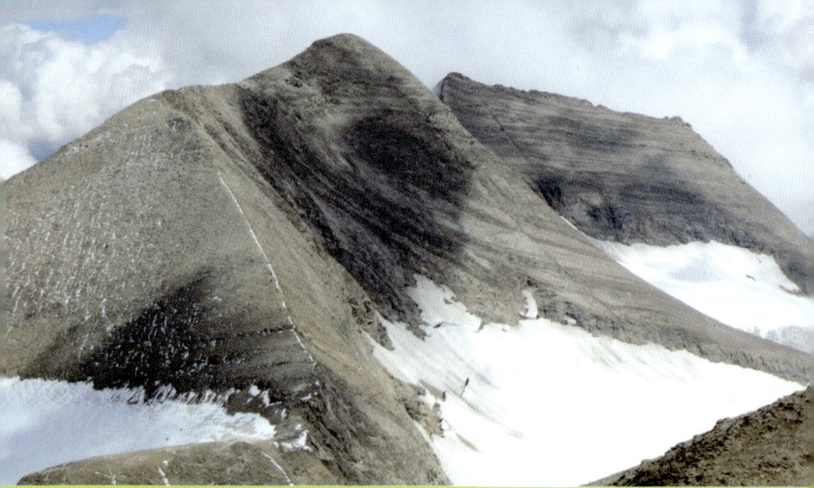

82 Großer Bärenkopf 3 396 m

Ferleiten
Glocknergruppe

Eine Tour auf den Großen Bärenkopf bietet die Möglichkeit, ohne allzu große technische Anforderungen in das Herz der vergletscherten Dreitausender vorzudringen. Immer vorausgesetzt, die Bedingungen stimmen. Nebel kann schon den Zustieg zur Oberwalderhütte deutlich erschweren, Vereisung oder Neuschnee machen den Großen Bärenkopf zu einem sehr ernsten Unternehmen. Keinesfalls darf man ohne entsprechendes Können und Ausrüstung die Bergrücken von Mittlerem und Großem Bärenkopf verlassen, die Gletscher sind spaltenreich und gefährlich.

Anforderung: T5. F. Mittelschwere, aber hochalpine Bergtour. 1 400 Höhenmeter (mit Gegenanstiegen), 5 Stunden im Anstieg.

Ausrüstung: Hochalpine Bergausrüstung, Gletscherausrüstung empfohlen. Für die Überschreitung (Variante) Helm, Kletterhandschuhe und für Ungeübtere eventuell Selbstsicherung oder Seilsicherung für die Hohe Dock. Je nach Bedingungen (auf den Hütten erfragen) für die Überschreitung Pickel und Steigeisen erforderlich.

 Zwei wuchtige Dreitausender: Großer Bärenkopf und Hohe Dock.

Ausgangspunkt/Anfahrt: Großglockner-Hochalpenstraße, Franz-Josefs-Höhe (2 369 m). Straßenzustand Glocknerstraße www.grossglockner.at

Route: Von der Franz-Josefs-Höhe durch die Tunnel des Gamsgrubenweges und auf dem breiten Fahrweg bis zum Wasserfallwinkel. Hier verlässt man die „Zivilisation" und folgt den Markierungen über die glattgeschliffenen Felsen nach Nordwesten Richtung Großer Burgstall. Kurz auch über die Reste des Bockkarkeeses und zuletzt durch die Felsen zur Oberwalderhütte (2 972 m). Weiter auf gut erkennbarem Weg nach Norden entlang des Eiswandbichels auf den Mittleren Bärenkopf (3 358 m), dann in die Keilscharte absteigen und entlang des Ostrückens auf den Gipfel. Abstieg wie Anstieg.

Variante: Die weitere Überschreitung zur Hohen Dock und der Abstieg zur Schwarzenberghütte entspricht der Route 81 in umgekehrter Richtung. Dabei ist aber eine Übernachtung in der Oberwalderhütte zweckmäßig.

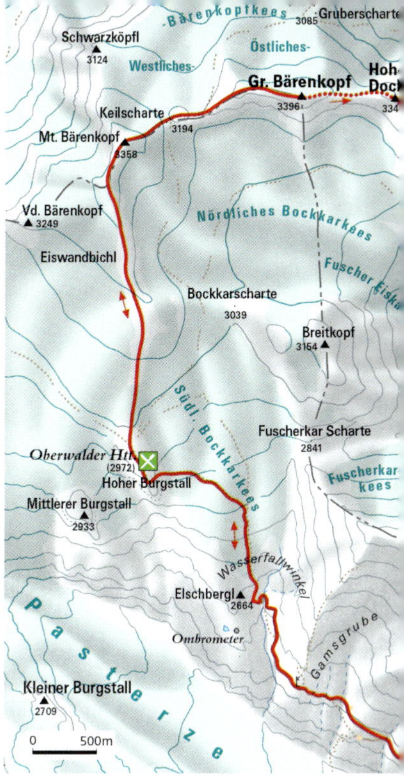

Einkehr: www.oberwalderhuette.at, www.alpenverein.at/schwarzenberghuette (Variante)

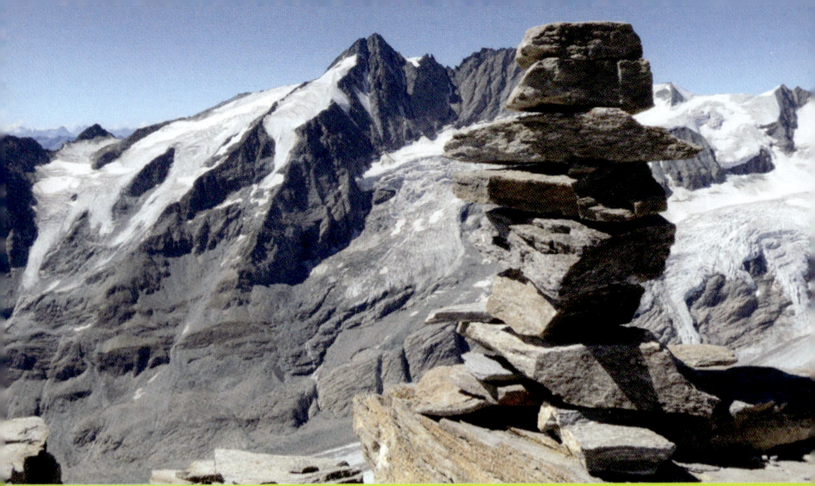

83 Fuscherkarkopf 3 331 m

Ferleiten
Glocknergruppe

Der Logenplatz gegenüber dem Glockner. Eine Felstour mittlerer Schwierigkeit, aber doch ziemlich hoch.

Anforderung: T5. F. Mittelschwere, aber hochalpine Bergtour. 950 Höhenmeter, 3 Stunden im Anstieg.

Ausrüstung: Hochalpine Bergbekleidung. Wanderausrüstung, Kletterhandschuhe.

Ausgangspunkt/Anfahrt: Großglockner-Hochalpenstraße, Franz-Josefs-Höhe (2 369 m). Straßenzustand Glocknerstraße www.grossglockner.at

Route: Von der Franz-Josefs-Höhe durch die Tunnel des Gamsgrubenweges und auf dem breiten Fahrweg an den Abzweigungen zur ehemaligen Hofmannshütte vorbei bis zum Gamsgrubengrat. Der Anstieg folgt dem Gratverlauf nach Norden, er ist teilweise unangenehm schottrig, die Schlüsselstellen sind aber mit stabilen Seilen versichert. Auf dem Westgipfel angekommen, dem Gratverlauf folgend über Bratschengelände, teilweise auch etwas luftiger, bis zum Kreuz. Abstieg wie Anstieg. Die Gamsgrube ist aus ökologischen Gründen

Bella Vista: Vom Fuscherkarkopf hat man einen besonders schönen Blick auf den Glockner.

striktes Sperrgebiet und darf auf keinen Fall betreten werden, mögen die Abschneider vom Südwestgrat hinunter noch so verlockend aussehen.

Einkehr: Glocknerhaus
www.alpincenter-glocknerhaus.at

Variante 1: Lohnend sind der Übergang zum Sinwelleck und der Abstieg zum Glocknerhaus (siehe Route 84).

Variante 2: Der schönste Anstieg führt über den Nordwestgrat. Vom Wasserfallwinkel am Ende des Gamsgrubenweges über die vom zurückweichenden Gletscher freigegebenen Felsen entlang des markierten Weges Richtung Oberwalderhütte, bis man relativ eben und einfach auf den Gletscher wechseln kann. Die Route führt Richtung Nordosten direkt in die Fuscherkarscharte (2 841 m). Durch den Gletscherrückgang ist der Anstieg in die Scharte brüchig und auch etwas heikel geworden. In der Scharte beginnt der Nordwestgrat. Über den oft sandigen Grat aufwärts, einige Stellen im II. Grad müssen direkt überklettert werden. Der Grat trifft am Nordwestgipfel (3 252 m) auf den Normalweg.

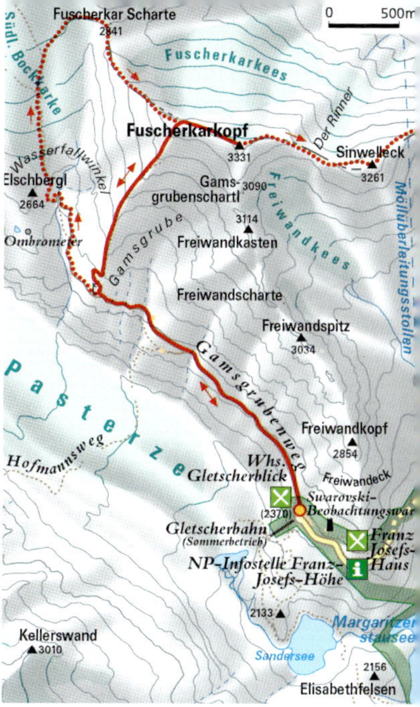

Weiter wie oben. (T6. Hochtour, meist Felsgelände, mit kurzem Gletscherstück. Stellen II (PD). Nur für geübte Alpinisten und bei stabilem Wetter. Anstieg 1 000 Höhenmeter, 4 Stunden. Gesamtgehzeit 6,5 Stunden.)

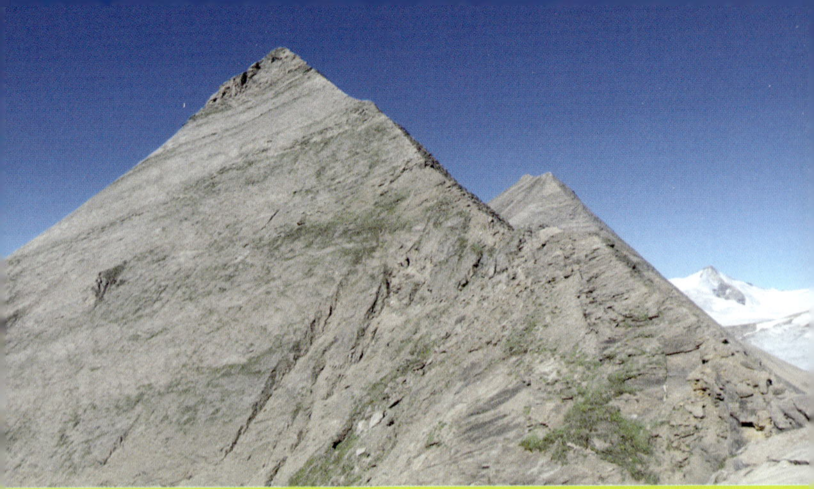

84 Sinwelleck 3 261 m

Ferleiten
Glocknergruppe

In der Reihe der Dreitausender in der Glocknergruppe wird das Sinwelleck (auch Sonnenwelleck geschrieben) gerne übersehen. Vielleicht weil die nackten Felsflanken ziemlich abweisend aussehen? Technisch ist eine Besteigung bei aperen Verhältnissen und guter Sicht aber auch für ausdauernde Hochgebirgswanderer leicht machbar.

Anforderung: T5. F. Bei aperen Verhältnissen mittelschwere, aber hochalpine Bergtour. 1 000 Höhenmeter, 3 Stunden im Anstieg.

Ausrüstung: Hochalpine Bergbekleidung. Wanderausrüstung.

Ausgangspunkt/Anfahrt: Parkplatz Naßfeldspeicher an der Großglockner-Hochalpenstraße (2 234 m). Zufahrt Richtung Franz-Josefs-Höhe bis zur letzten Kehre vor der Galerie beim Freiwandeck. Straßenzustand Glocknerstraße www.grossglockner.at

Route: Vom Parkplatz links (westlich) am See vorbei und unter der Schwarzen Wand auf einem deutlichen Steig (nicht markiert) nach Osten bis zu einem Bachlauf. Hier nun entlang der Steigspuren oberhalb der Schwarzen Wand nach

Die markante Pyramide des Sinwellecks. Dahinter der Fuscherkarkopf.

Norden. Im felsigen Gelände verlieren sich die Steigspuren bald, man kann sich aber an den Steinmandln orientieren, die den Weg nach Norden in die Obere Pfandlscharte (2 730 m) weisen. Kurz über den Ostgrat auf den Kapuziner (2 852 m). Von diesem kleinen Gipfel nach Westen etwas luftig hinüber zum Ostgrat des Sonnenwellecks und entlang des Grates über den Vorgipfel hinauf auf den flachen Gipfel. Abstieg wie Anstieg.

Variante: Besonders lohnend ist der Übergang zum Fuscherkarkopf (siehe Route 84). Zum Fuscherkarkopf geht es kurz in die Scharte („Rinner") hinunter und dann auf dem Südostgrat steil auf jenen Punkt, wo der Nordostgrat dazustößt. Weiter flach nach Westen zum Kreuz (T5, F, 1 Stunde). Der Abstieg erfolgt über den Normalweg.

Einkehr: Glocknerhaus
www.alpincenter-glocknerhaus.at

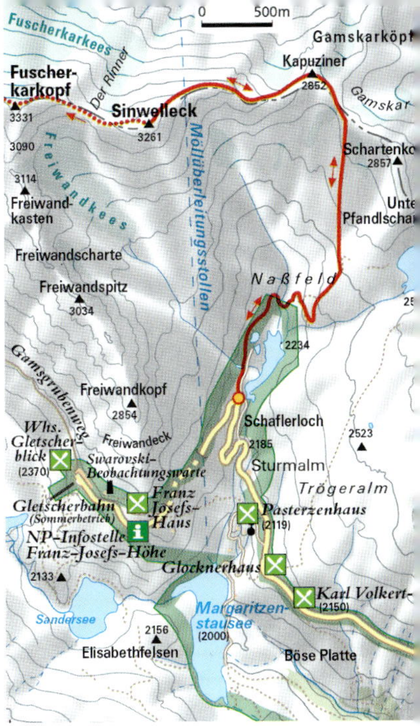

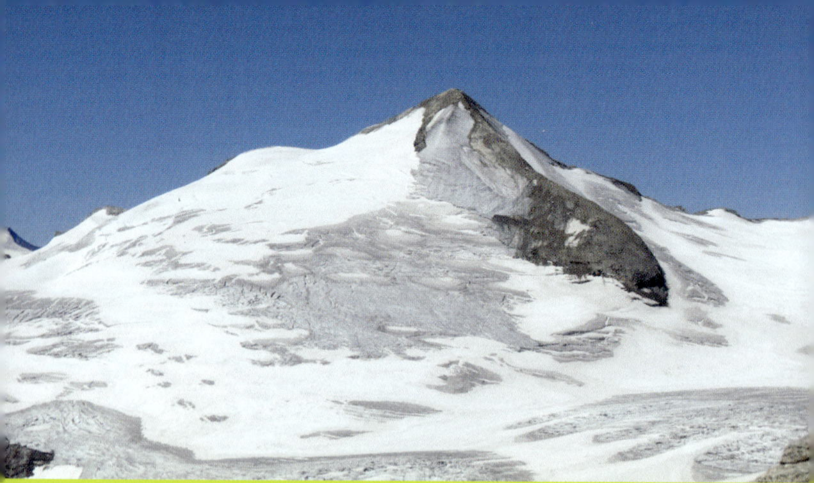

85 Johannisberg 3 452 m

Ferleiten
Glocknergruppe

Bald wird der Johannisberg durch die Erderhitzung und den damit einhergehenden Gletscherschwund mehr eine Fels- als eine Gletschertour sein. Die Ausaperung schreitet auch hier in Riesenschritten voran. Vorerst ist der Berg aber immer noch der Ursprung des Pasterzengletschers und eine vergleichsweise einfache Gletschertour in einer imposanten Eislandschaft.

Anforderung: T5. F+. Einfache Gletschertour, aber spaltenreich. Meist gut gespurt. 500 Höhenmeter und 3 Stunden Anstieg. Nur bei guten Sichtverhältnissen. Übernachtung empfehlenswert.

Ausrüstung: Gletscherausrüstung.

Ausgangspunkt/Anfahrt: Großglockner-Hochalpenstraße, Franz-Josefs-Höhe (2 369 m). Straßenzustand Glocknerstraße www.grossglockner.at

Route: Von der Franz-Josefs-Höhe durch die Tunnel des Gamsgrubenweges und auf dem breiten Fahrweg bis zum Wasserfallwinkel. Hier verlässt man die „Zivilisation" und folgt den Markierungen über die glattgeschliffenen Felsen nach Nordwesten Richtung Großer Burgstall. Kurz auch über die Reste

Der Johannisberg ist eine formschöne Eispyramide. Es fragt sich nur: Wie lange noch?

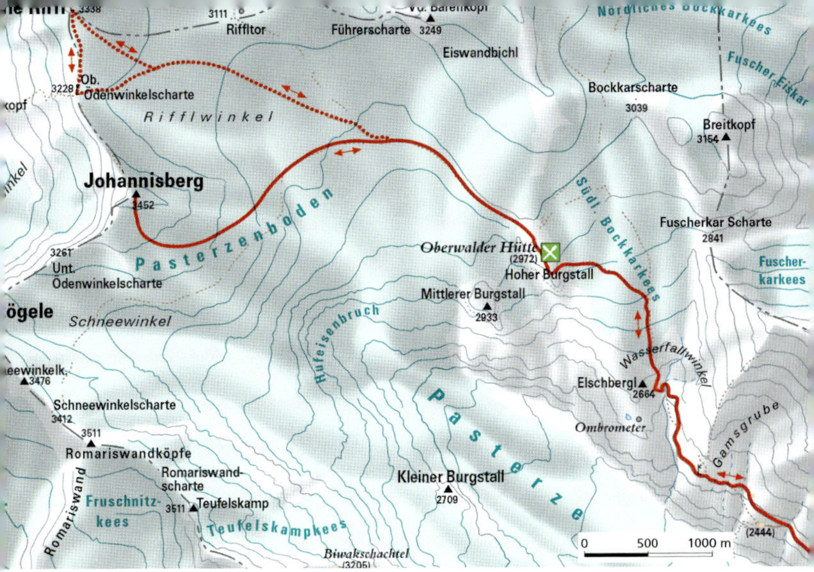

des Bockkarkeeses und zuletzt durch die Felsen zur Oberwalderhütte (2 972 m). Von dieser nach Nordwesten leicht fallend auf den Pasterzenboden. Dann Richtung Ostgrat nach Südwesten und an diesem vorbei in einem weiten Rechtsbogen auf den Gipfel. Abstieg wie Anstieg.

Variante 1: Einfacher ist die Hohe Riffl (3 338 m). Vom Pasterzenboden in einem weiten Rechtsbogen nach Nordwesten auf den Gipfel. (F. 400 Höhenmeter und 2 Stunden Anstieg).

Einkehr:

www.oberwalderhuette.at

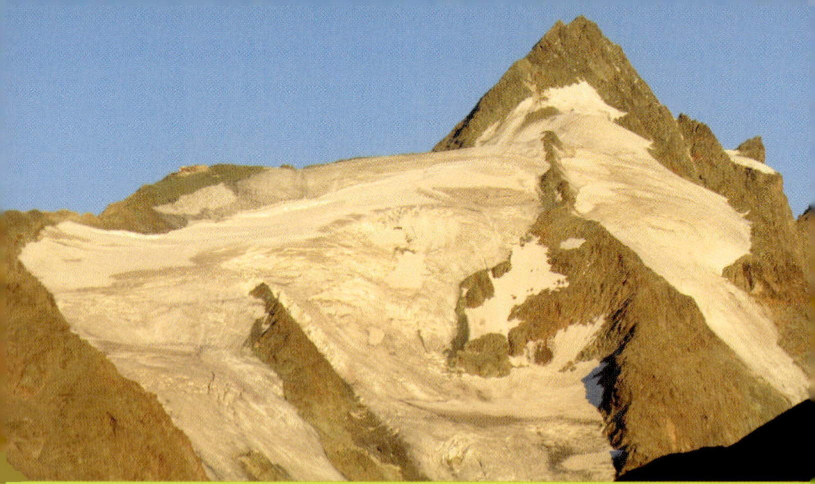

86 Großglockner 3 798 m

Kals
Glocknergruppe

Der einzige Nachteil einer Glocknerbesteigung sei, dass man vom Glockner aus den Glockner nicht sehe, lautet ein altes Bergsteigerbonmot. Tatsächlich ist Österreichs höchster Gipfel ein lohnendes Ziel – trotz des oft enormen Ansturms. Taktisch gutes Timing ist hier meist ebenso wichtig wie alpines Können und Wetterglück. Die beiden Gipfelparzellen gehören übrigens dem Österreichischen Alpenklub, der auch mit der Erzherzog-Johann-Hütte die höchste Schutzhütte des Ostalpenraumes betreibt.

Anforderung: T6. PD+. II+. 40 Grad im Eis. Anspruchsvolle Hochtour. 2 000 Höhenmeter und 7 Stunden Anstieg (bei Stau auf dem Glockner oft deutlich länger). Übernachtung empfohlen.

Ausrüstung: Gletscherausrüstung. Bandschlingen, Karabiner zum Sichern.

Ausgangspunkt/Anfahrt: Lucknerhaus (1 920 m). Zufahrt über die Kalser Glocknerstraße (Maut) direkt aus Kals.

Route: Vom Lucknerhaus – links oder rechts des Bachlaufes – bis zur Lucknerhütte. Von dieser dann weiter über Wiesen, dann über Schuttfelder nach Norden zur Stüdlhütte. Von der

Auch auf der Nordseite des Glockners schreitet die Ausaperung unaufhaltsam voran.

Stüdlhütte (2 801 m) geht es über Schutt nach Nordosten, zuletzt steil ansteigend auf das Ködnitzkees hinauf. Weiter über den Gletscher zu einer Schulter unterhalb der Erzherzog-Johann-Hütte. Dort beginnt der versicherte Steig entlang des Felsgrates, der direkt zur Hütte (3 451 m) führt. Von der Adlersruhe über den flachen Rücken zum „Bahnhof" und zum Glocknerleitl. Dieses steil (40 Grad) hinauf. Bei Blankeis gefährlich! Man gelangt zu einer kleinen Scharte und steigt weiter entlang von Eisenstangen (Sichern!) zum Kleinglockner. Hier ziemlich ausgesetzt in die Scharte hinunter (Kette, Stahlseil) und gleich über ein Wandl (Stellen II+, Bohrhaken) hinauf zum Gipfel des Großglockners. Abstieg wie Anstieg.

Variante: Besonders reizvoll ist der „Weg der Erstbegeher". Damit ist der Zustieg zur Adlersruhe vom Glocknerhaus (Hochalpenstraße) über die Salmhütte gemeint. Dauer zirka 6 Stunden bis zur Hütte.

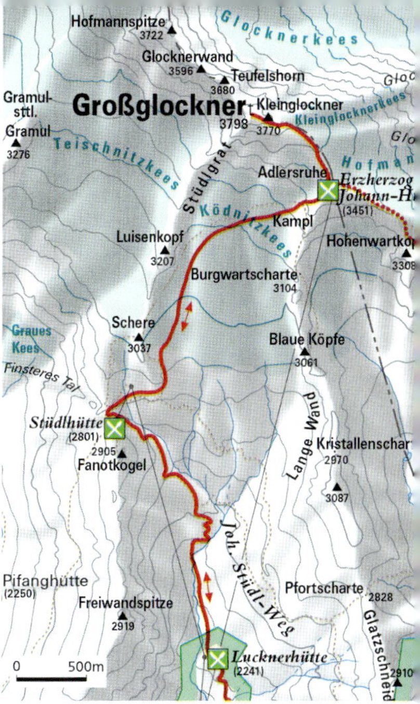

Einkehr:
www.erzherzog-johann-huette.at, www.alpenverein-muenchen-oberland.de/studlhuette, Variante: Salmhütte www.alpenverein.at/wien, www.alpincenter-glocknerhaus.at

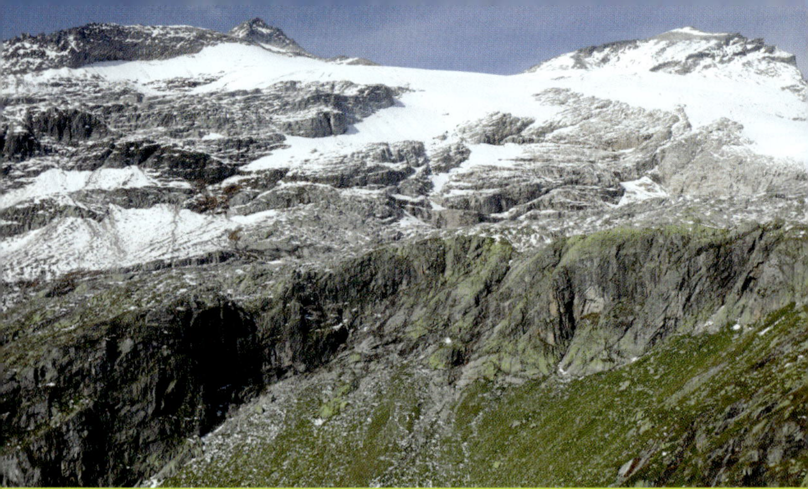

87 Stubacher Sonnblick 3 088 m

Uttendorf
Granatspitzgruppe

Die Nähe zur Seilbahn bringt's: Der Stubacher Sonnblick ist ein häufig besuchter kleiner Dreitausender – ein Schnäppchen sozusagen. Trotzdem gilt: Es handelt sich hier um hochalpines Gelände, es gibt Spalten. Obwohl die Zivilisation immer in Reichweite scheint – alpiner Spielplatz ist das keiner.

Anforderung: T5. F. Einfache Gletschertour. 800 Höhenmeter und 2,5 Stunden Anstieg, meist gespurt.

Ausrüstung: Gletscherausrüstung.

Ausgangspunkt/Anfahrt: Bergstation Weißsee Gletscherbahn www.gletscherwelt-weissee.at

Route: Von der Bergstation an der Rudolfshütte vorbei nach Süden auf dem breiten Wanderweg zum Weißsee-Abfluss absteigen und am markierten Weg (Lehrweg) an die Westseite des Sees und dann stetig ansteigend bis zu einer Wegverzweigung (Wegweiser). Hier trifft man auf den Hans-Gruber-Weg, über den man von der Rudolfshütte über die Staumauer und dann etwas schwieriger (Sicherungen, Leitern) ebenfalls hierher kommt. Noch ein Stück auf dem markierten

Granatspitze und Stubacher Sonnblick – leicht angezuckert nach sommerlichem Schneefall.

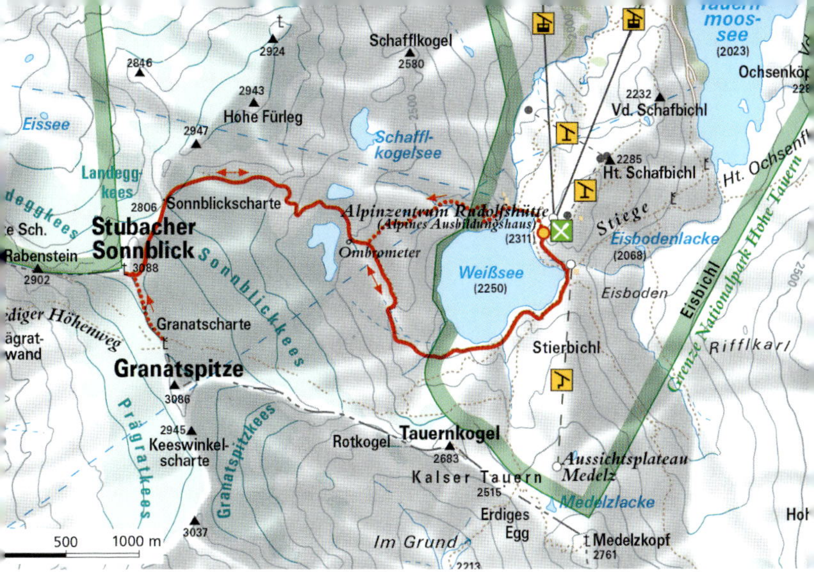

Weg Richtung Nordwest bleiben und unterhalb der Sonnblick-Scharte auf den Gletscher. In einem auf Süd drehenden Bogen auf den Gipfel. Abstieg wie Anstieg.

Einkehr:
www.alpinzentrum-rudolfshuette.at

Variante 1: Statt auf den Sonnblick kann man auch die Hohe Fürlegg (2 943 m) besteigen. Unterhalb der Sonnblickscharte auf dem markierten Steig bleiben und zum Schluss kurz in die Felsen auf den Gipfel (hochalpine Wanderung, aber keine Gletscherberührung, 750 Höhenmeter und 2,5 Stunden Anstieg.)

Variante 2: Hans-Gruber-Weg und Gletscherlehrweg als Rundtour kombinieren.

Variante 3: Gut kombinierbar mit Tour 88 Granatspitze. Anstieg aus der Granatscharte (2 945 m) auf den Gipfel in leichter Kletterei (I, F+). Dann Abstieg wie oben als Rundtour oder mit dem Gruber-Weg als „Achter".

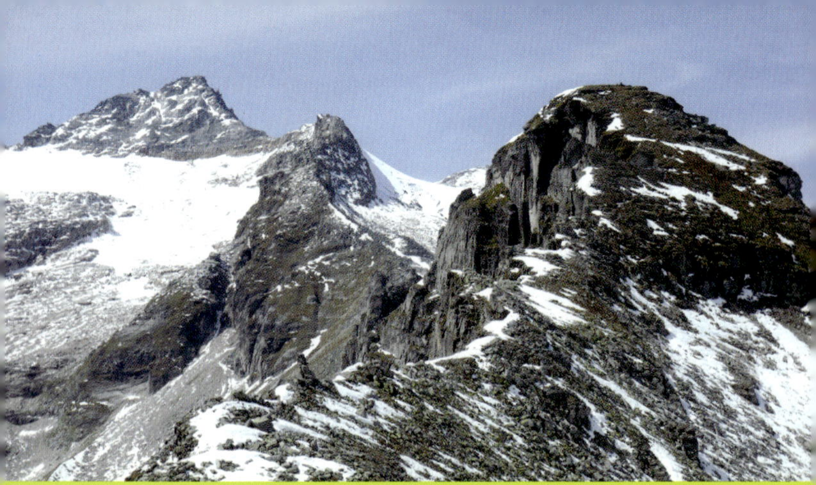

88 Granatspitze 3 086 m

Uttendorf
Granatspitzgruppe

Die für eine ganze Berggruppe namensgebende Granitpyramide wird weit seltener besucht als ihr Nachbar, der Stubacher Sonnblick. Kein Wunder: Die Granatspitze ist über den Ostgrat doch ein ganzes Stück schwieriger als der Sonnblick – vor allem bei Schnee oder Vereisung heikel.

Anforderung: T6, II, PD-. Einfache Gletschertour mit leichter, aber hochalpiner Kletterei. 800 Höhenmeter und 3 Stunden Anstieg.

Ausrüstung: Gletscherausrüstung. Bandschlingen, Karabiner für den Ostgrat.

Ausgangspunkt/Anfahrt:
Bergstation Weißsee Gletscherbahn
www.gletscherwelt-weissee.at

Route: Von der Bergstation an der Rudolfshütte vorbei nach Süden auf dem breiten Wanderweg zum Weißsee-Abfluss absteigen und auf dem markierten Weg (Lehrweg) an die Südseite des Sees. Bei der Abzweigung des Zentralalpenweges 02 auf diesem bleiben und südwestwärts unter den Hängen des Tauernkogels beziehungsweise des Rotkogels hindurch (schwach markiert!) auf den Gletscher. Dann auf die Granatscharte zu, bis man südwärts direkt zum

Die Granatspitze vom Kalser Tauern aus gesehen – vorn der Tauernkogel (2 683 m).

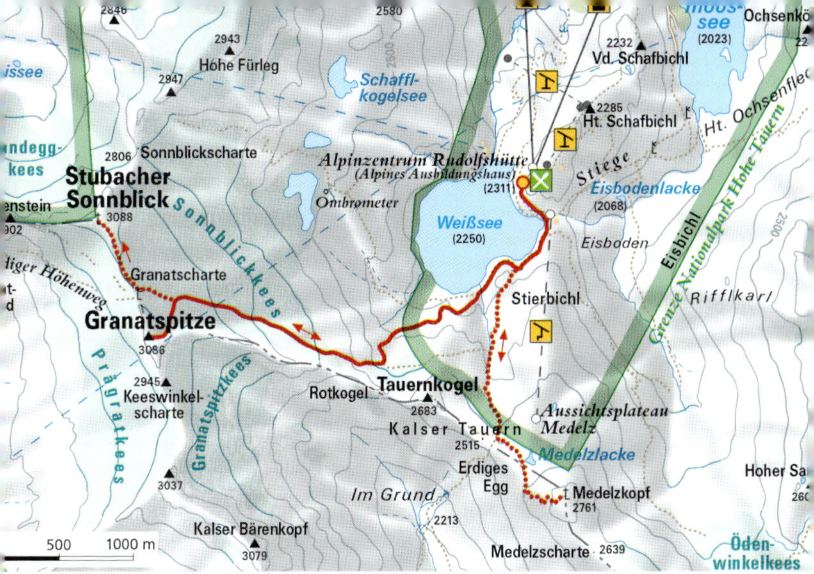

Ostgrat ausqueren kann. Der Gletscherrückgang hat den Zugang zum Ostgrat etwas brüchig werden lassen. Der Grat selbst gibt dann die Anstiegsrichtung zum Gipfel vor, man findet Schlingen und Bohrhaken. Gerade bei Schnee oder Eis ist das Seil im Abstieg durchaus notwendig. Abstieg wie Anstieg.

Variante 1: Gut kombinierbar mit Tour 87 (Stubacher Sonnblick) über die Granatscharte als Rundtour.

Variante 2: Eine einfachere Ausweichtour ist der Medelzkopf (2 761 m) im Süden des Weißsees. Von der Bergstation an der Rudolfshütte vorbei nach Süden auf dem breiten Wanderweg zum Weißsee-Abfluss absteigen und bei der ersten Verzweigung nach Süden auf den Kalser Tauern (2 515 m). Hier nach Osten über einige Felsen (I) auf ein kleines Plateau, wo man auf die Sesselliftfahrer trifft. Nun weiter durch die blockige Flanke (I) auf den Gipfel. Achtung: Manche Blöcke sind in Bewegung – es hat schon tödliche Unfälle gegeben. Abstieg wie Anstieg (T4, 500 Höhenmeter und 3 Stunden Anstieg).

Einkehr:
www.alpinzentrum-rudolfshuette.at

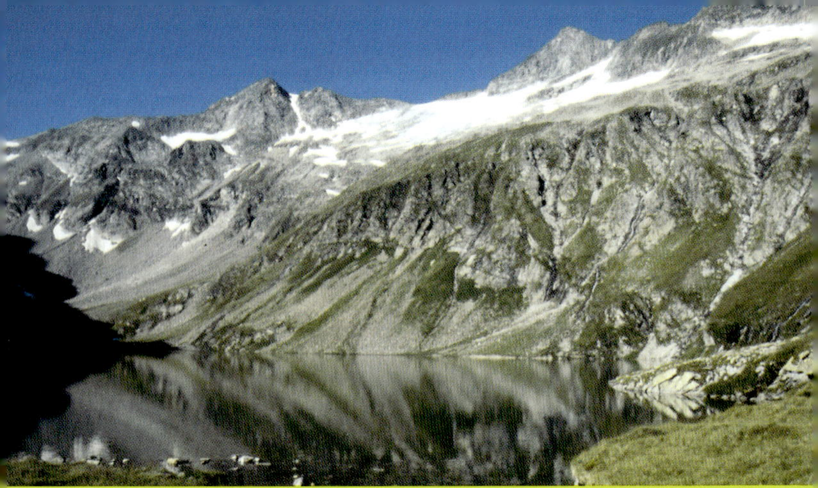

89 Larmkogel 3 017 m

Hollersbach
Venedigergruppe

Der Larmkogel (ursprünglich Labenkogel) ist ein familienfreundlicher Dreitausender. Technisch einfach und, wenn man auf der Fürther Hütte übernachtet, auch ohne besondere konditionelle Anforderung. Trotzdem führt die Tour auf den kleinen Dreitausender in eine recht abgeschiedene Hochgebirgswelt und bietet mit dem Abstieg durchs Habachtal sogar eine kleine Überschreitung an.

Anforderung: T3. Hochalpine Wanderung. 1 450 Höhenmeter und 4 Stunden von der Talstation der Materialseilbahn. Trittsicherheit erforderlich. Übernachtung empfohlen.

Ausrüstung: Wanderausrüstung.

Ausgangspunkt/Anfahrt: Mit dem Pkw von Hollersbach Richtung Hollersbachtal bis zur Seestube. Von hier mit dem Hüttentaxi bis zur Materialseilbahn der Neuen Fürther Hütte (2201 m, Info: www.fuerther-huette.at)

Route: Der Hüttenanstieg ist einfach, für die rund 600 Höhenmeter sollte man 1,5 Stunden kalkulieren. Von der Fürther Hütte (2 201 m) geht es nun hinunter nach Südwesten zum Kratzenbergsee (2 167 m) und

Am malerischen Kratzenbergsee.

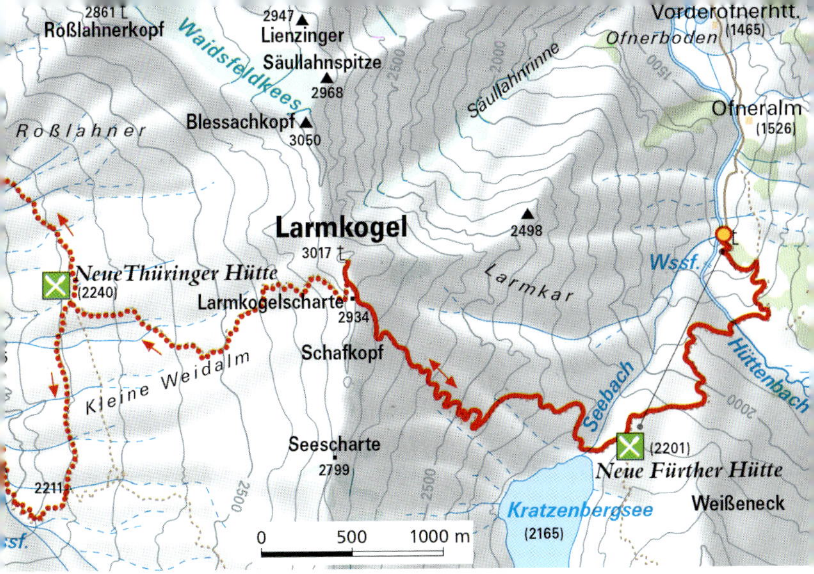

auf dem gut marktierten Weg in die Ostflanke des Berges bis zur Larmkogelscharte (2 934 m). Von hier in wenigen Minuten auf dem Südgrat – ein kleines Stück ist mit einem Stahlseil gesichert – zum höchsten Punkt. Abstieg wie Anstieg.

Einkehr: www.fuerther-huette.at www.nth-huette.at (Variante)

Variante: Der Abstieg von der Larmkarscharte nach Westen in das Habachtal zur Neuen Thüringer Hütte (2 240 m) ist ebenfalls gut markiert und ohne Schwierigkeiten, aber durch den Talschluss mit dem Habachkees landschaftlich besonders beeindruckend. Nun weiter über den Normalweg oder über den etwas anspruchsvolleren seilgesicherten (T3, Schwindelfreiheit obligat) Noitroi-Steig zum Gasthaus Alpenrose (1 396 m) und mit dem Smaragd-Taxi hinaus zur Habachklause (Info: www.alpenrose-habachtal.at).

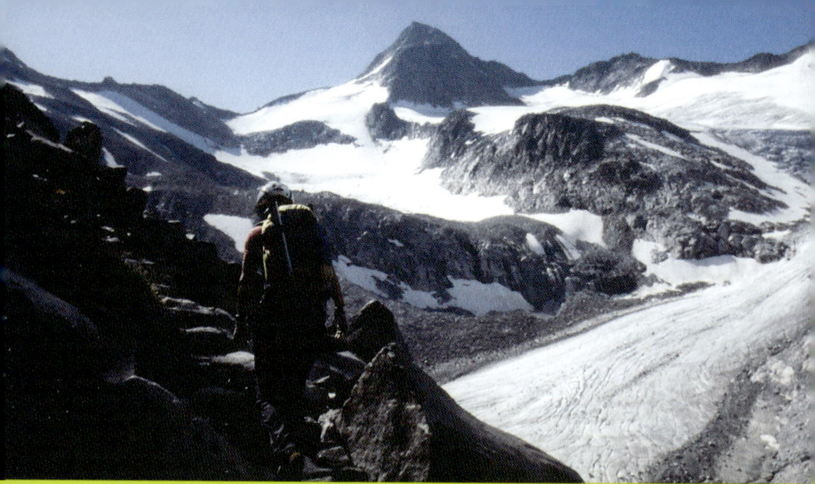

90 Keeskogel 3 291 m

Neukirchen am Großvenediger
Venedigergruppe

Der Keeskogel ist der Hüttenberg der Kürsingerhütte und führt auf vergleichsweise einfachem Weg in die (noch) vergletscherte, grandiose Welt der Venedigergruppe. Die Bezeichnung „Hüttenberg" ist freilich auch ein wenig trügerisch. Immerhin geht es auf knapp 3 300 Meter hinauf. Vor allem bei Altschnee im steilen Gipfelbereich ist Vorsicht geboten.

Anforderung: T5. F. I. B. Anspruchsvolle Bergtour im hochalpinen Gelände. Übernachtung empfohlen. Anstieg Kürsingerhütte 600 Höhenmeter, 2,5 Stunden. Hütte–Keeskogel 750 Höhenmeter, 2 Stunden. Trittsicherheit, Schwindelfreiheit.

Ausrüstung: Wanderausrüstung. Hochalpine Bekleidung, Helm und Kletterhandschuhe. Eventuell Steigeisen und Pickel.

Ausgangspunkt/Anfahrt: Parkplatz Hopffeldboden (gebührenpflichtig) im Obersulzbachtal – Zufahrt von Neukirchen nach Süden. Dann mit dem Mountainbike (knapp 900 Höhenmeter, 3 Stunden) oder mit dem Hüttentaxi weiter bis zur Talstation der Materialseilbahn der Kürsingerhütte (Vorbestellung erforderlich www.kuersinger.at). Das Kürsingershuttle kann man auch für die Anreise mit der Bahn

Im Obersulzbachtal mit Blick auf den Großen Geiger.

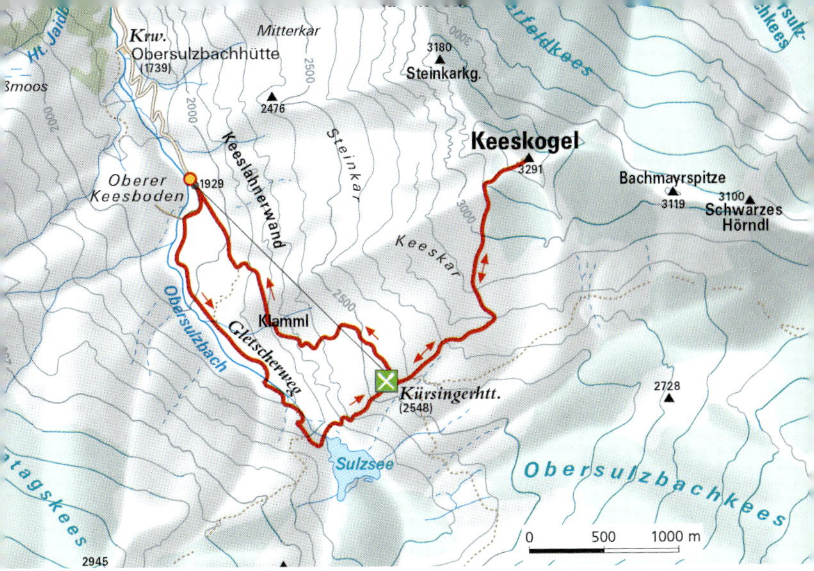

für den Bahnhof Neukirchen bestellen (www.autofrei.at).

Route: Von der Materialseilbahn auf dem gemütlichen Gletscherpfad entlang des Obersulzbaches taleinwärts bis zur Brücke beim Gletschersee. Hier beginnt der Anstieg auf dem Kürsingersteig hinauf zur Hütte (2 548 m). Der Steig wird in der Literatur als Klettersteig geführt. Zwei kurze Stellen sind mit B bewertet, sonst überwiegend A und A/B. Routinierte werden ihn ohne Klettersteigset bewältigen, ein Helm ist aber von Vorteil. Von der Hütte dann nach Nordosten gemütlich bergan und über Blöcke auf den Südgrat. Hier geht es nun blockig nach Norden hinauf bis zum Gipfelaufbau. Dieser ist steil und mit einem Drahtseil gesichert (bei Altschnee gefährlich). Hinter der Steilstufe einfach zum Kreuz. Abstieg zur Kürsingerhütte wie Anstieg, dann aber am Klammlweg (einige Seilsicherungen) nach Nordwesten zur Materialseilbahn hinab (1 Stunde).

Einkehr: www.kuersinger.at

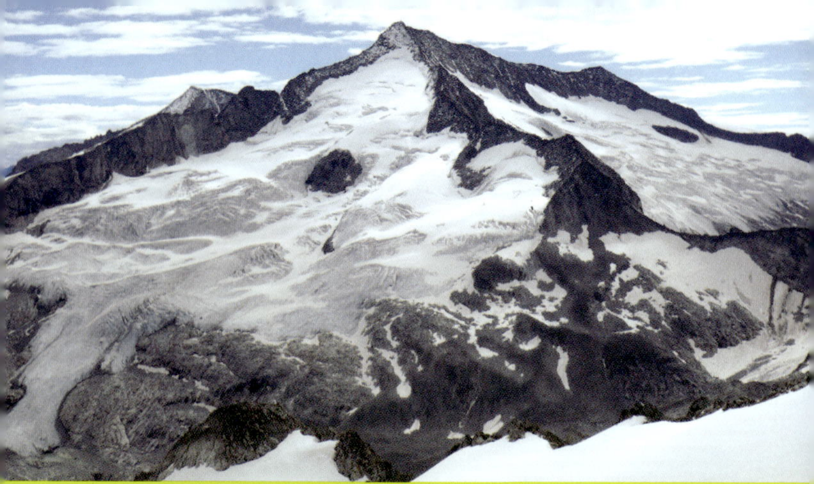

91 Großvenediger 3 657 m

Neukirchen am Großvenediger
Venedigergruppe

Der Großvenediger ist der höchste Berg im Land Salzburg. Wobei das mit der Höhe beim Venediger so eine Sache ist. Der Berg ist in den vergangenen Jahren deutlich geschrumpft. Wie das? Durch das Abschmelzen des Gipfels, der inzwischen komplett aper geworden ist, hat der Venediger einige Meter eingebüßt. Und: Nach Venedig sieht man von hier heroben übrigens nicht – auch bei schönstem Wetter nicht.

Anforderung: T6. PD. I. B. Einfachere Hochtour, aber große Spaltengefahr. Nur mit Übernachtung. Anstieg Kürsingerhütte 600 Höhenmeter, 2,5 Stunden. Anstieg Hütte–Venedigergipfel 1 150 Höhenmeter, 4,5 Stunden Anstieg.

Ausrüstung: Hochtouren- und Gletscherausrüstung. Hochalpine Bekleidung, Helm, Kletterhandschuhe.

Ausgangspunkt/Anfahrt: Parkplatz Hopffeldboden (gebührenpflichtig) im Obersulzbachtal – Zufahrt von Neukirchen nach Süden. Dann mit dem Mountainbike (knapp 900 Höhenmeter, 3 Stunden) oder mit dem Hüttentaxi weiter bis zur Talstation der Materialseilbahn der Kürsingerhütte (Vorbestellung erforderlich www.kuersinger.at). Das Kürsingershuttle kann man

Seine weltalte Majestät.

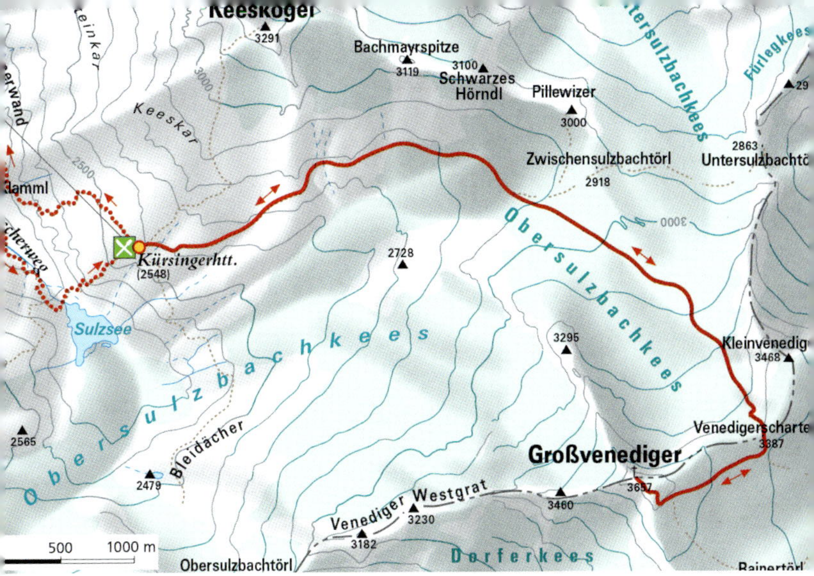

auch für die Anreise mit der Bahn für den Bahnhof Neukirchen bestellen (www.autofrei.at).

Route: Anstieg und Abstieg zur und von der Kürsingerhütte wie bei Tour 90 Keeskogel. Zum Großvenediger geht es von der Hütte auf dem markierten Steig 902 nach Nordosten. Durch den starken Gletscherrückgang muss man dann etliche Meter zum Gletscher hinunter – der Weiterweg ist so gut wie immer trassiert. Er führt über zwei steilere Stücke (Spalten!) Richtung Kleinvenediger, bis man dann nach Süden abdreht und steiler in die Venedigerscharte (3 387 m) steigt.

Von der Scharte nach Südwesten einfach auf den Vorgipfel und über den Verbindungsrat hinüber zum Hauptgipfel. Der Verbindungsgrat kann seinen Charakter im Lauf einer Saison stark verändern: Vom gemütlichen Hinüberstapfen bis zum schmalen, unangenehm harten und spitzen Gratverlauf ist alles möglich. Große Vorsicht bei Gegenverkehr! Abstieg wie Anstieg.

Einkehr: www.kuersinger.at

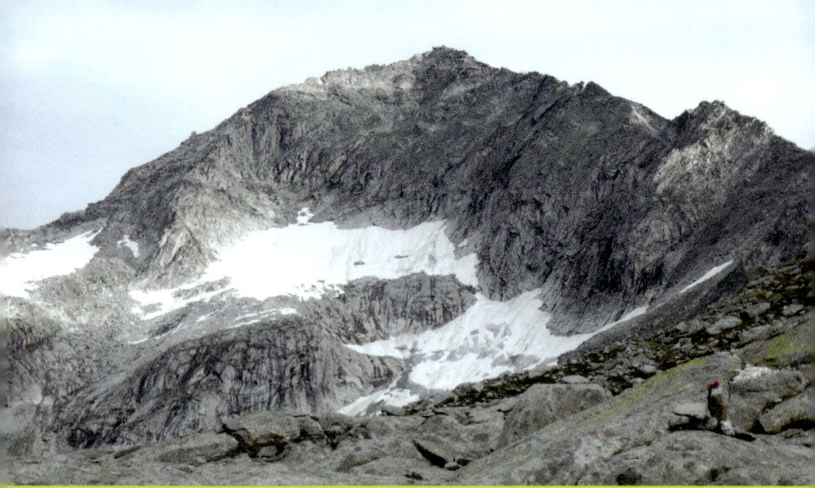

92 Schlieferspitze 3 290 m

Krimml
Venedigergruppe

Mit 3 290 Metern Seehöhe gehört die Schlieferspitze schon zu den mächtigen Dreitausendern und den markantesten Gipfeln in der Venedigergruppe. Wer hier herauf will, sollte auf jeden Fall auf der Warnsdorfer Hütte (2 324 m) Station machen und damit auch Ernst Meschik, dem inzwischen legendären Warnsdorfer-Wirt, einen Besuch abstatten.

Anforderung: T6. Hochalpine Bergtour, PD-, Stellen II. Bis zur Warnsdorfer Hütte 500 Höhenmeter und 1,5 Stunden. Von der Hütte (Übernachtung empfohlen) 1 100 Höhenmeter und 4 Stunden Anstieg. Bei Schnee oder Vereisung gefährlich, Bedingungen auf der Hütte erfragen.

Ausrüstung: Wanderausrüstung, hochalpine Bekleidung. Eventuell Pickel und Steigeisen.

Ausgangspunkt/Anfahrt: Mit dem Hüttentaxi (www.warnsdorferhuette.at) oder mit dem Mountainbike zum Krimmler Talschluss (Innere Keesalm, 1 810 m).

Route: Von der Talstation der Materialseilbahn auf dem gut ausgebauten Hüttenzustieg nach Südosten hinauf zur Warnsdorfer Hütte (2 324 m) – Übernachtung empfohlen. Von der Hütte anfangs

Blick über das Sonntagskar und das Schlieferkar zur Schlieferspitze.

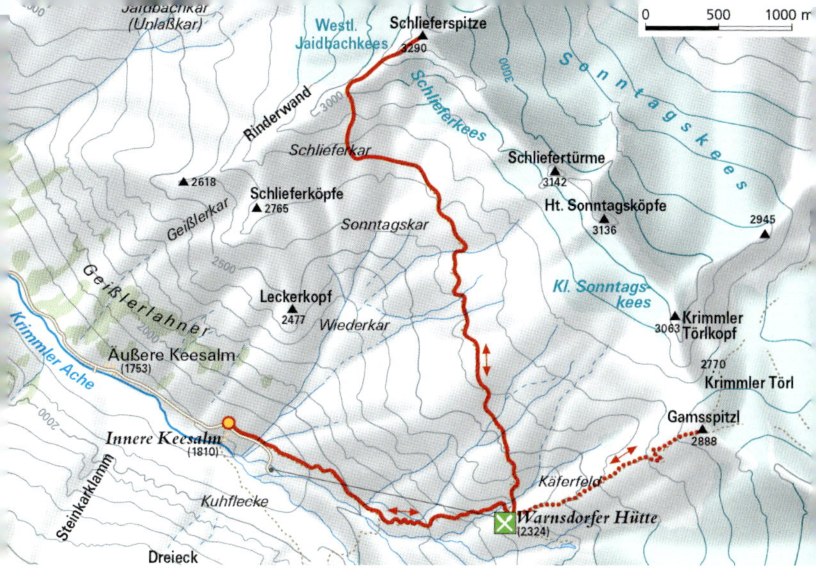

kurz auf dem Hüttenzustieg wieder bergab und über einen steilen Grashang (Wegweiser) nach Norden zu einem großen Steinmandl. Nun in stetem Bergauf-Bergab (Gegenanstiege beim Rückweg) nach Norden in das blockige Sonntagskar und zunehmend steiler, ziemlich mühsam durch das Schlieferkar auf den Südwestgrat. Hier enden die Markierungen und es geht in leichter Kletterei über den Grat oder etwas rechts davon auf den Gipfel. Abstieg wie Anstieg.

Einkehr:
www.warnsdorferhuette.at

Variante: Der Hüttenberg Gamsspitzl (2 888 m) ist eine mittelschwere Bergwanderung auf einem gut ausgebauten Weg von der Hütte nach Nordosten, der aber doch etwas Trittsicherheit erfordert (T3, 500 Höhenmeter, 1,5 Stunden ab der Warnsdorfer Hütte). Vom Gipfel hat man einen grandiosen Blick in den Krimmler Talschluss und in die Venedigergruppe.

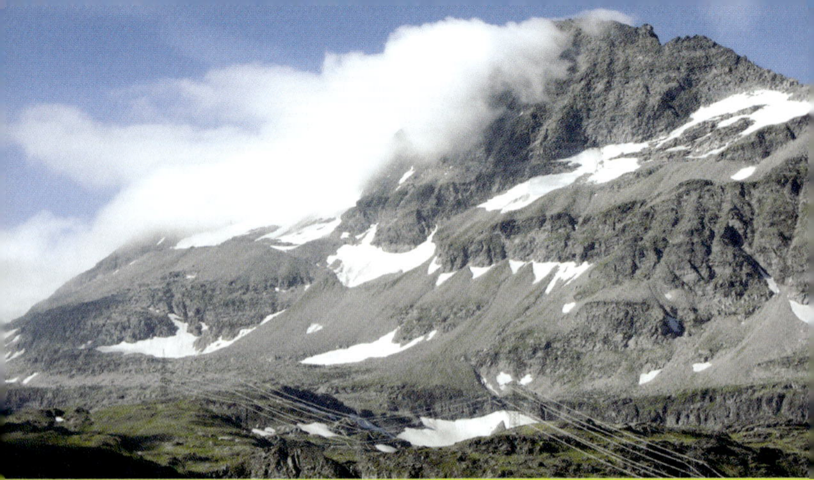

93 Tauernkogel 2 988 m

Mittersill
Venedigergruppe

Zwölf Meter fehlen dem Tauernkogel auf einen echten Dreitausender. Er ist der Hüttenberg der St. Pöltner Hütte am Felber Tauern. Wer nun sagt, die Gegend sei durch die Stromleitungen arg in Mitleidenschaft gezogen, hat landschaftlich natürlich Recht. Andererseits: Der Felber Tauern war seit jeher ein wichtiger Übergang für die Säumer, heute kämen wir mit dem, was ein paar Lasttiere transportieren, aber längst nicht mehr aus, heute braucht es eben mehr Infrastruktur.

Anforderung: T4. I. 1 700 Höhenmeter, 5,5 Stunden Anstieg. Trittsicherheit und Schwindelfreiheit erforderlich.

Ausrüstung: Wanderausrüstung, eventuell Steigeisen.

Ausgangspunkt/Anfahrt: Hintersee im Felbertal. Von Mittersill auf der Felbertauernstraße bis zur Abzweigung beim Wolframwerk (nach einer Galerie, in einer scharfen Linkskurve) und die Straße bis zum Talschluss hinauf.

Route: Vom Parkplatz (Wegweiser) kurz auf der Straße nach Osten bis zur Abzweigung des Steiges Nr. 917. Am Steig anfangs nach Osten, dann

Der Tauernkogel – im Vordergrund die 380-KV-Leitung über den Felber Tauern.

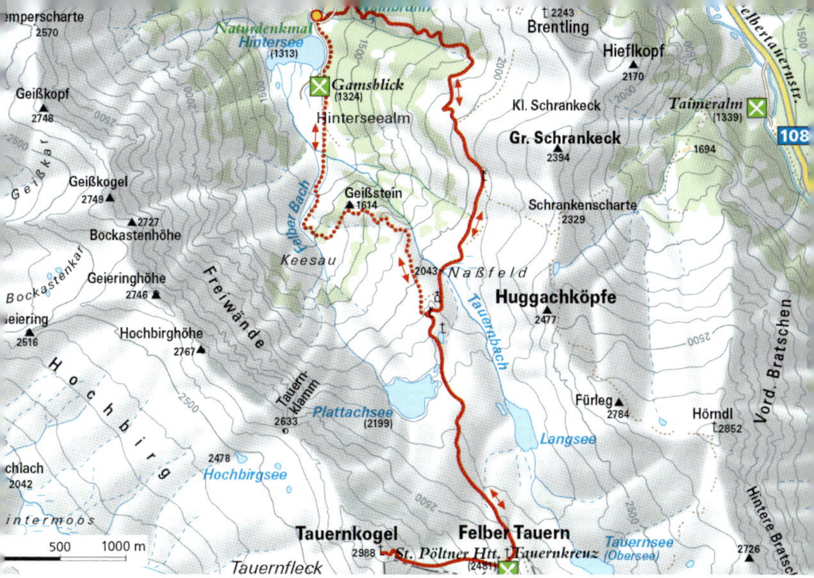

auf Süd drehend bis zur Abzweigung in die Schrankeckscharte (Wegweiser). Von hier flach und kurz auch leicht fallend weiter nach Süden und über das Nassfeld (Abzweigung Trassensteig, Wegweiser) und über die Seenplatte zum Felber Tauern beziehungsweise zur St. Pöltner Hütte. Weiter nach Westen in ein kleines Kar, hier wartet ein Ewig-Schneefeld. Dieses steile Schneefeld (auf der Hütte sagt man scherzhaft „der Gletscher") wird gequert (bei Vereisung gefährlich). Dann in einen Sattel auf dem Ostgrat und über diesen steil und blockig hinauf zum Kreuz. Abstieg wie Anstieg.

Einkehr: St. Pöltner Hütte www.alpenverein.at/sankt-poelten

Variante: Der direkte Anstieg beziehungsweise Abstieg über den sogenannten Trassensteig entlang der Hochspannungsleitung ist steiler, aber hinauf wie hinunter um 30 bis 45 Minuten kürzer. Hier stört die Leitung aber dann doch gewaltig. Bei Nässe rutschig, dann ist der Normalweg vorzuziehen.

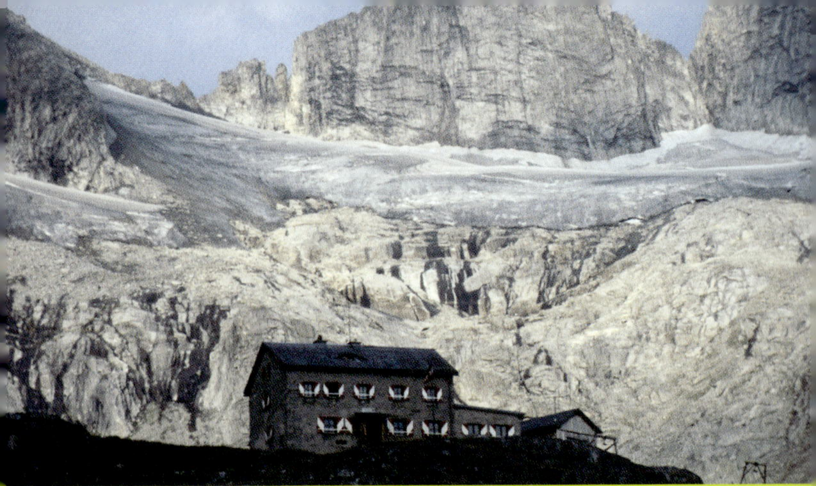

94 Richterspitze 3 052 m

Krimml
Reichenspitzgruppe

„Altersdreitausender", „Frauendreitausender" – die Bezeichnungen für die Richterspitze am zentralen Reichenspitzkamm in der etwas älteren Alpinliteratur klingen wenig schmeichelhaft. Was macht's? Für den modernen, aufgeklärten Bergsteiger ist die Richterspitze vor allem eines: Ein famoser Aussichtsberg in die zentrale Reichenspitzgruppe am westlichen Ende des Bundeslandes Salzburg.

Anforderung: T5. F. Hochalpine Bergtour, Stellen I, Trittsicherheit und Schwindelfreiheit erforderlich. 1 450 Höhenmeter und 4 Stunden Anstieg.

Ausrüstung: Wanderausrüstung.

Ausgangspunkt/Anfahrt: Krimmler Tauernhaus (1 622 m) im Krimmler Achental. Auffahrt von Krimml mit dem Mountainbike oder einem Tälertaxi (Info: www.krimmler-tauernhaus.at)

Route: Vom Tauernhaus führt der Anstieg auf einem kleinen Fahrweg nach Westen in das Rainbachtal, vorbei an der Rainbachtalalm bis zur Talstation der Materialseilbahn. Weiter auf einem einfachen Steig in einigen

Die Richterhütte liegt in einem grandiosen hochalpinen Umfeld.

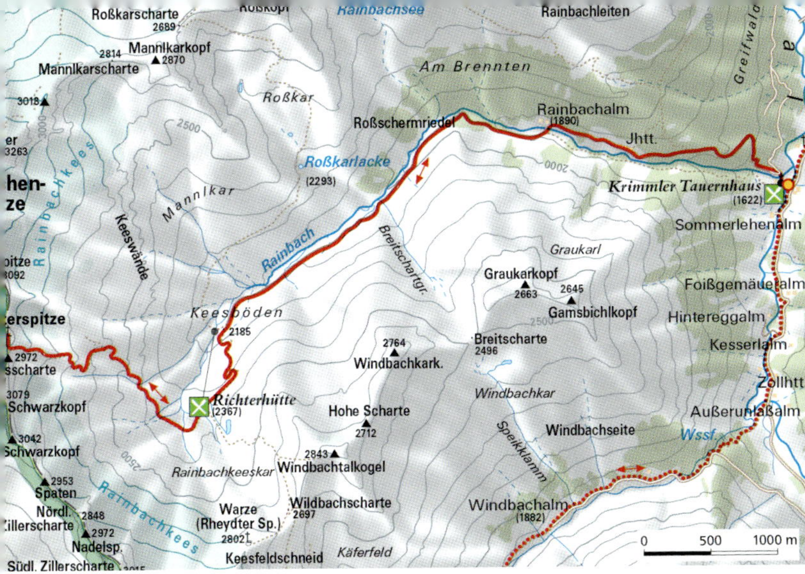

Kehren zur Richterhütte (2 367 m, 2 Stunden). Hinter der nach einem industriellen Sponsor benannten Hütte wird das Gelände langsam alpiner. Der Steig führt über einen Bach, dann in einem weiten Linksbogen und über blockige Felsen durch das Rainbachkeeskar auf einen steilen Rücken. Auf diesem in vielen Serpentinen in die Gamsscharte (2 972 m). Von der Scharte über den stellenweise luftigen Südgrat (I) zum Kreuz. Abstieg wie Anstieg.

Einkehr: www.richterhuette.com, www.krimmler-tauernhaus.at

Variante: Vom Krimmler Tauernhaus kann man auch auf einfachem Weg kurz nach Süden und ins Windbachtal weiterwandern. Man kommt so auf dem Wanderweg (T2, 1 000 Höhenmeter, 3 Stunden) auf den Krimmler Tauern (2 634 m, Staatsgrenze). Der alte Saumweg ist auch zeitgeschichtlich interessant – über ihn führte 1947 der Fluchtweg Tausender Juden und Jüdinnen nach Palästina.

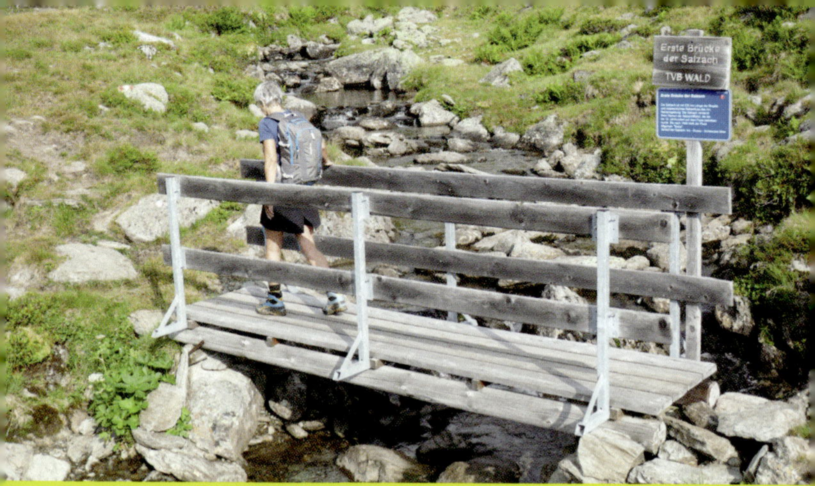

95 Salzachgeier 2 466 m

Wald im Pinzgau
Kitzbüheler Alpen

Es sind nur ein paar kleine Rinnsale, die aus den Hängen des Salzachgeiers in den Kitzbüheler Alpen herunterkommen und sich dort zu einem Bächlein zusammentun. Und doch ist das der Anfang der Salzach, die 225 Kilometer weiter bachabwärts als mächtiger Fluss in den Inn mündet. Mit oder ohne Mountainbike: Eine schöne Wanderung zum Ursprung des Flusses der Salzburgerinnen und Salzburger.

Anforderung: T2. Einfache Bergwanderung. 1 050 Höhenmeter und 4 Stunden Anstieg.

Ausrüstung: Wanderausrüstung. Eventuell Mountainbike.

Ausgangspunkt/Anfahrt: Wald im Pinzgau, alte Gerlosstraße, Abzweigung Almstraße zum Salzachjoch (Wegweiser, 1 440 m).

Route: Vom Taleingang entlang der Almstraße taleinwärts zur Salzachhütte, hier scharf rechts hinauf zur Mülleralm und dem Wanderweg nach Norden folgend weiter nach Norden zur Salzachalm (1 795 m). Hier (Wegweiser) trifft man wieder auf die Almstraße und wandert auf dieser weiter Richtung Salzachjoch, bis man in einer Rechtskurve (Wegweiser)

Die erste Brücke über die Salzach.

zur Abzweigung des Steiges auf den Salzachgeier kommt. Nun flach nach Westen über feucht-sumpfige Wiesen zur ersten Salzachbrücke und dann mäßig steigend in das Südostkar. Zum Schluss entlang des ausgeprägten Rückens auf den 2 466 Meter hohen Gipfel. Abstieg wie Anstieg.

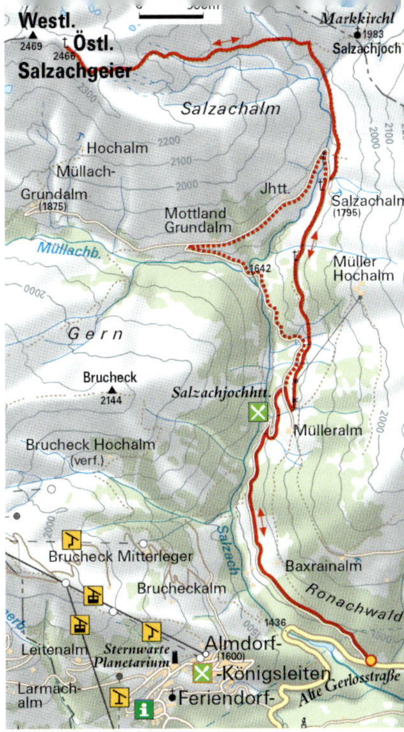

Einkehr: Salzachhütte
+43 (0)6565 6403

Variante: Besonders lohnend ist diese Tour, nimmt man das Mountainbike mit. Man fährt zuerst taleinwärts zur Salzachhütte, hier aber weiter nach Norden zur Mottland-Grundalm, wo man dann auf der Straße nach rechts (Nordost) abzweigt und so zur Salzachalm kommt. Bikes kuhsicher deponieren und weiter wie oben beschrieben. Rückfahrt wie Hinfahrt oder aber von der Salzachalm direkt nach Süden über den Wanderweg zur Mülleralm und weiter zur Salzachhütte. Diese Trailstrecke ist nicht allzu schwierig und sollte auch für weniger Geübte nur kurz zum Absteigen sein.

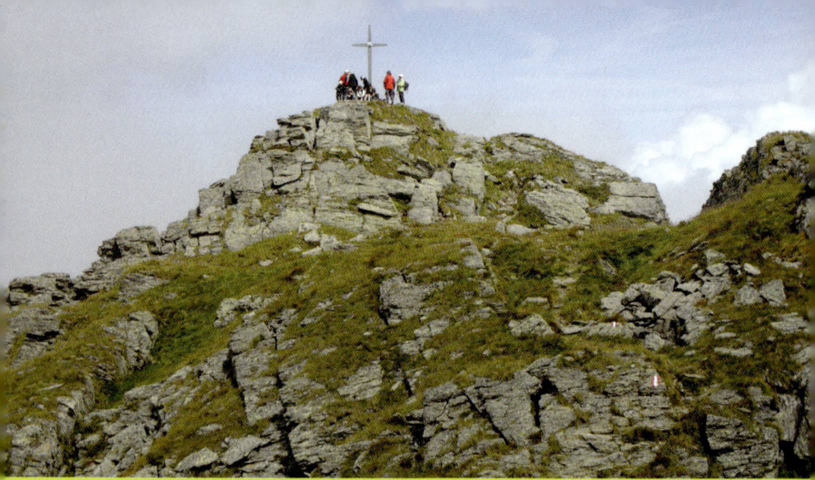

96 Tristkopf 2 361 m

Wald im Pinzgau
Kitzbüheler Alpen

Der schönste Weg auf den Tristkopf ist die aussichtsreiche Rundtour über Ronach- und Baumgartgeier. Es gibt aber noch einige andere lohnende Möglichkeiten, sich dem Grenzberg Tirol-Salzburg zu nähern.

Anforderung: T3. Mittelschwere Bergwanderung, Trittsicherheit erforderlich. 950 Höhenmeter und 3 Stunden Anstieg auf den Baumgartgeier. Baumgartgeier–Tristkopf 100 Höhenmeter und 1 Stunde. Abstieg 2,5 Stunden. Gesamtgehzeit 6,5 Stunden.

Ausrüstung: Wanderausrüstung.

Ausgangspunkt/Anfahrt: Wald im Pinzgau, alte Gerlosstraße bis zum Ronachwirt auffahren.

Route: Vom Ronachwirt entlang der Almstraße nach Norden ins Nadernachtal zur Putzalm. Hier im spitzen Winkel nach Südwesten zur Prielalm und erneut nach Norden zur Priel-Hochlam. Hinter der Hochalm auf dem Almsteig südwestwärts auf den Bergrücken und nach Nordwest zu dem kleinen Kreuz des Ronachgeiers. Weiter auf dem grasigen Rücken nach Norden und auf den Baumgartgeier (2 392 m). Nun wird das Gelände etwas schrofiger und felsiger. Man steigt in die Breite

Eine Wandergruppe rastet auf dem Tristkopfgipfel.

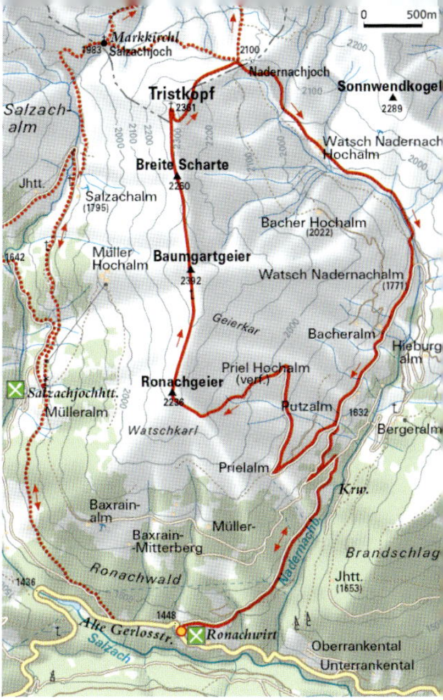

Scharte (2 260 m) ab und über steiles Grasgelände auf den Tristkopf, wobei die Grattürme links umgangen werden. Abstieg: Vom Gipfel nach Nordosten in das Nadernachjoch (2 100 m). Von hier südwärts über die Watsch-Hochalm und die Bacheralm zurück zur Putzalm. Am Anstiegsweg retour zum Ronachwirt.

Einkehr: www.ronach.at, Neue Bamberger Hütte (Variante) www.alpenverein-bamberg.de

Variante 1: Gut kombinierbar mit Tour 96, wenn man bis zur Salzachalm mit dem Mountainbike fährt. Vom Salzachjoch (1 983 m) nach Osten ins Nadernachjoch und südwestwärts auf den Gipfel (2 Stunden zusätzlich).

Variante 2: Tristkopf und Salzachgeier (Tour 96) sowie weitere Gipfel in der Region sind auch sehr gut über die Neue Bamberger Hütte (1 756 m, hervorragende Küche, ausgezeichnet bewirtschaftet) machbar. Zufahrt über Hopfgarten in die Kelchsau bis zum Gasthof Wegscheid (1 144 m, Mautstraße, Hüttenanstieg 600 Höhenmeter, 1,5 Stunden). Oder zu Fuß wie oben vom Salzachjoch nach Norden 250 Höhenmeter (1 Stunde) oder vom Nadernachjoch 350 Höhenmeter (1 Stunde) absteigen (www.alpenverein-bamberg.de).

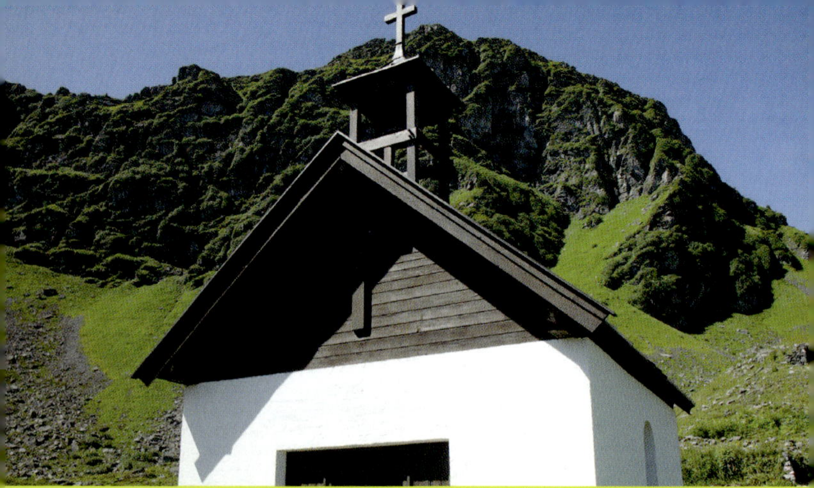

97 Gebra 2 057 m

Fieberbrunn
Kitzbüheler Alpen

In den sanften Kitzbüheler Alpen stechen Berge mit einem felsigen Gipfelaufbau schnell hervor. So auch der Gebra Renken, wie unser Gipfel vollständig heißt. Die Tour führt durch ehemaliges Bergbaugebiet und wird vorzugsweise als Rundtour gemacht.

Anforderung: T2. Mittelschwere Bergwanderung. Am steilen Gipfelaufbau ist etwas Trittsicherheit gefragt. Anstieg 1000 Höhenmeter und 3 Stunden, Abstieg über den Gaisberg 3 Stunden. Gesamtgehzeit 6 Stunden.

Ausrüstung: Wanderausrüstung.

Ausgangspunkt/Anfahrt: Parkplatz Herrgottbrücke. Auf der B 164 nach Fieberbrunn und nach Süden in den Pletzergraben bis zur Weggabelung Herrgottbrücke.

Route: Von der Herrgottbrücke (Wegweiser) auf der Straße nach Süden und über die Niederalm hinauf zur Gebrakapelle. Von der Kapelle über einen steilen Steig nach rechts (Südwesten) in eine Einsattelung westlich des Gipfels und nach Osten auf den Gipfel. Abstieg wie Anstieg oder retour in die Einsattelung (Wegweiser

Erinnerung an die Erzgewinnung: Gebrakapelle unter dem Gebragipfel.

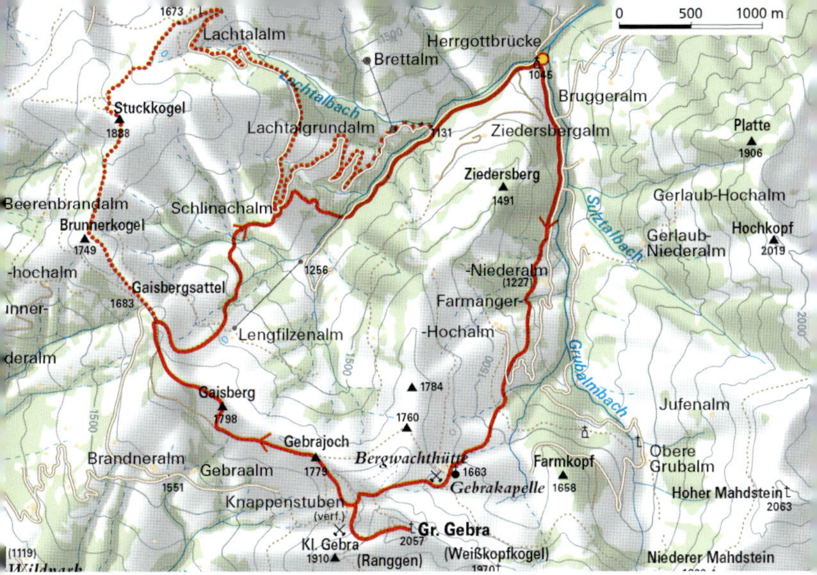

„Gebrajoch") und auf dem Adlerweg über das Gebrajoch (1 779 m) nach Nordwesten. Bei der Abzweigung (Wegweiser) zum Gaisberg rund 50 Höhenmeter hinauf zum Kreuz (1 798 m). Der Abstieg folgt einem unmarkierten Steiglein nach Norden, bis man wieder auf die Almstraße und bald auch auf die Abzweigung talwärts trifft. Von hier auf einem schlecht markierten Steig nach Nordosten Richtung Schlinachalm und nach Osten hinunter zur Straße beim Lengfilzenbach. Auf der Straße talauswärts bis zur Herrgottbrücke. Alternativ zum Steig hinunter zum Lengfilzenbach kann man auch über die Almstraße absteigen.

Einkehr: Almausschank Pletzer +43 (0)664 1317364

Variante: Von der Herrgottbrücke kann man auch über die Schlinachalm aufsteigen, und nach Norden über den Brunnerkogel (1 749 m) und den Stuckkogel (1 888 m) wandern. Der Abstieg führt dann über die Lachtalalm.

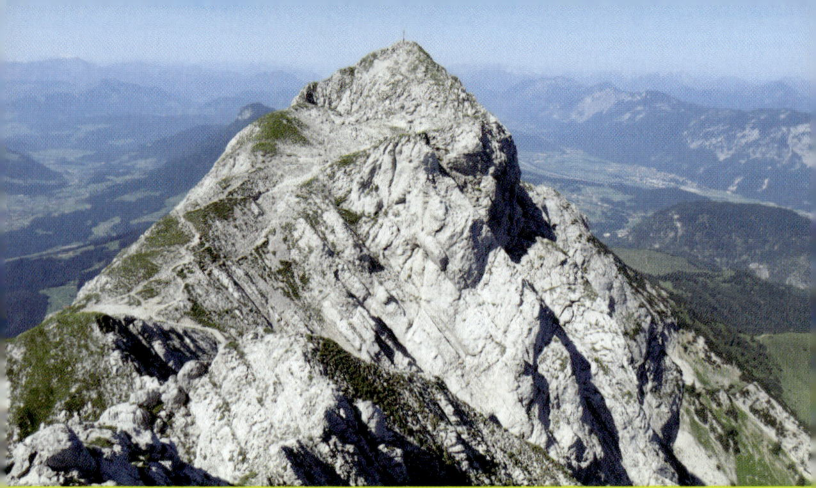

98 Scheffauer 2 111 m

Scheffau
Wilder Kaiser

Der westliche Ausläufer des Kaisergebirges gipfelt im Scheffauer. Weit schweift hier der Blick ins Inntal. Während der Normalweg für Trittsichere und Schwindelfreie machbar sein sollte, bleibt der Nordanstieg den Geübten vorbehalten.

Anforderung: T3. 1 200 Höhenmeter und 3 Stunden Anstieg. Trittsicherheit, Schwindelfreiheit obligat.

Ausrüstung: Wanderausrüstung.

Ausgangspunkt/Anfahrt: Parkplatz beim Gasthof Bärnstatt (918 m, gebührenpflichtig). Zufahrt über Scheffau am Wilden Kaiser bis knapp vor den Hintersteiner See.

Route: Vom Parkplatz Richtung Scheffauer auf dem markierten Normalweg Richtung Nordosten zur Steiner Hochalm (1 257 m) und wieder nach Norden über Almwiesen und durch Wald in ein großes Schotterfeld. Hier trifft der Weg von der Kaiser Hochalm auf unseren Anstieg. Zum Scheffauer geht es nun weiter in das Felsgelände und über eine gesicherte Steilstufe (A/B, nass und rutschig) in den Scheffauer Sattel. Aus dem breiten Sattel in

Die mächtige Gipfelpyramide des Scheffauer thront hoch über dem Inntal.

Kehren nach Westen – zuletzt einige Schrofen zum weithin sichtbaren Kreuz. Abstieg wie Anstieg.

Einkehr: Steiner Hochalm
+43 (0)664 1757986

Variante: Ein ganz anderes Kapitel ist der Nordanstieg über den Widauersteig. Von der Bergstation des Kaiserliftes von Kufstein (www.naturerlebnis-kaisergebirge.at) auf dem Wanderweg zur Kaindlhütte (www.kaindlhuette.com). Von der Hütte (Wegweiser „Widauersteig") Richtung Süden. Am Weg zu den Felsen passiert man die Abzweigung zum Zettenkaiser. Am Felsen angelangt beginnt der Widauersteig. Dieser ist mehr ein seilversicherter Steig als ein Klettersteig und hat viele nicht versicherte Stellen. Über eine Verschneidung gelangt man zu einer mit Klammern gespickten Platte, es folgt ein langer – ausgesetzter – Quergang nach Westen, bevor es im Blockgelände bergauf geht. Am Ende des Widauersteigs westwärts zum Gipfelkreuz (T6. 950 Höhenmeter und 4 Stunden Anstieg. Anspruchsvolle Felstour mit längeren seilversicherten Abschnitten. Klettersteigbewertung

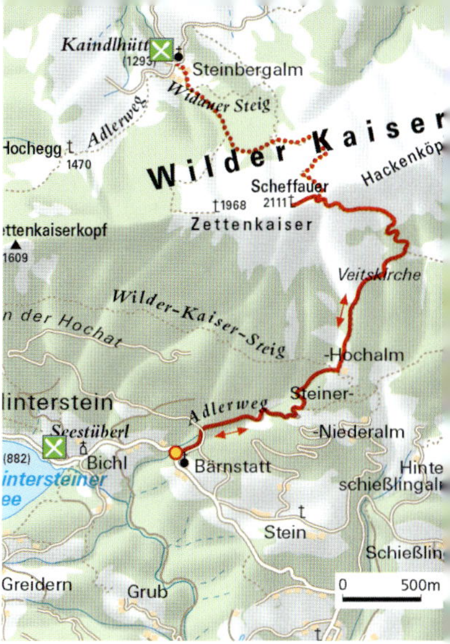

A/B. Leichte Kletterei im I. Grad. Klettersteighandschuhe, Helm). Abstieg wie Anstieg.

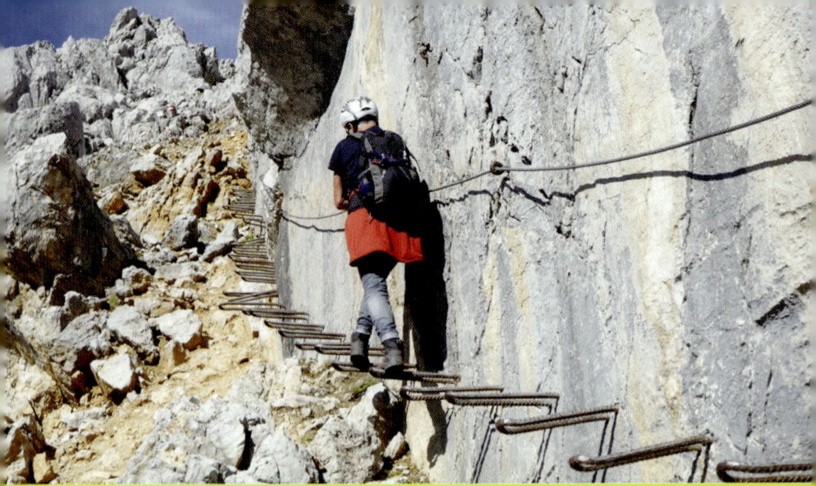

99 Ellmauer Halt 2 344 m

Ellmau
Wilder Kaiser

Die Ellmauer Halt ist der höchste Punkt im Wilden Kaiser. Der Anstieg ist über weite Strecken seilversichert, oft helfen Trittbügel und Trittstifte weiter, es gibt aber auch ungesicherte Kletterstellen (I). Auf jeden Fall befindet man sich über weite Strecken im Absturzgelände. Routiniers werden die Tour trotzdem ohne Selbstsicherung gehen, Ungeübtere sollten ein Klettersteigset nehmen. Der Helm ist für alle obligat: Steinschlaggefahr!

Anforderung: T5. Sehr anspruchsvolle Bergtour, Stellen I, Klettersteig B. Trittsicherheit und Schwindelfreiheit obligat. Ungeübte nur mit Selbstsicherung. 1 250 Höhenmeter und 4 Stunden Anstieg.

Ausrüstung: Wanderausrüstung, Helm, Kletterhandschuhe. Eventuell Klettersteigset.

Ausgangspunkt/Anfahrt: Wochenbrunneralm (1 025 m). Zufahrt auf der Mautstraße von Ellmau.

Route: Von der Wochenbrunneralm auf dem Gruttenweg zuerst durch Wald dann durch die Latschenzone zur Gruttenhütte (1 620 m). Von der Gruttenhütte geht es dann auf dem

Ziemlich zugenagelt: Der Anstieg auf die Ellmauer Halt im Bereich der Jägerwand.

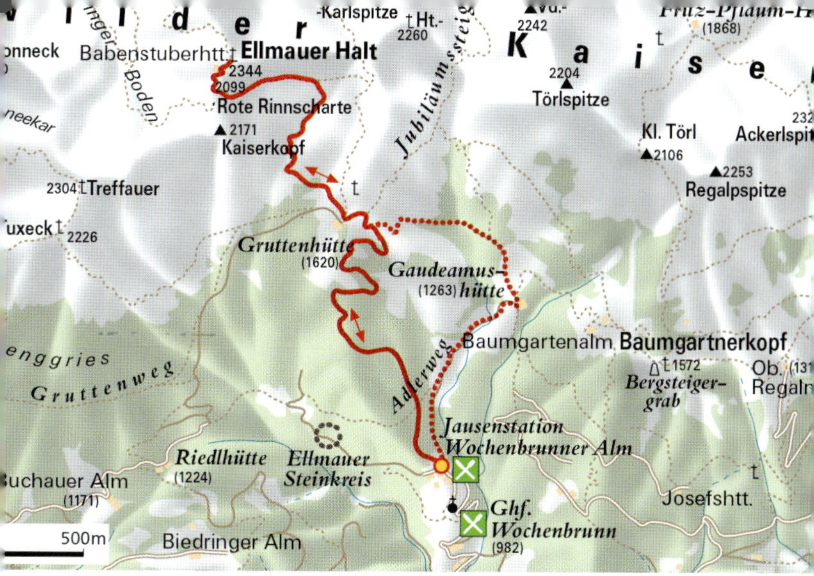

Wanderweg – im Sommer ziemlich heiß – in den Kessel Hochgrubach nach Norden. Hier beginnt dann an den Felsen der Ernst: Zuerst folgt der Weg den Grasbändern – die Stufen dazwischen seilgesichert – teilweise auch luftig nach Westen. Diese Grasbänder heißen Gamsänger und sind namensgebend für den Normalweg auf die Ellmauer Halt. Dann folgt der mit Steigbügeln zugenagelte Fuß der Jägerwand. Dahinter über gestufte Felsstufen in leichter, freier Kletterei zu einer Wegteilung. Durch den Kamin (überhängende Leiter) oder rechts über die Klettersteigkante (B) wieder in einfacheres Gelände. Zuletzt noch einmal etwas steiler an einem Unterstand (Babenberger Hütte) vorbei auf den Gipfel. Abstieg wie Anstieg.

Einkehr: www.gruttenhuette.at, Wochenbrunner-Alm www.wochenbrunn.com

Variante: Vom Parkplatz ist auch der reizvolle Klammlweg ausgeschildert, dieser führt zuerst Richtung Gaudeamushütte, dann nach Westen durch das seilgesicherte Klamml zur Gruttenhütte (zirka 30 Minuten länger).

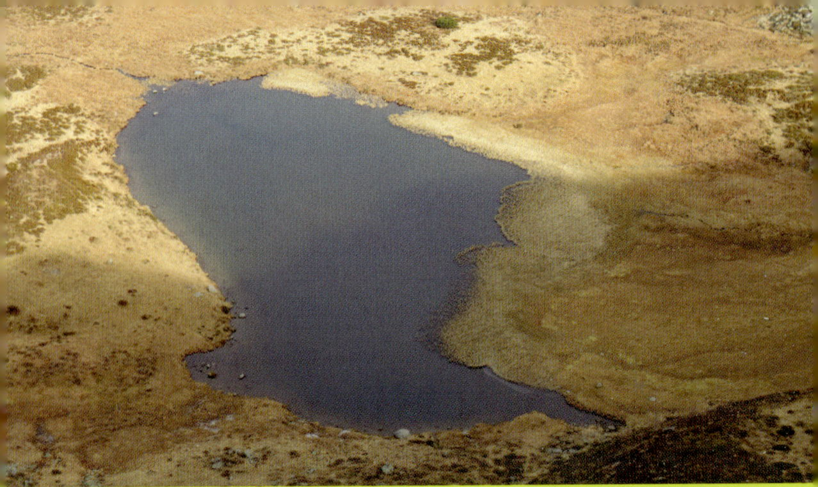

100 Schwarzwand 2 214 m

Bundschuh
Nockberge

Die Kombinationsmöglichkeiten in den Nockbergen sind unerschöpflich. Im späten Frühjahr ist der Blumenreichtum im Weißbachtal atemberaubend, im späten Herbst stellt sich Tundrafeeling ein.

Anforderung: T1. Einfache Bergwanderung. 900 Höhenmeter und 3 Stunden Anstieg. Gesamt 5 Stunden.

Ausrüstung: Wanderausrüstung.

Ausgangspunkt/Anfahrt: Hochofen Bundschuh (1 339 m). Zufahrt über St. Margarethen/ Lungau ins Bundschuhtal.

Route: Vom Hochofenmuseum (Wegweiser) auf dem Wanderweg nach Süden ins Weißbachtal bis ans Talende und in einem Rechtsbogen auf die Gaipahöhe (2 192 m). Nun folgt eine gemütliche Wanderung bergauf-bergab über die breiten Rücken nach Nordwesten – dabei wird die Kameritzhöhe (2 167 m) überschritten, der Anderlesee berührt, der Gmeinnock (2 130 m) überschritten –, bis man zum großen Steinmann der Schwarzwand kommt. Der Abstieg folgt dem Wanderweg nach Norden über den Roten Riegel hinunter zum Laußnitzsee (2 001 m) und

Ein bisschen Tundra-Feeling: Das Landschaftsjuwel Laußnitzsee nördlich der Schwarzwand.

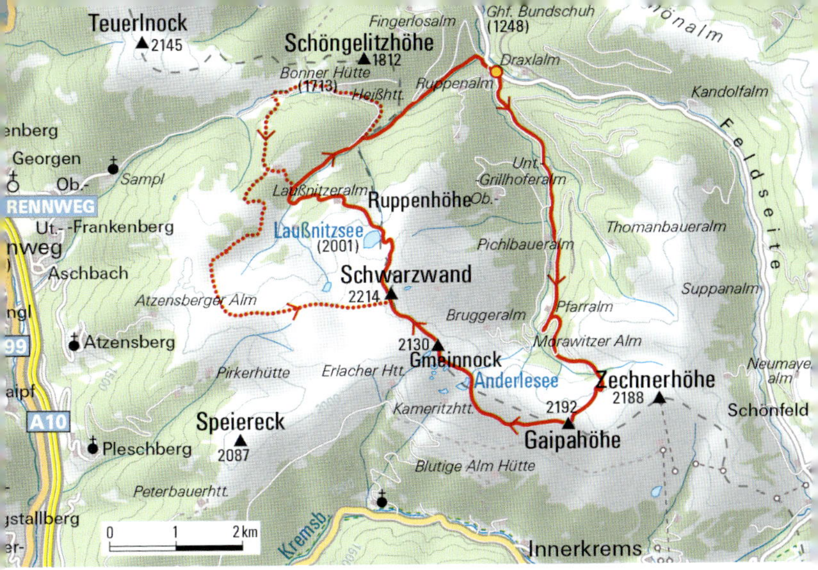

nach Nordwesten zur gleichnamigen Alm. Zuletzt den Plareitbach entlang nach Nordosten hinaus zum Ausgangspunkt.

Einkehr: Neue Bonner Hütte www.alpenverein-bonn.de

Variante 1: Beim Abstieg durch den Plareitgraben zur Neuen Bonner Hütte abbiegen – hervorragende Küche.

Variante 2: Südlich von Rennweg im Ortsteil Frankenberg unter der Autobahn hindurch und den Schildern „Bonner Hütte" folgen. Von der Abzweigung Laußnitzsee auf der Almstraße zu einem breiten Sattel nahe der Ebenwaldhütte nach Süden. Bei der Verzweigung (Wegweiser) nach rechts (Südwest) und weiter flach ansteigend zum Kramerbichl. Nun dreht der Steig nach Osten und man überquert Turnhöhe und Schereck (Wegweiser). Einem Abbruch entlang bergab nach Osten in einen Sattel. Hier am Bächlein weglos bergauf über oft feuchte Wiesen nach Osten bis zur Schwarzwand. Auf dem Gipfel weiter wie oben zur Laußnitzalm und auf dem Almweg in einen Graben hinunter. Nach einem kurzen Gegenanstieg begegnet man nahe der Ebenwaldhütte dem Anstiegsweg (750 Höhenmeter Gesamtanstieg, 4,5 Stunden Gesamtdauer).

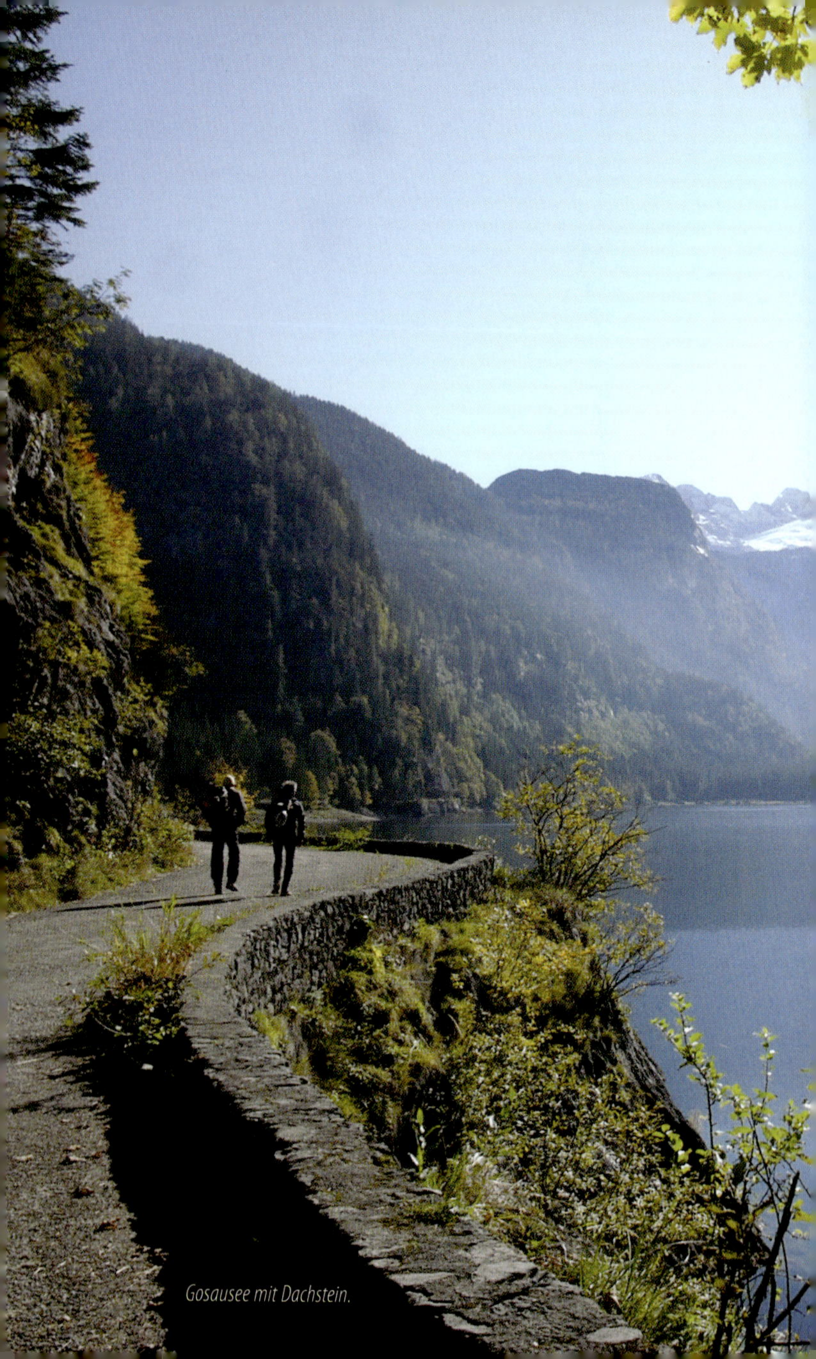
Gosausee mit Dachstein.

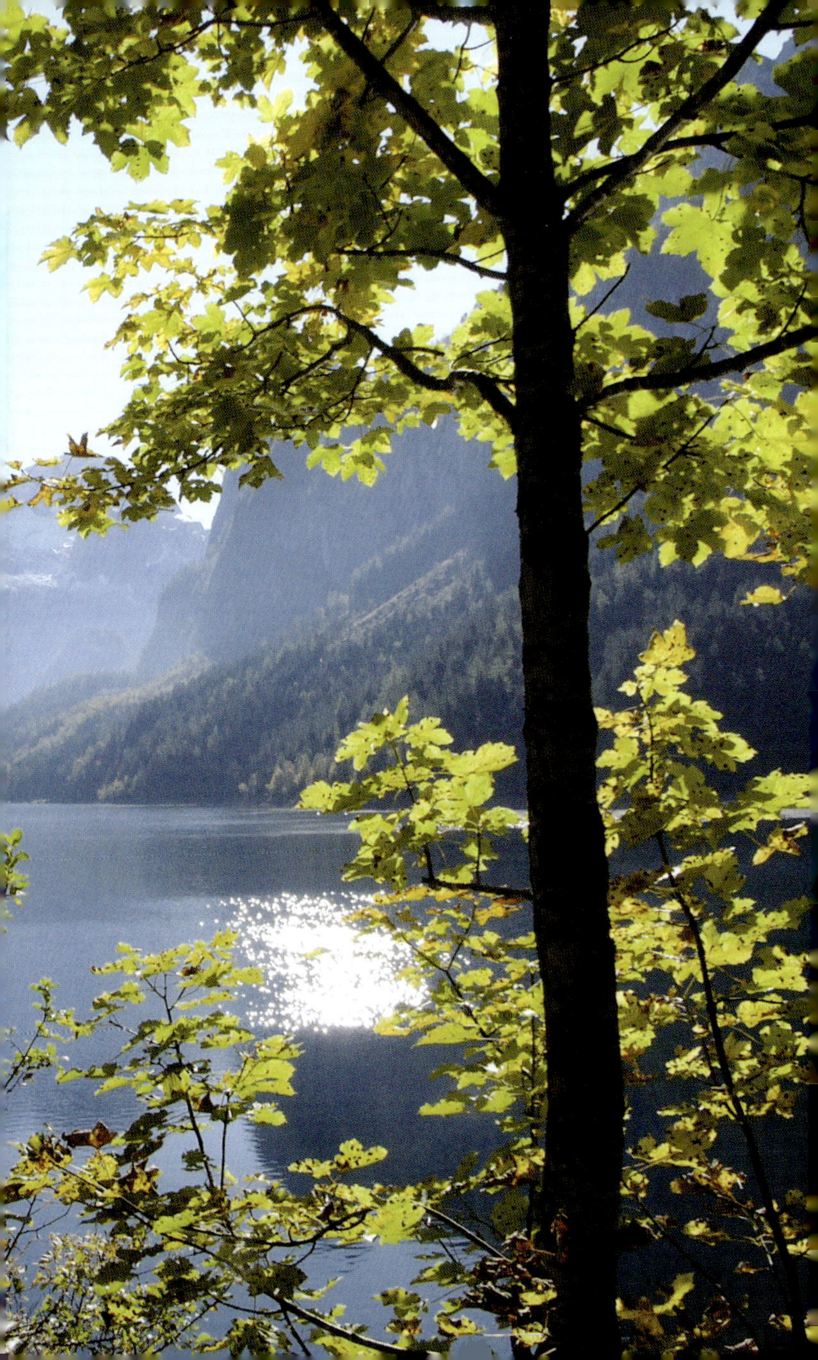

Index